高等学校
毕业论文（设计）指导教程
体育学专业

孔庆波　唐建忠　李　旻　主　编

北京体育大学出版社

策划编辑：吴　珂
责任编辑：吴　珂
责任校对：田　露　刘艺璇
版式设计：李　鹤

图书在版编目（CIP）数据

高等学校毕业论文（设计）指导教程：体育学专业 / 孔庆波，唐建忠，李旻主编. -- 北京：北京体育大学出版社，2021.4
ISBN 978-7-5644-3235-5

Ⅰ. ①高… Ⅱ. ①孔… ②唐… ③李… Ⅲ. ①体育科学－毕业论文－写作－高等学校－教材 Ⅳ. ①G642.477②G80

中国版本图书馆CIP数据核字(2019)第225743号

高等学校毕业论文（设计）指导教程：体育学专业　　孔庆波　唐建忠　李旻　主编

出版发行：北京体育大学出版社
地　　址：北京海淀区农大南路1号院2号楼2层办公B-212
邮　　编：100084
网　　址：http://cbs.bsu.edu.cn
发 行 部：010-62989320
邮 购 部：北京体育大学出版社读者服务部 010-62989432
印　　刷：北京建宏印刷有限公司
开　　本：787mm×1092mm　1/16
成品尺寸：185mm×260mm
印　　张：13.75
字　　数：335千字
版　　次：2021年4月第1版
印　　次：2021年4月第1次印刷
定　　价：68.00元

编委会

（排名不分先后）

主　编　孔庆波　唐建忠　李　旻

副主编　陈　洋　王玉英　杨　艳

陈　冬　郑云峰　马春银

序

应用型人才在社会发展、经济建设过程中具有举足轻重的作用，世界各国高度重视技能型和应用型人才的培养。改革开放以来，我国社会、经济、文化环境发生了巨大变化，经济转型和社会发展需要大批高素质的应用型人才。早在2014年，国务院印发的《关于加快发展现代职业教育的决定》明确指出，要引导一批普通本科高等学校向应用技术类高等学校转型，培养数以亿计的高素质劳动者和技术技能人才。2018年，习近平总书记在全国教育大会上明确指出，要提升教育服务经济社会发展能力，着重培养创新型、复合型、应用型人才。因此，新时代背景下地方本科院校需要高度重视培养学生的应用能力、实践能力和创新能力。

早在2008年，重庆文理学院就开展了轰轰烈烈的“第三次本科教学大讨论”，确立了“建设应用型学科、开展应用型研究、培养应用型人才、创建应用型大学”的办学定位，并明确提出“构建富有特色的应用型人才培养体系，培养服务地方经济社会发展的高素质应用型人才”。为实现向应用型大学的加速转型和深度转型，我校确立了“学生中心、能力本位、需求导向、分类探索、多元培养”的人才培养理念，不断修订完善人才培养方案，在全校范围内持续深入地开展教学内容改革、教学方式改革、考核评价方式改革、毕业论文（设计）改革、公共课教学改革等“五大教学改革”，大力推进富有特色的应用型人才培养体系构建，应用型人才培养能力和质量不断提升。其中“师范新升本院校的转型发展与应用型人才培养体系建设”获重庆市高等教育教学成果一等奖。十多年来，重庆文理学院体育学院（以下简称“体育学院”）在教学训练、人才培养、专业建设等方面积极探索、实践，构建了适合本专业发展的应用型人才培养体系。

根据学校“五大教学改革”的总要求，体育学院在毕业论文（设计）改革方面积极探索，大胆创新，取得了显著成效。体育学院本科学生毕业论文（设计）总体上分为毕业论文和毕业设计两大类。毕业论文包括学位论文和学术论文；毕业设计包括操化编排类、教学设计类、训练计划类、保健康复类、赛事策划与实施类、其他类。同时，学校还分类制定了毕业论文（设计）评价标准和答辩评价标准。本书坚持理论与实践相结合，从实践出发对毕业论文（设计）的内容、原则、要求、案例和评价标准等方面进行阐述，可以更好地指导学生完成毕业论文（设计）。

本书不仅有利于培养学生的学术能力，更有利于提高学生的实践能力和应用能力。从毕业论文（设计）改革实践来看，体育学院前几年的毕业设计优秀率保持在20%~30%。近两年，体育学院不仅制定了详细的毕业论文（设计）改革实施办法，还制定了各类论文（设计）的评价标准，并不断对指导教师进行培训和强化，学生毕业设计优秀率有了较大幅度提高，并稳定在50%左右。

体育学院持续深化本科学生毕业论文（设计）改革，努力提高学生的创新能力和实践能力，以此引领学院深化“五大教学改革”，推进学院向应用型深度转型，最终将学院建设成为“办学理念先进、专业特色鲜明、文化内涵突出、竞技水平较高”，在西南地区乃至全国具有一定影响力的院系，并致力于为地方经济和社会发展提供更多高素质应用型体育人才。

漆新贵

前　言

毕业论文（设计）是检验大学生在校学习成果的重要方式。随着体育教学改革的逐渐深入，体育科学研究方法领域的理论研究成果也不断增多，在教学和科研实践中我们发现，一部分应用型本科院校强调应用型人才培养，而在用传统的有关体育科学研究方法的教材指导学生完成毕业论文（设计）时，因其理论性较强，所以一些学生难免会觉得生涩难懂。本书着眼于应用型人才培养背景，期望通过增强毕业论文（设计）的实用性和可操作性，来促进体育学科应用型人才的培养，转变过去毕业论文（设计）“强理论，弱实践”的情况，实现毕业论文（设计）的多元发展，将知识的传授与应用结合起来，促进体育学科研究转向应用型知识的开发，增强体育学科人才培养的实践性和应用性。本教材适用于应用型本科院校体育专业的本科生和专科生、体育成人教育专业的本科生和专科生，也可为其他体育院校的学生和科研工作者提供参考。

本书在编写过程中主要体现出以下特征：

（1）创新性。本书在编写过程中全面、广泛地查阅了国内外学者的相关研究，在全面总结前人经验的基础上，力求通过创新毕业论文（设计）的形式和内容来培养创新型、应用型的体育专业人才，重点介绍了体育学专业不同形式毕业论文（设计）的特征、要求和主体内容等。

（2）可操作性。本书坚持以增强毕业论文（设计）的实用性和应用性为主旨，力求服务于培养理论知识和实践运用并重的复合型人才。因此，在编写过程中通过列举大量案例来帮助学生学习，引发学生思考，促进学生进行自主学习和探究，使其能够运用相关方法并参考案例来完成毕业论文（设计）。

（3）适用性。本书构思清晰、通俗易懂、语言流畅，力求将体育科研中的相关理论与实践进行结合，做到实用易懂，便于学习，能够适用于应用型本科院校体育专业的本科生和专科生、体育成人教育专业的本科生和专科生，同时有利于提高其毕业论文（设计）的实用性。

本书是在孔庆波教授的统筹安排下完成的，由孔庆波、唐建忠、李旻担任主编，陈洋、王玉英、杨艳、陈冬、郑云峰、马春银担任副主编。编写分工如下：孔庆波教授（重庆文理学院体育学院）和陈洋（华东师范大学体育与健康学院）编写第一章；唐建忠教授（重庆文理学院体育学院）编写第五章；李旻教授（重庆文理学院体育学院）和马春银（华侨大学体育学院）编写第二章；王玉英副教授（重庆文理学院体育学院）编写第三章；杨艳副教授（重庆文理学院体育学院）编写第六章；陈冬副教授（重庆文理学院体育学院）编写第四章；郑云峰（重庆文理学院体育学院）编写第七章。此外，本书参考了许多专家、学者的相关研究成果，在此衷心地表示感谢！

由于时间紧张，加之编者知识和能力有限，书中不免存有纰漏之处，还望广大读者批评指正！

孔庆波

CONTENTS 目录

第一章　体育科学与研究

第一节　体育科研概述

一、体育科学的具体内涵

体育是人类社会文化活动和教育活动之一，其研究对象是人的身心和社会。体育科学作为一门新兴学科，是在社会、科学、经济、政治、文化、体育运动等领域的不断进步中产生和发展的。早期的体育科学主要发端于教育科学，用于研究教育领域的身体活动。20世纪初，生物科学特别是生理学的不断发展，使自然科学更多地渗透到了体育领域，德国、日本、苏联纷纷成立了运动研究所或体育研究所，这也不断促进了国际运动医学和体育医学的发展，使体育科学在世界范围内展开并迅速形成规模。20世纪中期，随着社会学、心理学、管理学等众多社会科学的不断深入和拓展，体育科学逐渐综合化，研究范围广泛、内容丰富，形成了众多学科交叉融合的学科群。随着现代体育事业及体育科学研究的不断成熟与壮大，体育科学已经成为一个相对独立且内容结构齐全的学科体系。

在长期的体育运动实践和对体育科学的探索中，学者们按照学科类别对体育科学进行了分类。早期学者倾向于将体育科学分为体育基础学科、体育运用学科和运动技术学科三大类，而后也有其他学者主张分为体育哲学与社会科学类、体育管理科学类、自然科学管理类和运动技术学科类四类。在中国科学学会编制的《体育科学词典》中又将体育科学分为体育基础学科、体育应用学科和体育技术学科三大类。迄今为止，学者们对于体育科学的分类仍然存在很大分歧，并且各个分类与主张都有十分合理的理由。由此可见，人们对于体育科学分类体系研究非常慎重并且孜孜不倦。不同的体育科学分类，其内部的科学研究任务与目的多不相同，所以，在研究不同的体育科学时，采用的研究方法也不尽相同。

体育科学的研究对象是体育，在研究过程中不仅关注体育对增强体质、提高身体机能及运动能力的作用，还关注体育与社会的关系及其自身的运行机制，是对体育本质和规律的探索。因而，体育科学的研究对象非常广泛，涉及自然、人文、社会等多个方面，具有多种属性。因此，体育科学是一门综合性很强的科学。

综上所述，体育科学是以体育为研究对象，运用科学的方法研究体育现象，揭示体育本质和规律的具有创造性和实践性的综合性科学。其研究目的是最大限度地发挥人体运动能力，并通过身体练习增强人们体质，提高健康水平。

二、体育科学研究

（一）体育科学研究的具体内涵

根据世界各国对“科学研究”的认识与探索，将其总结为在人类的实践活动中，以各种科学理论为基础，运用准确多样的方法，对未知领域的本质与规律进行客观探索，并找出未知事物存在的合理性，从而实现科学领域创新的实践过程。而体育科学研究作为科学研究的一个部分，其内涵则是指人类以相关的科学理论为基础，运用科学合理的研究方法，对体育领域内的现象进行研究，从而创造性地探索体育领域本质规律的实践过程。体育科学研究的具体范围可以概括为以下两点：探索体育领域中尚未掌握的知识与规律；将已有的体育理论应用于实践，并用实践检验理论。

体育科学研究是随着体育科学的不断发展而深入的，因此，体育科学研究是从早期的教育学范畴逐渐向自然科学领域、社会科学领域拓展的。20世纪初期，德国、日本、苏联等国为体育科学研究做出了最初的引领，随着第二次世界大战的爆发，体育科学研究便在世界范围内开展起来。而中国的体育科学研究工作相对来说起步较晚，直到中华人民共和国成立后才开始正式研究。1954年，北京体育学院（现北京体育大学）开始设立研究部，为体育科学研究工作培养研究生。1958年，国家体委（现国家体育总局）正式成立了体育科学研究所。之后，各省、市、自治区相继建立体育科学研究所，并形成了从国家到地方的比较完备的体育科学研究机构与组织体系。我国竞技体育能够在中华人民共和国成立后迅速发展并取得举世瞩目的成绩，与国家十分重视体育科学研究工作是密切相关的。

随着现代科技、经济、信息等方面的飞速发展，体育科学研究的发展空间和前景越来越广阔。现阶段体育科学基础学科研究的饱和使得学科交叉研究越来越深入，随着新的研究学科不断涌现，体育科学研究的学科分类越来越细，综合性越来越强。在体育现代化水平不断提升下，全民健身、体育事业、体育产业都进入了快速发展时期，同时中国国民体育也出现了不少问题，这对我国体育科学研究又提出了新的发展要求。

（二）体育科学研究的特点

体育科学研究作为科学研究的一个特殊领域，除了具有一般科学研究的特点外，还具有自身的研究特点，具体表现为以下几个方面。

1. 研究对象的复杂性和差异性

体育科学研究中最主要的研究对象是“运动中的人和人的运动”。人是一个兼具自然属性和社会属性的结构精巧且处于动态变化中的有机体，这就使得体育科学研究也必须具有相应的动态变化性。根据社会学研究理论，社会中的每一个人都具有不同的社会生活背景，所以，参与体育运动的人也具有不同的社会生活背景。因而，在体育科学研究过程中，不仅要考虑影响人体运动的一般规律，还要结合社会成员的背景，运用生理学、社会学、心理学、教育学等多种理论共同展开对体育的研究。同时，“人”具有极大的个体差异性，具体表现在思维方式、智力水平、个性特征、道德素质、运动技术水平、训练时间，以及性别、身高、年龄、健康、经历等多个方面。这些差异的存在，使得体育科学研究无法进行第二次完全相同的实验，增加了研究的复杂性。

2. 研究理论与知识运用的综合性

体育科学是一门综合性很强的科学，对于一个问题的研究常常涉及自然科学、社会科学及人文科学的知识，而且很多课题和体育现象的研究更是以这些理论科学知识作为研究基础和支撑。而现代科学技术的迅猛发展，其他科学对体育科学的渗透和影响，使体育科学内部的新学科不断兴起，这些新学科涉及科学研究的各个领域。当然，在体育科学研究中，不仅仅是对人体本身（人的自然属性和社会属性）的研究，还有对物的研究，如对体育仪器、体育设备的研究等。这种研究本身的综合性比较强，因而对体育科学研究人员的知识水平、能力及现代体育科学的组织管理者和工作人员都提出了很高的要求。而体育本身的跨学科属性、与其他学科的交叉融合属性也决定了只有进行多学科的综合研究，才更有利于探索和揭示体育实践中存在的问题。

3. 体育科学研究具有应用性

体育科学研究的目的是最大限度地发挥人体运动能力，并通过身体练习增强人体体质，促进体育运动发展和提高全民健康水平。体育科学研究的选题一般直接来源于实践。通常的研究方向是大众体育锻炼、学校体育教学、运动训练的方法与手段、社会体育的发展、体育产业的发展等，并且这些研究结果有助于在短期内提高运动技术水平、体育教学质量、大众健身效果。所以，体育科学研究的周期短、中间环节少、应用性较强。此外，体育科学融入的领域较多，其研究的综合性强，所以在体育科学研究过程中就需要更多地运用相关领域基础学科的基本理论或者科学依据来解决体育领域的问题。例如研究体育教学中的学生，就更多地要应用生理学、心理学、教育学等相关知识；研究运动员技术水平提高的关键就要更多地应用生理学、训练学、管理学的相关知识。这种对体育学科知识的广泛应用，是体育科学研究应用性强的又一表现。

4. 体育科学研究具有创新性

探索是创新的前提，创新是探索中的发现与发展。科学研究的目的是发现新事物、创造新知识、研制新产品，是在继承前人劳动成果的基础上，进行探索和创新。体育教学理论、教学方法、训练理论、训练方法从低级向高级不断发展与完善，就是一种推陈出新。这种创新遵循了体育运动发展的内在规律，是对体育领域教学方法与手段、训练理论与方法的一种梯级拓展，是真正对体育科学的深化和提高。当然，也只有这样，才能促进体育科学研究不断深入发展，研究水平不断得到提高，才能对体育提出更高层次、更新的见解，总结结论与规律。

（三）体育科学研究的任务

科学研究是人们能动地认识和改造客观世界、探索客观真理的过程，是一种具有高度合理性的创造性活动。体育科学研究是借鉴前人研究成果，对体育领域里前人没有解决或者没有展开研究的问题进行研究，并得到结论。因此，体育科学研究的根本任务是运用与体育有关的理论与方法，探索体育领域中的各种现象和关系的本质与规律，并运用这些规律为体育实践服务。具体来说，体育科研任务主要有以下几项。

（1）创新体育科学理论，并用理论指导体育实践，促进体育事业发展。

（2）探索体质与健康的新概念，为改善和提高全民族体质服务。

（3）探索体育教育改进方法与手段，为发展学校体育事业服务。

（4）宣传科学运动，培养人民的体育素养。

（5）关注青少年健康，探索解决青少年锻炼疑惑与问题的科学办法。

（6）为提高运动技术水平及运动训练、运动竞赛的科学化水平服务。

（7）为改善体育管理制度和方法服务。

（8）为充分发挥体育在建设社会主义物质文明和精神文明中的作用服务。

（9）为制定体育方面的方针政策服务。

（10）加强体育社会化、产业化、职业化的研究，为开拓体育市场服务。

（11）促进体育专业人才的成长，不断提高体育工作者的业务水平和科学研究能力。

（12）对世界性的重要竞赛活动的研究，如对举办奥运会的有关理论与实践的研究。

这12项是体育研究的基本领域，在每个领域中又包含了很多具体研究方向和任务。

（四）体育科学研究的发展趋势

在社会经济发展的不断促进与冲击下，科学技术领域实现了一次又一次的突破和创新。在科学研究不断深入的过程中，体育事业、体育产业进入发展的高峰期，运动技术水平也有了新的提高。这些变化对体育科学的研究要求也越来越高，而体育科学研究也应该顺应这些动态发展趋势，实现自己的发展和提升。树立发展意识，认清体育科学发展趋势是科学研究有新突破的重中之重，是进行体育科学研究的基础。通过大量学习、研究、总结，体育科学研究的发展趋势主要概括为以下几个方面。

1. 体育科学研究综合化

现代科学的不断发展与渗透，使得各个学科交叉融合的部分越来越多。体育科学研究在这一趋势下表现得十分明显，体育科学越来越综合化，研究领域与其他学科的融合与分化也越来越多，使得体育科学研究越来越复杂，面临的问题越来越多样化。在现代体育研究中，经常能看到不同的学科专家运用各自学科的理论知识对体育进行共同研究，国家和省部级的课题研究通常由不同学科所组成的研究团队完成。在国家体育研究生招收中，对于其他学科的人才也十分重视。当然，在体育科学研究不断深入和规模不断扩大的过程中，体育科学研究的综合化是大势所趋。

2. 体育科学研究领域多样化

在社会经济不断发展的过程中，人们的物质需求得到了满足，此时人们更加注重精神和心灵上的充实与丰富，也更加关注自身健康，健康意识普遍增强，从而引发了大众对娱乐体育、休闲体育、社会体育、康复体育、大众体育的呼唤与喜爱。这给体育科学研究带来了新课题，从而使体育科学研究的对象扩展到全社会不同阶层、不同地区的群体。现阶段，体育科学研究的趋势是继续重视对竞技体育领域的研究，同时加大对学校体育和大众体育的研究，以此来缩小“职业体育”与“群众体育”的差距，真正改善大众体育运动现状，提高全民族的身体素质。其中，国家还对青少年体育、中老年体育展开了特别研究，确保健全体育公共服务体系。此外，国家在科学研究的内容上也有了一些转变，除了重视基础性课题之外，应用和开发性课题研究比重正在不断上升。

3. 体育科学研究仪器、设备更加精良

在体育运动事业不断发展的过程中，体育科学研究工作也在不断深入发展。为了能够在体育科学领域有新的突破，对体育科学研究的仪器、设备的精确度的要求也越来越高。在竞技体育中，兴奋剂一直是个热门话题，根据这一现象，研制出了可精密检测的仪器，精确度可达十亿分之一。现代体育中研发的肌电、肌氧测试和相关治疗的仪器，也越来越完备。体育科学技术的发展需要完备的仪器与设备，同时这些完备、精密的仪器又能够反过来促进体育科学的发展，而且越深入的体育科学研究，越需要精确程度高的仪器设备。在体育科学研究进一步发展的过程中，仪器设备的精确化是一大发展趋势。

4. 体育科学研究方法多元化

体育科学研究是十分复杂的问题，不可能用单一的研究方法解决，所以通常在体育科学研究中，多种方法综合运用是其常态。体育科学研究的学科综合性很强，那么相关学科的科学技术研究方法的借鉴、移植也是体育科学研究方法更新、完善的动力，也促进了体育科学研究的快速发展。数学法、摄影法、解析法、计算机仿真法、生物化学分析法等研究方法已经逐渐被体育科学领域借鉴并得到了快速发展。根据目前体育科学研究的现状，数学理论的应用会越来越深入。因为在时代的不断进步中，体育科学研究将会面临更加复杂多元的研究对象，要形成逻辑严密且论证合理的研究结果，就需要有严密、合理的研

究方法。而数学理论知识能够精确、高效地处理信息，并通过数理运算反映数据间的关联性，具有研究事物本质的功能。因此数学理论知识在体育科学研究中的应用将会越来越深入。

5. 体育科学研究队伍专业化

在未来体育科学研究组织与队伍规模不断扩大的过程中，体育科学知识更新的速度将不断加快，研究成果将不断增多。而这就要求国家在体育人才培养上既要有数量的增加，又要有质量的提高。只有专业素质过硬的研究队伍才能够迅速提高体育科学研究的能力，促进体育科学研究工作的国际化。目前，体育科学研究的专业化正在不断增强，如各个高校的体育博士生人才正在慢慢增多，这对于体育科学研究的专业化提升有很大促进作用。高校博士生人才的增多，对于体育实际工作者参与体育研究会有很大的带动和领导作用。如，要实行大学体育课程改革，就需要更多的大学体育教师积极参与，在研究者和实际参与者的合作下，研究队伍更专业，更多的问题在实践中得以解决，研究成果也具有很强的针对性。

6. 体育科学研究国际化

体育运动作为一种文化现象，是全世界的一种通用语言，国际化是其重要特点。作为技术、文化和社会进步的引领，体育科学研究的国际化也是一种必然趋势。科学技术的发展，使得各个国家体育科学研究者之间的距离缩小，国际性体育交往增加，国际合作交流日益频繁，各国联合攻关项目增多，国际性学术组织和学术活动不断增多。也正是体育科学研究的国际化，使得国际体育科学研究的最新动态和研究成果被我国借鉴和吸收，才能够迅速提高我国体育科学研究的效率。目前，我国体育科学研究与国际化接轨程度越来越深，在国际体育科学会议和学术会议上，我国学者的学术期刊引用量增加。在全民健身、健康中国、体育强国的重大目标下，体育科学研究的国际化将会为该目标的实现提供积极有益的指导。

三、体育科学研究计划的制订

研究一个项目首先必须制订一个科学研究计划，而一个完整的研究计划是从研究的题目和目的出发，到得出结论或提交研究报告为止，总体上需要回答的是为什么研究这个课题、需要研究什么问题、怎么研究、使用何种方法、需要什么保证条件等问题。因此，一个完整的体育科学研究计划应该包含以下内容。

（一）说明研究课题及其价值和意义

在进行一个课题研究之前，应当说明为什么要进行此项研究，研究这个课题有什么样的理论与实践意义，即研究什么问题、怎么解决问题、解决到何种程度，以及是为决策提供参考还是提出具体的建议等。阐述课题研究的价值和意义是进行研究的先决条件，任何一项研究的内容都是围绕其研究价值和意义展开的。因此，研究者必须对自己所选定的课题有足够的理解，明确自己的研究在当前的发展中有哪些理论或实践性的优势，对以往的研究展开评述，指出以往研究有哪些不足与欠缺，本研究在哪个方面有创新并能够实现对之前研究的补充。只有对选择的课题有明确的定位，才能保证研究有新的突破，保证能够得到研究赞助机构的批准，保证研究操作的顺利开展。

（二）阐述课题研究内容

根据研究背景、国内外研究现状以及课题提出的问题与假设，对课题的概念和命题进行分解和界定，确定课题研究的具体内容，即拟定操作课题的具体内容。这种拟定可以采用具体的变量与方法来界定，也可以设定具体的研究内容框架，但两者的目的都是使研究内容成为直接可感知或者度量的指标。

（三）确定研究方法

根据研究目的和内容，确定该研究需要采取何种研究方法。在确定研究方法之前，需要对研究做一个判断，即确定研究类型。一般的研究类型有预测性研究、描述性研究、解释性研究等。在研究类型确定后再确定研究方法，不同的研究类型可以采用不同的研究方法。同一研究类型也可采用不同的研究方法，这要根据课题的具体内容来安排。一般研究方法分为文献资料法、调查法、实验法、数理统计法、逻辑分析法等。

（四）说明研究进程与组织计划

在一个课题研究中，为了保证研究的顺利进行，必须组建一支良好的研究队伍。研究者根据研究成员的综合素质与个体差异，在立足科研整体的结构上对队伍进行明确分工。一个队伍必须要有善于把握全局的领导者和专家、具有实干精神的资料收集者或者实验调查员、专业水平较高的写作人员等。组织队伍构建好后，还需要对研究任务进行分工，明确工作进程与计划，即某一个阶段该完成什么任务、该由什么人员去完成，都要有具体的安排。

（五）确定研究计划经费

任何一项研究都必须依靠一定的物力、人力和财力。为了保证研究的顺利进行，必须对研究经费做一个预计和估算。一般研究经费包括差旅费、劳务费、资料费、印刷费等。当然，在研究预算中，研究者应该合理安排，提高效率，争取以最少的花费获取最大的研究成果。

第二节　体育科学研究方法

一、文献资料法

文献资料法是指通过查阅各种资料，并对其进行合理使用，间接获得理论知识的一种方法。文献资料法是体育科学研究必须采用的一个方法，因为在社会发展中，体育科研信息资源广泛，确定选题和研究选题需要科学理论的支撑，文献资料能够为新的研究提供必要的理论与事实依据。

（一）文献的特点与分类

1. 文献的特点

在社会和科学技术的高速发展下，体育科学研究工作也在不断地深入。而这也伴随着文献系统的完善和丰富，具体表现为以下特点。

（1）文献数量庞大：随着体育科学研究工作的不断深入，体育类文献研究成果数量不断增加，著作、期刊、报纸、会议、外文等文献数量成倍增加。

（2）文献内容逐渐边缘化：体育本身的发展建立在其他学科之上，自然会更多地吸收其他学科的理论与方法，而且随着研究的不断深入，体育科学学科内容交叉的地方越来越多，其理论背景越来越被边缘化。

（3）文献形式多样化：在现代科学不断发展的过程中，体育文献类资料的储存、传播载体也越来越丰富，除了传统的印刷载体，网络、音像载体也已经被广泛运用。研究者获取文献的途径更方便快捷。

（4）文献内容质量下降：文献形式的丰富与多样带给人们方便快捷的同时，也带来很多问题，其中一个最重要的问题就是文献内容质量的下降。在新型网络时代，有很多无用的信息会借助载体传播，如果这种资料被反复利用的话，就会造成文献的质量越来越低。

2. 文献的分类

根据不同的标准，文献可以分为不同的类型，主要分为以下几类。

（1）按文献载体类型分类：印刷型、微缩型、声像型（唱片、录音带、电影、照片等）、机读型。

（2）按文献出版类型分类：图书、期刊、会议文献、科技报告、标准文献、专利文献、学位论文、产品技术资料、档案、政府出版物等。

（3）按文献加工程序和使用价值分类：零次文献、一次文献、二次文献、三次文献。

（4）按其他分类：文物、文史、电子信息资料等。

（二）文献的检索与收集

文献的检索与收集是指从存储的文献系统中查阅、获取相关文献的过程，是一项实践性和经验性很强的工作，对于不同的研究项目，可以采取不同的检索方法和程序，一般检索方法、具体检索途径和程序如下。

1. 文献检索方法

（1）手工检索：是指根据文献的外部标识（如书名、篇名、作者、出版社、标准书号）和内容特征（如学科、主题、分类号）全面系统地查找科研活动中所需要的文献资料。主要分为常规法（指按主题、分类、作者为标识，通过工具对文献进行顺查或者倒查而获取文献资料）；追溯法（以文章后参考文献情况为线索追踪查找文献的方法，属于专题检索）；纵横法（以某一领域的代表性学者为线索，利用检索工具，采用纵向和横向扩大查找范围获取文献的方法）。

（2）计算机检索：是指人们在计算机或计算机检索网络的终端机上，使用特定的检索指令、检索词和检索策略，从计算机检索系统的数据库中检索出需要的信息，继而再由终端设备显示或打印的过程。具体程序：进行文献需求分析—选择数据库和检索系统—确定检索词—构造检索策略和检索式—上机检索和编辑打印。

2. 文献检索与收集途径

（1）题名检索途径：根据书名目录（索引）、刊名索引、篇名索引、数据库名索引进行检索。

（2）著者检索途径：根据文献署名的著者、译者、编者、团体名称进行检索。

（3）分类检索途径：按文献所属学科类别进行检索。

（4）主题检索途径：通过文献内容进行检索。

3. 文献检索与收集步骤

（1）分析研究课题，明确检索要求：在检索前需要分析检索内容性质、学科归属、时间界限、文献类型等。只有这样，才能有的放矢，科学检索。

（2）选择检索工具：选择恰当的检索工具可以确保检索成功。一般根据检索内容、方向和性质自主选择专业性、综合性的检索工具。当然检索工具也要考虑单位实际和地区收藏情况等多种问题。

（3）确定检索策略与途径：根据检索工具和研究要求，以及文献内容特征选择检索策略与途径。研究可以有多种检索途径与策略。

（4）实施检索：在实际检索过程中，应当注意先使用累积索引，然后再用现刊索引补充；各种检索工具和索引要相互配合使用；在实际操作中注意调整检索策略，及时修改、补充并实施检索。

（5）获取原文：根据检索到的文献线索识别文献类型，获取原始文献。

（三）文献综述

文献综述是指在全面搜集并阅读有关文献资料的基础上，将各种资料进行归纳整理、分析鉴别，对某个时期某个学科领域中某个专家的某项研究成果进行系统全面的叙述和评论。主要包括概要性、评论性、纵向性、横向性、综合性、专题性综述等。文献综述的内容结构分为前言、综述主体、发展历史、现状分析、小结、参考文献目录六个部分。在撰写文献综述时要求撰写前要做好充分的准备工作，确定综述的范围，撰写要简洁明确、中心突出，引证材料严谨真实，自己的见解需要注明。

二、调查法

调查法是指调查者根据研究目的，通过对某一对象的直接接触、访问、现场观察或考察及间接了解、询问等形式来获得研究对象事实材料的一种科学研究方法。其分类广泛，代表性的调查法主要有问卷调查法、访谈法、专家调查法、实地考察法四种。

（一）问卷调查法

问卷调查法是指经过周密设计的若干固定问题，以书面的形式展现，询问调查对象，并让其按要求进行回答、填写，然后对所获资料进行分析总结，得出结论的研究方法。

问卷调查法具有标准化、间接性、书面性等特点。根据问卷填答者的不同，可以分为自填问卷和代填问卷两种类型。一般调查问卷由名称、指导语、目的、说明、问题、答案、感谢及其他资料组成。在编制问卷时要注意问题要围绕主题，具体简明，开头语亲切，内容少量精确，以能在15分钟之内填写完成为最佳。

（二）访谈法

访谈法又称“访问调查法”，是调查者通过对被调查者进行有计划的口头交谈来获取研究资料的一种方式。

访谈法具有双向性（调查者与被调查者相互影响、相互作用）、交往性的特点。根据访谈法的特点和形式，可以分为面谈调查法、座谈调查法、电话访问法和电子邮件访问法四种。访谈法一般遵循取样（根据被访问者的总体特征和研究目的决定抽样方法和访问样本），制定访问提纲，进行访谈（访谈者要先表明身份、单位及访谈目的），记录答案（记录要及时准确）四个步骤。

（三）专家调查法

专家调查法又称“特尔菲法”，是指调查者针对某些问题（如方案、指标、教学内容、教学手段方法等）向专家进行咨询调查，依靠专家的专业知识、实践经验、创造性智慧，采用系统的逻辑方法和匿名问卷的形式，分别对事物进行评估分析、预测判断，从而获得客观可靠的意见与信息的方法。

专家调查法具有匿名性、反复性、反馈性、定量性、集体性的特点。调查遵循“根据主题设计调查表—选择专家—实施调查—及时整理反馈调查结果—信息汇总和统计”五个步骤。这种方法运用范围非常广泛，可用于预测和研究运动技术的发展趋势，预测体育领域中某一重大突破的发生时间，预测实现某一目标需要何种条件、手段及达到何种效果等。

（四）实地考察法

实地考察法是指为明白某一个事物的真相、势态发展过程，而去实地进行直观的、详细的调查。做好实地考察要明确考察对象和目的，把握事物的整体与局部，了解事物的总体与细节，考察过程中要注意采用多种方法分析记录。

三、观察法

观察法是指在自然条件下，通过人的感官或借助科学仪器，根据预定的目的、计划，对研究对象进行系统考察，从而收集资料并运用有关方法加以整理，从现象到本质，从感性上升到理性，最后获得规律认识的一种研究方法。

观察法在观察过程中不对对象进行干扰和控制，具有能动性、目的性和计划性。其种类主要分为直接、间接、抽样、典型、质量观察法等。观察一般分为制订观察计划，做好观察前的准备工作（进行预备性观察、确定观察的目的和范围、明确观察计划、准备观察工具、统一观察标准），进行正式观察（做好观察记录，要求快速、准确、重点突出），进行观察资料整理。在观察过程中注意遵循客观性、典型性原则。

四、实验法

实验法是指研究者根据研究目的和任务，借用一定的物质手段和仪器设备，按照一定的步骤和程序，人为控制和模拟研究对象，排除干扰，以便在最有利的情况下对其进行观察，从而获得事实材料的一种方法。

实验法具有实践性、动态性、人为性、控制性、重复性、可测性的特点。在现代科学技术的不断发展中，实验手段也变得日益丰富，主要有定性实验法、定量实验法、对照实验法、模拟实验法、析因实验法、判决实验法、单组实验法、中间实验法、预初实验法、决断实验法、动物实验法等多种类型。实验法主要由施加因素、实验对象、实验效应三个基本要素组成。实验分为制订实验计划（包括实验题目、课题主持人、参与人、实验目的任务、实验方法、实验时间、被试因素、观察和受试对象、实验样本、观察指标、实验步骤、科研记录、数据统计方法、实验仪器设备及其他），做好实验前准备，进行实验，数据统计，整理分析材料这几个步骤。

五、数理统计法

数理统计法是在概率论的基础上，运用统计学的方法对随机现象中局部（子样）与整体（母体）的数据进行分析研究，并得出各相关因素之间的规律的方法。在数据的统计和测量中，该方法主要利用样本的平均数、标准差、标准误、变异系数率、均方、检验推断、相关、回归、聚类分析、判别分析、主成分分析、正交试验、模糊数学和灰色系统理论等有关统计量的计算来对实验所取得的数据和测量、调查所获得的数据进行有关分析研究，并得到所需结果。该方法具有随机性、可靠性、快速性、准确性的特点。数理统计法除了具备一般方法的特征外，还具备横向移植的特征，可以横向拓展到一切科学领域，与各学科的具体方法进行结合补充，去揭示各门学科研究的本质与发展规律。数理统计法科学性较高，在体育科学研究中应用数理统计法已经非常普遍。

六、逻辑分析法

逻辑分析法是指以形式逻辑和辩证逻辑为指导去认识事物的方法，在定性研究中特点突出，容易全面把握事物的本质。逻辑分析法具有典型性和抽象概括性的特点，运用要求具有深刻理解与灵活运用基础知识的能力、想象能力、语言能力、作图识图的能力等。运用逻辑分析法要明确研究目标，并对要解决的事物的背景进行详细分析，然后借助逻辑思维来寻求事物之间的内在联系，找出研究中的联系并得出结论。逻辑分析法在体育科学领域的运用非常普遍。

第三节　体育科学研究课题的程序

一、体育科学研究课题

（一）体育科学研究课题的内涵

体育科学研究课题，是指用科学的方法对体育领域需要研究和解决的问题进行研究，最后得出正确的结论。课题研究通常以该问题出现的情况和条件及研究的目的意义作为课题研究背景。体育科研课题研究主要包含以下几个实施过程：科研课题立项—成立科研课题组—制订课题研究方案—课题论证评价—结题验收。

（二）体育科学研究课题的分类

体育科学研究课题主要分为市级课题、省级课题、国家级课题等。不同类别的课题研究的要求、时间、项目经费等都是不同的。

（三）体育科学研究课题的特征

1. 实用性

课题研究应从当前体育领域发展的实际出发，要具有代表性和针对性，在体育课题研究选题时通常会考虑课题的使用价值，这就是课题的实用性。在国家体育总局、省市级体育局的体育科研项目申报通知中，通常都会公布课题选题指南。这些指南都是迎合体育事业发展的需要，根据当前国家体育发展中出现的各种体育问题而制定的，实用性较强。

2. 科学性

课题的科学性，首先表现在选题要有一定的事实依据，立论根据充实、合理。在整个课题的选题、研究过程中都必须严谨，以科学的方法和理论作为基础，课题研究成果必须回归实际，经得住实践的论证。

3. 具体性

在课题研究中，课题内容必须具体清晰，可操作性强，只有这样，才有利于科学选题，并有利于研究实施。

4. 独创性

课题所要研究的内容往往是指体育领域需要研究和解决的问题，是之前研究中并没有出现过的，所以应具有很强的独创性。同时，在课题研究过程中，要深入总结和学习前人的经验和成果，在深厚的理论基础上做出总结，这样才能保证课题结果的独创性、新颖性。

二、体育科学研究课题的程序——以重庆市体育局课题为例

为了促进重庆市体育事业科学发展，充分发挥社会科技力量的作用，鼓励科技创新，重庆市体育局每年都会进行体育科研项目的相关工作。目的是深入推进重庆市体育科学研究工作的发展，着力提高重庆市群众体育、竞技体育、体育后备人才、体育产业等方面的发展水平和服务能力。内容主要是针对当前体育改革和体育事业发展中的实践应用问题。具体程序如下。

（一）申报公告

重庆市体育局每年5月会发布重庆市体育科研项目申报工作的通知，该通知有明确的指导思想、申报研究指南、申报条件与程序等。

◎ 应用指南

重庆市体育局关于开展2016年度市体育科研项目申报工作的通知

渝体〔2016〕138号

各区县（自治县）体育局（文化委），各直属单位，机关各处室，有关单位：

为进一步促进全市体育事业科学发展，充分发挥社会科技力量的作用，鼓励科技创新，我局将继续深入推进体育科学研究工作。现将2016年体育科研项目申报工作有关事项通知如下：

一、指导思想

2016年度市体育科研项目研究工作以科学发展观为统领，注重项目科学性、创新性、前瞻性和实效性，着重研究当前体育改革和体育事业发展中的实践应用问题，着力提高我市群众体育、竞技体育、体育后备人才、体育产业等方面的发展水平和服务能力。

二、申报项目范围

申报项目必须符合《2016年度重庆市体育科研项目研究指南》（见附件1）所确定的选题范围。

三、申报条件

（一）项目申请人资格：

1.应当具有副高级以上专业技术职称，并具备相应的研究能力，无不良行为。

2.具有中级专业技术职称（或硕士学位）及以下的申请人，应在本领域有较突出的成就，并有两名所申报项目相关领域的正高级专业技术职称专家推荐。

3.项目申请人须具备组织、指导项目实施的能力。在组织领导项目研究的同时，必须担任实质性的研究工作和承担主要研究任务。

（二）项目申报单位资格：项目申报单位（包括合作单位）必须具有法人资格，必须

具备完成科研任务的研究实力和基本工作条件。

（三）两个以上单位合作参与的项目，单位之间应签订合作协议。协议书应明确项目第一负责人、研究任务和分工、协作内容、工作条件保障、经费分配、经费拨付方式、成果权属等相关内容。

（四）不能申报的情况：

1.项目申请人不得同时申报两个以上（含两个）局管项目。

2.已承担局管项目未完成或未结题的项目负责人，不得申请新项目。

3.除项目第一负责人外，其余参与申报项目研究的参研人员，在研未结题和新申报最多不超过两个项目。

4.逾期结题、弄虚作假等被取消申报资格的单位和个人不得申报。

5.准备出国、出差半年以上者，或申报时已在境外并将继续在境外达半年以上者不得申报。

6.申报的项目已获得国家级、省部级项目计划资助者，不得重复申报。

四、申报程序及要求

（一）项目申报需提交的材料：

1.《重庆市体育科研项目申报书》（以下简称《申报书》，见附件2）纸质件一份。同时将电子版文档发至市体育局科教处邮箱。

2.评审活页三份（申报书封面及一至九项为评审活页，不得出现申请人背景材料）。

3.项目申请人本人职称证书复印件。

4.需要专家推荐的需同时提交专家职称证书复印件。

5.涉及单位合作的需提交合作协议一份。

（二）项目申请人所在单位应对《申报书》的主要内容、项目负责人及项目组成人员能否胜任该项目研究、申报人员资格、研究基础和条件等进行认真审核，由单位主要领导人签署明确意见，并加盖单位公章送市体育局科教处。

（三）我局将严格按照《重庆市体育科研项目管理办法（暂行）》（可在市体育局官方网站下载），本着公平竞争、择优支持的原则组织项目评审。对批准立项的项目，将通知项目负责人签订项目计划任务协议书，明确考核验收指标及经费资助额度。其中重点项目原则上不超过5万元，其余项目原则上不超过3万元，部分项目自筹经费。

（四）2016年度重庆市体育科研项目申报工作截止日期为2016年6月15日，逾期不予受理。

对申报过程中弄虚作假者，将按照《重庆市体育科研项目管理办法（暂行）》取消其三年内申报项目资格。

附件：1.2016年度重庆市体育科研项目研究指南（略）

2.2016年重庆市体育科研项目申报书（略）

2016年5月12日

（联系人：张××，联系电话：××××××）

（二）填写申报书并上交相关材料

各单位下发体育局体育科研项目通知，并动员符合条件者填写申报书，准备相关材料，并在截止日期前将相关材料加盖公章报送体育局科技处。

（三）课题审批

重庆市体育局科技处严格按照《重庆市体育科研项目管理办法（暂行）》公平公正的原则对课题申报项目进行评审，选出符合立项的项目，并报体育局进行审批。

（四）公布课题立项结果

公布立项结果，根据批准立项的项目，通知项目负责人签订项目计划任务协议书。

（五）进行课题研究

根据课题研究内容和要求、进度、计划及经费预算来展开具体研究，收集资料,撰写研究报告，发表文章，进行论证评价修改，结题准备。

（六）结题

撰写结题申请并递交，并报送材料至重庆市体育局。重庆市体育局根据考核验收指标进行评审，合格者准予结题，并授予证书。

（七）经费资助

根据重庆市体育局要求下发研究经费，重点项目和一般项目的资助额度不同，部分项目自筹经费。项目负责人根据实际情况，准备相关数据和票据进行经费报账，重庆市体育局审核并下发经费。

三、学生体育科学研究课题的程序——以重庆文理学院为例

为增强重庆文理学院学生的科技创新意识，培养、挖掘学生科技创新能力，全面提高学生科研水平，学校根据学生科研管理办法，联合校团委、科技部和各二级学院展开学生体育科学课题研究，具体程序如下。

（一）申报公告

重庆文理学院每年3月会发出学生科研立项申报工作的通知，该通知对申报条件、对象、时间、程序、评审做出了详细规定。

◎ 应用指南

关于开展重庆文理学院2016年学生科研立项申报工作的通知

各团总支：

为增强我校学生科技创新意识，培养、挖掘学生科技创新能力，全面提高学生科研水平。根据《关于印发〈重庆文理学院学生科研立项管理办法〉的通知》（重文理科〔2011〕15号）文件的相关规定，校团委、科技部决定开展重庆文理学院2016年学生科研立项申报工作，望各二级学院认真组织，广泛宣传，发动学生积极参与。现将有关事项通知如下。

一、申报对象

重庆文理学院全校在读学生。

二、申报条件

申报的科研项目必须是学生在校期间内可独立完成，或在教师指导下以学生为主完成的项目，且符合下述条件其中一项。

（一）能够结合自身学科方向，研究目的、内容明确，研究方法和技术手段先进、合理、可行，短期内可望取得预期效果。

（二）对第一课堂学到的知识起到巩固和运用的作用，能培养学生科研创新能力的项目。

1. 自然科学类学术论文。

2. 哲学社会科学类社会调查报告和学术论文（哲学、经济、社会、法律、教育、管理类等）。

3.科技发明制作（具有明显经济效益和社会效益的项目等）。

A类：指科技含量较高、制作投入较大的作品。

B类：指为生产技术或社会生活带来便利的小发明、小制作。

4.重庆市或全国“挑战杯”大学生课外科技作品竞赛规定的项目。

三、时间安排

1.2016年3月10日—5月10日，各团总支积极组织学生科研立项及相关准备工作。

2.2016年5月12日17:00前，各团总支以学院为单位将申报书纸质版（一式两份）交到红河校区团委101办公室兰××教师处，附件2的电子版发到邮箱（×××××@qq.com）。

四、申报程序

1.学生先向所在二级学院学生科研立项工作指导小组提出申请，填写《重庆文理学院学生科研项目申报书》（以下简称《申报书》，附件1），并附指导教师推荐意见。指导教师应对选题的内容、研究方案、研究路径，以及申请者的素质、能力及能否按时完成提出明确意见。

2.各二级学院指导小组对申请的项目进行初评，对项目申请书中所述内容的真实性、研究方案的可行性和经费使用的合理性签署明确意见，并阐明本单位是否具备保证申请者开展此项研究所必需的基本条件，经二级学院指导小组组长和院长签署意见并加盖公章后，方可报送校团委。

五、评审方式

由校团委、科技部牵头成立评审委员会，对上报《申报书》分三大类进行评审，并于6月公布评审结果。通过立项审批的项目给予1000～2000元的经费支持。

六、联系方式

联系人：兰××

联系电话：×××××××

附件：

1.重庆文理学院学生科研项目申报书（略）

2.重庆文理学院2016年申请学生科研项目汇总表（略）

共青团重庆文理学院委员会

2016年3月9日

（二）学生填写申报书并递交有关资料

每年3月至5月，重庆文理学院各团总支积极下发文件，组织学生进行科研立项的相关准备工作，主要是课题申报书的填写。在课题申报书中需要学生明确申报的课题、课题研究背景、研究价值和意义、研究重点和难点、研究内容、研究方法、研究计划与进程、研究预期成果形式等。申报书填写完整后，上交至二级学院。

（三）课题审批

重庆文理学院各二级学院对上交的课题申请进行初评，对项目申请书中所述内容的真实性、研究方案的可行性和经费使用的合理性签署明确意见，并阐明本单位是否具备保证申请者开展此项研究所必需的基本条件，经二级学院指导小组组长和院长签署意见并加盖公章后，报送校团委。由校团委、校科技部牵头成立评审委员会，对上报《申报书》分三大类进行评审，并于6月公布评审结果。

（四）进行课题研究

学生根据课题研究内容和要求、进度、计划及经费预算来开展具体研究，收集资料，撰写研究报告，发表文章，进行论证评价修改，结题准备。

（五）结题

撰写结题申请并递交至二级学院团总支盖章，再报送至校团委登记。校团委根据验收指标进行评审，合格者准予结题，并授予证书。

（六）经费资助

校团委根据课题申请的项目类别进行登记，给予结题项目1000～2000元的经费支持，在指定日期直接下发到学生银行卡，以此鼓励学生为学校科研做出的贡献。

第二章 学位论文

第一节 学位论文概述

一、学位论文的内涵与外延界定

学位论文是指作者在一定阶段内进行科学研究取得一定的研究成果，并以研究成果为内容撰写的，用来申请相应学位的科研论文。学位论文一般是作者在攻读某一学位期间，运用所学的基本理论和方法对学科热点问题、尚未解决和涉及的问题进行研究。根据学位层次由高到低可以分为博士学位论文、硕士学位论文和学士学位论文。本书主要集中介绍学士学位论文。

从科学研究的质量上来看，本科生的学士学位论文并不要求体现太高的学术水平，其主要作为学生的一种探究式、学习式、创新式的综合研究。从当前高校应用型人才培养的角度上来看，本科生完成学位论文除了要达到基本要求外，更重要的是强调完成学位论文的过程。将其作为一种探究式的教学实践，主要是为了培养学生积极主动运用本学科基本理论和方法解决实际问题的能力。加强对学士学位论文的考核是为了促进学生对学科知识的深化，也是学生知识水平、能力积极提高的过程，同时也是评估教学质量的重要手段。今后，学士学位论文也会更加突出地朝着重实践、重探索、重创新的方向转型。

二、学位论文的特征与类型

（一）学位论文的特征

1. 实践性

学士学位论文是本科生攻读学士学位必须要完成的课题成果，但由于本科生专业知识和学术水平不高，因此学士学位论文应该更多地体现出实践性，而不应该对学生有过高的学术要求。学士学位论文的实践性应该更突出地解决实际问题，可以从一个很小的点或面着手。在体育学科中，学士学位论文应该更集中在如何将自身所掌握的理论知识与实践结合起来。例如，体育教育专业的学生应该集中研究如何设计课堂教学，提高教学效果；而社会体育专业的学生则应该主要研究如何利用自身所学的知识激发个体的健身兴趣，带动更多人参与到健身活动中来。所以，学士学位论文不必进行深层的理论分析和逻辑推理，而应该更加直截了当地解决现实问题。

2. 探索性

探索精神是一切学科发展都必须具备的精神，学士学位论文虽然不必进行深层次的理论分析，但是在解决实际问题时必须运用探索性的思维。因此，本科生在完成学位论文时除了要运用所学的理论知识外，还需要结合具体的实践要求制订特定的解决方案。本科生的学位论文主要注重解决实际问题，而实际情况又是不断变化的，因而必须要树立创造性的思维，积极探索所确定的研究课题。

3. 应用性

在我国部分高校向应用型转型的背景下，应该考虑如何提高本科生运用所学理论知识解决实际问题的能力，才能更好地提高学生的综合素质。本科生受专业知识和学术水平所限，其学位论文一般不具备学术价值，因此必须要更加突出其应用价值。也就是说，本科生的学士学位论文必须要能够应用到实践中去，才能算是一篇好的学位论文。体育学科作为一门应用性较强的学科，更要求本科生在完成学位论文时将主要精力集中在如何提高研究课题的应用价值上。

（二）学位论文的类型

1. 探索性学位论文

探索性学位论文是指运用创造性的思维去解决前人尚未涉及或尚未解决好的问题，因此这类学位论文一般具有一定的独特性和新颖性。完成探索性的学位论文主要是尝试提出解决实际问题的新方案，因此在一定程度上能够扩大相关课题研究的视角。探索性的学位论文是本科生在运用相关理论知识的基础上结合客观实践所提出的解决方案。在体育学科中，学生完成探索性的学位论文有可能会促进新技术、新战术的产生和运用。

2. 描述性学位论文

描述性学位论文是指在对某一研究对象进行研究的过程中，对客观数据和事实现象进行描述，进而提出某种假设或结论。描述性学位论文通常需要对研究对象的性质、属性、特征等进行描述，从而得出概括性的初步结论。体育学科中的描述性学位论文也具有一定的实践意义，能够在一定的程度上促进现实问题的解决。例如，记录不同风格体育课堂中不同学生的课堂表现情况，能够弄清不同学生在体育课堂中的兴趣爱好，进而制定特定的教学策略以有效提高教学效果。

3. 解释性学位论文

解释性学位论文是在某种客观现象或科学理论的基础上所提出的设想，然后通过大量的调查和实验来证明设想的可能性。完成解释性学位论文要求作者具备较好的理论基础和较强的逻辑思维能力。体育学科中的解释性学位论文更加强调立足于客观事实，对其进行大胆假设，进而得出某种规律。例如，由“体育事业的发展水平与经济发展水平呈正相关”就可以推断出“沿海地区的体育发展水平较内陆地区的体育发展水平要好”。

第二节　学位论文的主体内容与主要步骤

一、学位论文的主体内容

（一）前置部分

学位论文的前置部分主要有封面、目录、独创性承诺、题名、署名、摘要、关键词等信息。以上各部分内容需要作者集中精力完成的主要是题名、摘要和关键词三部分。

确定题名是完成学位论文首先要面对并解决的问题。一般而言，所选的题目应该密切结合学生所学的专业知识，这样才能发挥学生所长。例如，体育教育专业的学生应该主要研究体育教学过程中的相关问题；而运动康复专业的学生应该研究损伤治愈相关的问题。学生在确定选题时必须要跟导师进行深入交流，在充分听取导师意见的同时再结合自身专业和兴趣爱好来确定论文题目。

摘要和关键词是学位论文必不可少的部分。

学位论文的摘要一般包括以下几个部分。

（1）研究目的：主要是阐明问题研究的来源，明确研究的重要性，或者对研究的背景和所需要解决的问题进行描述性介绍。

（2）研究方法：简要介绍研究所采用的主要方法和研究问题的基本设计。

（3）研究结果：说明研究的主要结果，列出相关数据，指出研究的新发现和新视角。

（4）研究结论：简要说明研究所得出的主要观点和应用价值，提出研究的新见解和新思路。

关键词是学位论文的关键检索词，能够体现出论文所研究的主题，因此一般选取文章中出现较多的短语或词作为关键词，数量一般为3～8个。

◎ 应用指南

范例一

摘要：为探索体育场馆布局存在的问题，促进体育场馆优化布局，基于商圈理论，运用文献资料、逻辑推理、案例分析等研究方法，以体育场馆为研究对象，对目前体育场馆布局存在的病态问题进行了剖析。研究得出体育场馆布局存在“场馆数量分布不均、场馆种类结构失衡、场馆环境设施较差”等病态问题，并结合商圈理论提出“加大体育场馆投资，优化场馆布局，建设多样化场馆，促进不同场馆均衡发展，改善体育场馆的环境，促进体育消费”是优化布局体育场馆的有效路径。

关键词：商圈理论；体育场馆；病态分析；优化路径

（选自重庆文理学院体育学院2016届社会体育专业毕业生陈瑞的毕业论文《商圈理论下体育场馆优化布局研究》，指导教师：孔庆波。）

范例二

摘要：亲子游泳在国内是一个近年来才兴起的项目，已经由国外迅速传入国内，其发展的热潮不仅推动了我国婴幼儿市场的迅猛发展，在带来经济效益的同时，也从整体上使亲子双方获益。笔者通过文献资料法、访谈法、数理统计法、逻辑归纳法等对国内外亲子游泳的发展状况和我国亲子游泳发展的未来趋势进行详细的概述，提出在引进外国经验的同时，要发展我国亲子游泳特色的建议。

关键词：亲子游泳；发展；现状；前景

（选自重庆文理学院体育学院2016届体育教育专业毕业生彭丹的毕业论文《亲子游泳在我国的发展现状与前景分析》，指导教师：万星。）

（二）主体部分

1. 引言

引言又称前言或者序言，引言部分主要介绍论文写作的背景、缘由，进而介绍存在的问题和需要解决的问题。学士学位论文的引言部分应主要围绕三个方面展开：背景介绍、存在的问题、研究的价值和意义。

◎ 应用指南

范例一

当前，我国体育场馆依其产品属性大致分为公共体育场馆、商业体育场馆和准商业体育场馆三种。其中，公共体育场馆是由国家或政府投资兴建，为满足公共体育事业发展需求而建设；商业体育场馆则一般由企业或个人为营利目的而建设；准商业体育场馆则是由企事业单位建设，如学校的体育场馆，主要为满足学校体育教学需求而建设。自北京奥运会以来，我国体育事业得到了迅猛发展。基于此，全国各地均兴建了各式各样的体育场馆。但无论是何种体育场馆都凸显出许多问题，如场馆闲置浪费、区域数量不均、结构失衡等愈演愈烈。其中场馆布局不合理、结构失衡的问题则成为了当前阻碍体育场馆可持续发展的主要问题。本文基于商圈理论对当前体育场馆布局存在的问题展开论述，并在此基础上提出了针对体育场馆优化布局的科学建议。

（选自重庆文理学院体育学院2016届社会体育专业毕业生陈瑞的毕业论文《商圈理论下体育场馆优化布局研究》，指导教师：孔庆波。）

范例二

休闲体育是指人们在闲暇时间以增进身心健康、丰富和创造生活情趣、完善自我为目的的身体锻炼活动。这对增进健康、强健体魄、疾病预防与康复、丰富生活内容与加强人际关系等都有重要意义和作用。休闲体育具有休闲娱乐性、自由性和文化性等特点。随着我国城市化进程的推进，人口老龄化、空巢老人等社会问题的凸显，越来越引起了大家的关注和重视。离退休后的老年人，由于离开了熟悉的工作岗位、家庭角色发生变化、与子女矛盾日益增多等问题，轻则容易引起老年人寂寞空虚、焦虑不安等负面情绪，重则引发一系列老年疾病。因此，笔者通过研究老年期人体机能变化，探究休闲体育对老年人健康的价值，为老年人参与休闲体育健身提供科学依据。

（选自重庆文理学院体育学院2016届社会体育专业毕业生谭青山的毕业论文《休闲体育对老年人的健康价值研究》，指导教师：孔庆波。）

2. 正文

正文部分是学位论文的主体部分，是作者需要集中精力完成的重要内容。正文部分一般包括研究对象和研究方法的介绍、研究的结果和讨论、研究结论和建议等方面。

（1）研究对象和方法

研究对象和方法尤其在需要实验验证和调查研究的学位论文中应该详细介绍。首先需要区分研究对象是人还是事物，抑或是一种社会现象。体育学科是一门综合性较强的学科，研究对象可以是学生、运动员、教练员、居民，也可以是健身场馆、体育彩票，还可以是居民健身意识、社区健身氛围等。在对研究对象进行描述时一定要写清楚其一般特征，以便后来研究人员可以进行验证，如研究对象是人，要写明职业、年龄、学历、性别、身高等信息。而研究方法的选择也对顺利完成研究起到重要的作用。因此本科生在确定好研究对象后，应该根据研究设计选择合适的研究方法。一般来说，本科生完成学位论文常用的研究方法包括文献资料法、问卷调查法、实地考察法、访谈法、逻辑分析法等。

◎ 应用指南

范例一

1. 研究对象和方法

1.1 研究对象

重庆文理学院体育学院体育教育专业全体学生。

1.2 研究方法

1.2.1 问卷调查法

根据四川民族学院体育系理论课现状，编写了《重庆文理学院体育学院体育教育专业学生理论课上课情况调查表》，对理论课的认识态度、课堂的行为、学生的学习态度、课余时间分配、理论课的复习及完成教师安排任务、考勤情况、辅导员及教师的管理方法、院系的教学硬件现状及课程设置的顺序等现状进行调查。

1.2.2 文献资料法

收集与体育专业理论课课堂现状相关的文献资料，了解与研究方向有关的信息增加知识量，为论文筹备资料。

1.2.3 逻辑分析法

通过对收集整理的大量文献资料及调查了解的情况加以分析，并给出结论建议。

（选自重庆文理学院体育学院2016届体育教育专业毕业生朱俊的毕业论文《体育专业理论课现状调查分析与研究——以重庆文理学院为例》，指导教师：周卫平。）

范例二

1 研究对象和方法

1.1 研究对象

以重庆市奉节县城镇居民为研究对象。调查对象是在奉节县滨江广场、乔木广场、后山广场、诗城广场四个以“体育”为主题的广场上活动的市民，随机抽样人数为100人，有效人数为88人。该区域的体育消费店铺如下（表1）。

表1 体育消费店铺

滨江广场	乔木广场	后山广场	诗城广场
奥体健身会所	乔木篮球培训学校	野苑游泳馆	泰格健身俱乐部
邓勇健身俱乐部	游泳馆		
各运动品牌店	网球场		

1.2 研究方法

文献资料法：查阅大量有关体育消费的书籍、期刊，上网搜集有关体育消费的资料、文章。

问卷调查法：对城区滨江广场、乔木广场、后山广场、诗城广场四个区域随机抽样的100人现场发放、作答、回收问卷100份，男女各分发50份，每个区域分别发放25份，有效回收率为88%。

访谈法：通过观察体育消费店铺，对商家、从业人员和消费者进行访谈，深入了解他们的运营情况和消费者的看法。

数理统计法：对回收问卷的各项数据进行分类统计与分析。

（选自重庆文理学院体育学院2016届体育教育专业毕业生杜星泽的毕业论文《重庆市奉节县城镇居民体育消费的现状与展望》，指导教师：匡晶。）

（2）研究结果和讨论

研究结果主要是指研究中所得到的数据或者所观察到的现象。论文的结论都是在正确记录研究结果的基础上形成的，因此研究结果也是论文结论的依据。研究结果可以用文字来说明，也可以采用表格、图形的方式来呈现。研究结果必须要真实反映研究过程中的各种数据和现象。得到真实的研究结果后才能展开讨论。讨论是作者对研究结果的进一步解释和推论，而不是对研究结果的简单重复。研究讨论主要包括：研究结果的意义和价值、所得研究结果和前人进行比较、研究结果中存在的问题、对研究结果中存在矛盾的地方提出自己的见解。

◎ 应用指南

2. 研究结果和讨论

2.1 学生对理论课的认识态度调查

根据对理论课学习的态度认识调查（表1），可以看出四川民族学院体育专业学生认为理论课有实际作用的占16.84%，认为实际作用不大的占43.16%，认为没有实际作用的占40.00%。由数据分析可以得出大多数学生对理论课的学习没有正确的认识，在实际教学过程中对于学习持有抵触情绪，对于学习只是抱着一种完成任务的态度。

表1 对理论课学习的认识态度调查

	有实际作用	实际作用不大	没有实际作用
人数	16	41	38
百分比	16.84%	43.16%	40.00%

2.2 理论课设置情况调查

一名合格的体育专业学生需将大量理论课上所学的专业知识与实践训练相结合，理论课在课程设置上较为重要。由于该专业的特殊性，技术课学生会花费大量的精力投入到运动训练中且具有一定的运动强度，学生在课后都会感觉十分疲劳。因此在课程设置上最好能将理论课设置在上午且在技术课之前，根据对2011级本科班体育教育专业课程表调查（表2），其中2011—2012年第1学期、2011—2012年第2学期、2012—2013年第1学期、2012—2013年第2学期的课程设置中，部分理论课设置在下午，也有部分技术课设置在理论课之前。

表2 2012级体育教育本科班部分课程安排

学期	2011—2012-1	2011—2012-2	2012—2013-1	2012—2013-2
技术课在理论课之前的课时（节）	2节	2节	0节	2节
理论课安排在下午的课时（节）	2节	4节	3节	4节

2.3 理论课的课堂学习现状

从表3可以看出理论课的学习现状，每节课都做好笔记的同学占23.16%，有时候会做笔记的同学占53.68%，从来不做笔记的同学占23.16%。根据数据分析可以得出，认真学习的学生只占两成，课堂大部分学生都不会每节课做笔记，没有积极性，反映出学生对于理论课的学习是一种被动的状态。教学是一个互动的过程，是教师的教和学生的学相辅相成的，现在却成了教师的单方面教学，这样很难取得好的教学效果，理论课的课堂学习现状不容乐观，改善这一现状迫在眉睫。

表3 理论课学习现状

	每节课都做笔记	有时会做笔记	从来不做笔记
人数	22	51	22
百分比	23.16%	53.68%	23.16%

2.4 学生对课后作业的完成情况

课后作业是进行复习巩固的最好方法。在表4对学生课后作业完成情况的调查中，我们了解到及时独立完成占24.21%，临时借鉴完成占38.95%，不按时完成占36.84%。大多数的学生都是“临时抱佛脚”，等到要交作业的时候，才临时赶作业，甚至有多数的学生是借同学的作业敷衍了事。这种现状对于学生的学习起不到任何好的作用。因此，学生自己需要转变观念，教师在批改学生作业的方面也应该更严格地要求学生。

表4 课后作业的完成情况

	按时独立完成	临时借鉴完成	不按时完成
人数	23	37	35
百分比	24.21%	38.95%	36.84%

2.5 理论课复习情况

根据对学生理论课的课后复习情况调查（表5），其中6.32%的学生会课后及时复习且这部分学生在学期考试之前会提前复习为考试做好准备；36.84%的学生偶尔会复习，这部分学生在学期考试之前不会做充足的复习备考，他们认为考试之前只需要“临时抱佛脚”也能顺利通过考试；56.84%的学生从来不会进行复习，他们在学期考试前也不会进行复习，并在期末考试时经常出现考试作弊现象。这样对其他学生学习的积极性也有严重的打击，加大了教学管理的难度。可见，课后不对理论课进行复习的情况是一个很严峻的问题，学生应该认识到复习在学习中起到了巩固、强化的作用，是掌握知识的一个重要环节。要在课堂上将学习的知识掌握牢固是不容易的，有必要及时进行课后复习。

表5　理论课的复习情况

	会进行复习	偶尔会复习	从来不复习
人数	6	35	54
百分比	6.32%	36.84%	56.84%

2.6学生理论课的出勤情况

对2011级体育教育本科班一门理论课学期考勤记录进行的调查发现，从理论课考勤记录中（表6）可以看出，一学期同一堂课旷课的总人数占15.79%，早退的总人数占23.16%，迟到的总人数占43.16%，请假的总人数占18.95%，其中有学生一学期缺勤多次，有很多人既迟到又早退，还有学生在教师记录考勤后趁教师不注意早退。

表6　学生理论课的考勤记录

	旷课	早退	迟到	请假
总人数	15	22	41	18
百分比	15.79%	23.16%	43.16%	18.95%

2.7 课余时间的分配情况

大学生活相对自由，空闲时间非常多，学生也比较自由，可随意分配时间，除了日常的学习外，还有各种各样的活动。如果完全依照自己兴趣去安排课余时间，则很难有效地利用学校的各种环境和资源。面对严峻的就业形势，学生应合理分配充裕的时间去多积累、多储存各种知识，为将来的工作生活做准备。然而根据对课余时间的分配情况调查（表7），我们发现57.89%的学生将课余时间用于上网，这部分学生主要是把时间和精力都投入到了网络游戏之中；22.11%的学生将课余时间用来参加学校各类活动，这部分同学大多数参加系内或校内组织的各类活动；10.53%的学生将课余时间用于其他活动；9.47%的学生将课余时间用于校外活动。调查的现状反映出大多数学生并未合理安排课余生活，利用课余时间进行学习的学生较少。如何合理安排课余时间值得认真思索。

表7 课余时间的分配情况

	上网	参加学校各类活动	参加其他活动	在校外活动
人数	55	21	10	9
百分比	57.89%	22.11%	10.53%	9.47%

2.8 课堂使用手机的情况

随着手机的智能程度越来越高且小巧便携、功能丰富，其已成为我们生活中必不可少的工具。手机在为我们的生活带来了便捷的同时，也在影响着我们的日常生活。课堂使用手机情况的调查（表8）显示，在课堂上使用手机的学生占84.21%（其中经常使用的占43.16%，有时使用的占41.05%），仅有15.79%的学生在课堂上不使用手机，可以看出在课堂上使用手机的情况比较严重，已经泛滥成灾。在课堂上使用手机也会直接影响课堂的纪律和教学的效果，学生之间也会相互带动、相互影响，造成不良现象的蔓延，针对这一普遍存在的现象应当及时做出应对措施。

表8 课堂使用手机的情况

	经常使用手机	有时使用手机	不使用手机
人数	41	39	15
百分比	43.16%	41.05%	15.79%

2.9 教学条件现状

教学的实验器材也是影响学生学习效果的一个重要因素，运动解剖学、运动生理学是体育专业学生的必修课程，该类课程属于人体科学方向，具有抽象、难懂等特点。通过实验演示器材能直观地展现人体的形态、结构和功能，能激起学生学习的兴趣，帮助学生理解和记忆。通过对教学器材的现状的调查（表9），可以看出实验器材并不完善，有的器材破旧残损，实用价值并不高，且未进行过任何的实验教学，大部分学生对此现状持不满意的态度，因此改善器材也很重要。

表9 教学器材的现状调查

	挂图	人体肌肉解剖模型	人体骨骼解剖模型	人体脉管系统模型	呼吸系统解剖模型
是否完备	有	无	有，但残缺	无	无

2.10 对理论课学习起促进作用的因素

教师的教学方式相对来讲比较重要，使用学生认同的教学方式教学效果就会好，反之就取不到成效。教师应该针对学生的需求做出相应的调整。根据影响理论课学习的因素调查（表10），其中认为教师态度和蔼负责能起到积极促进作用的学生占83.16%，因此教师应与学生有更多交流且深入到学生中去，善于倾听学生的意见与建议，抱着对学生负责的态度严格要求学生；认为教师教学手段丰富可以起到积极促进作用的占86.32%，因此教师在教学的过程中应采用灵活新颖的教学方式，利用多媒体、理论联系实际等方法调动学生兴趣；75.79%的学生认为课堂纪律较好会对理论课的学习产生积极的促进作用，在理论课的上课现状中，部分教师对课堂纪律的要求不严格，对于那些屡教不改的学生抱放任的态度，影响了其他学生的学习，因此教师应强调课堂纪律、严格要求学生；最后80.00%的学生认为有良好的学习氛围对理论课的学习也会起到积极的促进作用，教师应营造一个良好的学习氛围，学生在一个具有良好的学习氛围的环境里学习，通过环境熏陶会取得更好的学习效果。

表10 对理论课学习起促进作用的因素

	教师态度和蔼负责	教师教学手段丰富	课堂纪律良好	有良好学习氛围
人数	79	82	72	76
百分比	83.16%	86.32%	75.79%	80.00%

（选自重庆文理学院体育学院2016届体育教育专业毕业生朱俊的毕业论文《体育专业理论课现状调查分析与研究——以重庆文理学院为例》，指导教师：周卫平。）

（3）研究结论和建议

研究结论是对研究结果和文章论点的高度概括，一般来说结论都是采用条目的形式呈现出来的。研究结论是在对研究结果进行逻辑分析的基础上形成的，是对研究结果的进一步总结。通常研究结论包括以下内容：研究结果所揭示的一般规律、本研究难以解决的问题、本研究与先前研究进行对比、本研究的应用价值和意义等。建议是对论文尚未涉及的问题进行说明，或者对研究结果提出具有可行性的对策。建议一般在结论的后面，不涉及相关内容的论文也可以不写建议。

◎ 应用指南

3. 结论和建议

3.1 结论

3.1.1 体育专业部分学生对理论课的认识态度消极，不能合理分配课余时间来进行学习，对教师规定的教学任务不能保质保量完成。旷课、迟到、早退情况严重，对待考试抱应付的态度，在课堂上玩手机、睡觉及其他与课堂无关的行为，严重干扰了正常的课堂秩序。

3.1.2 教师教学管理上存在一些问题，再加上教学器材设备不完善，学习过程枯燥，难以激起学生兴趣。

3.1.3 技术课与理论课的设置存在问题，部分理论课安排在技术课后及下午，经过技术课的大运动量训练后，学生在理论课课堂上会出现注意力不集中、困倦、睡觉等现象。

3.2 建议

3.2.1 体育专业理论课的设置上，要优先安排理论课，尽量安排在上午且理论课设置在技术课之前，有些实在不能安排的，尽量以实验课和实训课为主，这方面需得到教学安排人员及教务处的支持。

3.2.2 教师需不断提高自己的教学水平，备课要充分，不能采用单一的教学课件，应多采用图片、录像等多媒体教学方式，合理运用实物直观与模象直观相结合的方式进行课程讲授；采用灵活有趣、理论联系实际的教学方式，调动学生学习的积极性；教师应改变传统的作业布置形式，要让学生用手机查阅资料，结合本课程相关调研，在课堂上设置环环相扣的对话式教学，以促进学生主动完成作业及保证作业的质量；教师还需加强课堂的管理，把考勤、平时成绩与考试成绩密切挂钩，并与系部、班主任加强沟通，定期反馈学生的学习情况；针对学生在课堂上玩手机的现象可以建立无手机课堂的制度，课前收集手机，课后归还手机，让学生能完全投入学习中，营造良好的学习环境，养成正确的理论课学习习惯。

3.2.3 学生要端正学习态度，合理分配好课余时间，加强对理论学科知识的巩固，对待考试不能以敷衍的态度自欺欺人。

3.2.4 学校要加强对体育系的设施建设，加大投入，将体育专业的实验室建设放在首位，配备完善的相关实验器材。

（选自重庆文理学院体育学院2016届体育教育专业毕业生朱俊的毕业论文《体育专业理论课现状调查分析与研究——以重庆文理学院为例》，指导教师：周卫平。）

3. 参考文献

参考文献指作者在完成学位论文过程中所参考的文献，是学位论文不可缺少的组成部分，也是作者对他人知识成果的承认和尊重。因此，学位论文的引用文献必须在文中引用处体现出来，应按文中引用出现的顺序列全，附于文末。

4. 致谢

在文章结尾处，通常以简短的文字，对工作过程中曾给予自己直接帮助的人员，例如指导教师、答疑教师及其他人员，表示自己的谢意。这不仅是一种礼貌，也是对他人劳动的尊重，是治学者应有的作风。

◎ 应用指南

范例一

在老师的悉心指导下，我的毕业设计终于完成了。首先请允许我向教导过我的老师们说声“老师，你们辛苦了，谢谢你们在这四年中对我的谆谆教诲！是你们的帮助与教导奠定了我完成此项目的基础，我想再次感谢你们！”在此，我非常感谢学校对我们的严格要求，促使我严格遵守学校的安排，能按时完成毕业设计任务。我由衷地感谢周卫平老师对我的关怀和指导。周老师渊博的专业知识、严密的逻辑思维、认真负责的工作态度、严谨的治学风格，给予了我极大的鼓励和帮助。在我遇到问题和困难的时候，老师们都给予了我细心的解答和真诚的帮助，让我受益匪浅。我还特别感谢在整个毕业设计期间给予我帮助的同学，他们以最大的耐心帮助我，给了我极大的技术支持和心理激励。再次感谢学校、老师、同学、朋友，是你们，给予了我最大的热情，让我能顺顺利利地完成这次毕业设计。在这不同寻常的日子里，我对所有帮助过我的老师、同学和朋友们表示深深的感谢，献上我衷心的祝愿，愿生活中最美好的东西永远和你们相伴！

（选自重庆文理学院体育学院2016届体育教育专业毕业生朱俊的毕业论文《体育专业理论课现状调查分析与研究——以重庆文理学院为例》，指导教师：周卫平。）

范例二

光阴荏苒，时光如梭，经过一年多的艰苦努力，论文终于顺利完成。在论文即将付梓之际，我掩饰不住内心的感激之情。首先我要感谢我的父母，感谢父母多年来对我的默默支持和无私奉献，使我在学校里能够安心完成我的学业。在面临困难时，父母一直鼓励我；在面临抉择时，父母都会全力支持我。其次，要感谢培育我的学校——重庆文理学院，学院为我们汇聚了一大批德高望重、治学严谨、作风正派的优秀教师。并为我们提供了一个优美、和谐、宽松、自由的学习环境。最后，要感谢为我们成长付出了辛勤劳动和汗水的所有老师，尤其是体育学院的全体老师，你们广博的学识、严谨的治学态度、精益求精的工作作风，给我留下了深刻印象，令我终身难忘。

论文能够顺利完成，还要衷心地感谢我的导师孔庆波副教授。在论文的成稿过程中，导师从选题、收集资料、构思、拟定提纲、研究方法到写作、初稿、修改、审阅，再到最终定稿，都给予了悉心指导，倾注了大量心血和智慧。导师勤奋严谨的治学精神，言传身教，宽厚待人的学者风范令我终身受益。

大学几年我不但得到了老师们在为学、为人方面的不倦教诲，也得到了同学的许多关心和帮助，借此机会向他们表示我诚挚的谢意!

（选自重庆文理学院体育学院2016届社会体育专业毕业生陈瑞的毕业论文《商圈理论下体育场馆优化布局研究》，指导教师：孔庆波。）

（三）附录和结尾部分

学位论文的附录部分主要是与论文研究内容有关的附件，一般包括调查问卷、访谈提纲、数据图表、后记等内容。学士学位论文的附录和结尾部分主要包括调查问卷和访谈提纲，这是需要进行问卷调查和访谈调查的学位论文所必需的内容。

◎ 应用指南

四川民族学院体育教育专业学生理论课上课情况调查表

您好！

我是重庆文理学院体育学院的一名大四的学生，我正在进行一项关于四川民族学院体育教育专业学生理论课上课情况的调查，以完成我的学位论文。本次调查采用不记名、面对面的方式填写。您的回答无所谓对错，只要能真正反映您的想法即可达到我这次调查的目的。希望您能够积极参与，我将对您的回答完全保密。本次调查会耽误您10分钟左右的时间，请您谅解。谢谢您的配合和支持。

1. 你认为体育理论课重要吗？（单选题 *必答）

A. 很重要，理论联系实际

B. 重要，便于理解实际

C. 一般，可有可无

D. 不重要，毫无作用

2. 你会进行理论课的课后复习吗？（单选题 *必答）

A. 会进行复习

B. 偶尔会复习

C. 从来不会复习

3. 你上理论课会做笔记吗？（单选题 *必答）

A. 认真听教师讲课并做好笔记

B. 有时候会听，笔记很少做

C. 不会做笔记

4. 理论课课后作业你都怎样完成？（单选题 *必答）

A. 及时独立完成

B. 临近交作业时再赶或借同学作业

C. 以后再补

5. 课余时间你是怎样分配的？（单选题 *必答）

A. 上网

B. 参加学校各类活动

C. 在校外活动

D. 其他

6. 你在理论课课堂上会使用手机吗？（单选题 *必答）

A. 经常使用

B. 有时会使用

C. 不使用

7. 你觉得教师对课堂要求跟课堂纪律有直接的关系吗？（单选题 *必答）

A. 有直接关系

B. 有一定的关系

C. 关系不大

D. 完全没有关系

8. 你对我系专业理论课的实验器材现状满意吗？（单选题 *必答）

A. 非常满意

B. 满意

C. 不满意，器材不完善

D. 无所谓

9. 你愿意上怎样的理论课？（多选）（多选题 *必答）

A. 教师态度和蔼负责

B. 教师教学方式多样，手段丰富

C. 课堂纪律较好

D. 有较好的学习氛围

（选自重庆文理学院体育学院2016届体育教育专业毕业生朱俊的毕业论文《体育专业理论课现状调查分析与研究——以重庆文理学院为例》，指导教师：周卫平。）

二、完成学位论文的主要步骤

（一）选题

选题是本科生完成学位论文首先要考虑的问题，只有确定好了题目才能够进一步展开研究。由于本科生所掌握的理论知识有限、研究经验不足，因此在确定选题方向时一定要结合自身所学专业，以便在完成学位论文时能够充分运用所学的专业知识，这样也大大保证了学位论文的高质量完成。本科生在确定选题时难免会产生困惑，一旦选题过大或者选题方向错误都会影响学位论文的完成及其质量。因此确定选题时必须要与导师多沟通，虚心向其他同学学习，确保所确定的研究题目真正适合自己，最终才能保证学位论文能够顺利完成。

（二）拟定提纲

在确定好论文题目后，就可以围绕题目构建论文的整体框架了。拟定论文提纲是完成学位论文的关键一步，作者必须明确研究的目的、意义、方法、对象、主体内容等，进而才能够围绕所拟定的提纲展开论述。拟定提纲时一定要确保各级标题与文章题目之间逻辑顺畅，同时也要厘清各下级标题与对应的上级标题之间的关联。拟定完提纲后一定要认真考虑是否符合逻辑和研究需要，最终才能确定学位论文的提纲。

（三）完成初稿

在确定好论文提纲之后，就应该针对提纲内容书写论文，即完成论文的初稿。完成初稿前需要借助图书馆、互联网等平台广泛查阅与自己选题方向相关的文献资料，参考学界当前的研究成果，进而论证自己的选题内容。需要进行问卷调查的学位论文就应该提前针对调查对象设计好调查问卷，然后确定样本量实施调查并对调查结果进行统计分析。需要强调的是，考虑到学位论文的严谨性和科学性，因此务必确保调查数据的真实性和准确性。

（四）论文修改

完成论文初稿后并不意味着学位论文的书写工作就完成了，还需要对论文进行修改和完善。一般来说，完成论文初稿后都需要拿给导师检查，然后根据导师反馈的意见对论文的相关内容进行修改。一定要确保研究内容的正确性和科学性，充分考虑学位论文的逻辑结构是否合理。此外，还需要对学位论文的文字进行润色，检查论文的语句是否通顺、字里行间是否有错别字，发现问题应该及时修改。

（五）论文检测

论文修改过后需要对论文进行检测，以确定学位论文的独创性。论文检测就是对文章内容的重复率进行检查，一旦重复率不符合学校规定的要求则会被认定为学位论文不合格。因此，一定要以认真负责的态度对学位论文进行检测，检测结果超过学校规定要求时需要对文章进行修改。常用的论文检测工具有“PaperPass”“中国知网”“维普网”“万方数据库”等，在进行论文检测时一定要严格按照学校要求进行。

（六）论文定稿

对学位论文进行检测后，一旦重复率达不到学校的要求，就需要对论文中重复率超标的部分进行修改。主要运用“删”“增”“替”等方法对重复率过高的内容进行修改，完善之后的文章就是学位论文的定稿了。

第三节　学位论文的要求

一、学位论文的开题报告

学位论文的开题报告是指学生对自己毕业论文研究课题的一种说明性材料，开题报告符合学校规定的要求才能够予以开题，也就是说只有当学位论文的开题报告通过之后才意味着能够针对所选题目进行研究。开题报告需要回答的基本问题：为什么要对这一研究课题进行研究、需要解决什么样的问题、为什么要去解决、运用什么方法去解决、需要哪些保障条件等。所以开题报告的主要内容一般包括：研究题目、研究意义、研究目的、国内外研究综述、研究方法、研究重难点、研究内容、研究进度安排、研究启示等方面。由于开题报告是对毕业论文研究课题的整体描述，因此在书写开题报告时一定要认真对待，保证开题报告的质量。

◎ 应用指南

毕业论文开题报告

论文名称：　社区公共体育服务监督保障机制研究

论文类型：　学术论文

一、选题的目的和意义

全民健身计划实施以来，国家对社区公共体育进行了一系列的改革，在社区公共体育服务机制建设上，国家也加大了干预，即面向全体居民供给体育组织、体育指导、体育设施和体育信息服务；形成社区体育服务网络，不断提高体育服务质量；拓展体育服务领域，推动社区体育发展。通过制度创新，调整社区体育政策，健全体育法规制度，这一系列政策的改革与创新说明了国家对社区体育发展的重视。但是，社区体育在全面而快速的发展过程中，现有的社区体育监督保障机制是否能完全适应社区公共体育的发展呢？社区居民的热情度不高、基础设施的闲置和监督保障不到位都表明了社区公共体育监督保障机制存在弊端，这严重阻碍了社区体育事业的发展。国外发达国家在城市社区体育公共服务建设方面积累了很多可借鉴的成功经验。美国、英国和日本在城市社区体育公共服务建设的实践中，逐渐形成了较完善的城市社区体育公共服务建设模式。从美、英、日三国城市社区公共体育服务建设的成功经验来看，美、英、日城市社区公共体育服务的建设和完善，与政府的引导、规划及完善的监督保障机制有着密切的联系，其中大众体育健身公共服务政策法规的制定是促进城市社区体育公共服务建设发展的根本。目前，我国社区公共体育服务监督保障机制不健全、社区居民热情不高、体育经费投入不足、社会体育指导员较少、组织保证及监督保障机制不到位，造成部分社区无法开展社区体育活动。因此，必须重视社区公共体育服务监督保障机制的建设，对社区体育监督保障机制做出新的规划，完善社区公共体育服务。

二、国内外研究现状（文献综述）

社区体育现状方面。主要观点：社区体育是一种群众体育社团，是由居民自发组织自愿参加的体育活动，国家大力发展全民健身活动以来，社区体育的现状也越来越受到社会的关注，但是呈现出锻炼人群两极分化、体育基础设施的供给与使用失衡等问题。柏杰的研究指出，我国经常参加社区体育活动的人群年龄呈现“两头热，中间冷”的现象，即老年人和儿童人数较多，中年人和青年人较少的两极分化问题（柏杰，2003年）；而章巧珍在对金华市城市社区体育发展问题研究中指出，社区体育基础设施不足，难以满足社区居民的日常需要，社区体育经费不足导致社区体育活动的开展举步维艰，社区体育人才的缺乏导致社区体育发展缓慢（章巧珍，2015）。文献研究表明，社区体育的发展，是受政府的投入与社区居民的需求影响的，政府部门的供给机制不完善会造成公共体育资源的浪费和短缺。

社区公共体育监督保障机制方面。主要观点：社区体育服务是指面向全体居民，开展经常性的体育组织、体育指导、体育设施和体育信息服务；要形成社区体育服务网络，不断提高体育服务质量；积极拓展体育服务领域，推动社区体育发展。现在，城市社区的公共体育监督基本都是以政府组织为主的监督模式，王爱萍在调查山西省体育服务现状的研究中发现，在社区体育管理方面，接受调查的社区基本都有相关的体育管理制度，但这些制度还不够完善，而在年度管理计划制订方面，都是根据上级部门指示结合本地区的实际情况而制订，缺乏一定的灵活性和机动性（王爱萍，2014）。同时，明确政府责任、完善制度供给、鼓励社区居民监督、科学决策是发展社区公共体育服务的保障。当然，单靠政府部门对社区公共体育服务的监督保障不一定符合当今社会需求，因此社区居民也应积极加入进来，使之合理有效地运行。目前，我国还没有明确的关于城市社区体育监督保障机制的法律法规，第三方监督缺乏权力保障机制等问题。这一系列问题也阻碍了城市社区公共体育服务的建设。在社区公共体育服务发展中监督保障尤为重要。西方国家对社区公共体育监督机制的研究比我们国家要深入。美国的大众体育发展可追溯到19世纪末20世纪初的“美国休闲运动”，而在第二次世界大战之后，美国政府分别颁布和制定相关法律，来保证城市社区公共体育的建设；而德国于1960年就启动了以推动社区体育中心建设为目的的“黄金计划”，制定了社区体育设施的配套标准；日本也于1972年推出关于社会体育的政策，强调了以完善社区体育环境为核心，以社会体育设施为建设重点的发展社会体育的具体措施。城市社区体育的发展离不开体育公共服务的供给，保障城市社区公共体育服务的合理供给是政府应尽的职责（李洪波，2015）。在社区公共体育发展中，政府所扮演的角色是提供者、决策者及监管者。

在我国独有的市场经济情况下，社会的保障机制显得尤为重要。L.Henry（美）的《发展社区体育和娱乐政策》、Fujiwara（日）的《社区体育的人数调查》、Lawson O.（英）的《社区体育领导决策方案评估》都对社区公共体育监督保障的重要性和合理性做出了深入的研究。政府对于社区公共体育服务监督保障的合理政策，有利于社区体育服务的更好发展，所以政府在社区体育服务的监督保障上，不仅要考虑监督体制是否满足大众需求，更要重视其落实情况，即国家除为社区体育监督机制提供有力的保障外，更应该保证社区体育更好的发展。所以国家除了要重视城市社区公共体育服务建设外，还要注重法律法规的完善、社区公共体育经费的投入和专业人才的培养。目前，从国内外研究来看，对社区体育服务监督保障机制问题的研究较丰富，但是对其所存在的问题依然没有好的解决办法，所以应该进一步加强社区公共体育服务保障机制方面的研究。

三、研究对象与方法

（一）研究对象

在重庆市永川区、大足区各选3个社区进行实地调查，主要对社区公共体育服务的监督机制进行深入调查和研究。

（二）研究方法

1.文献资料法：借助中国知网、学校图书馆等平台收集并整理论文期刊、报纸会议文献、专著、论述中有关社区公共体育服务监督保障机制、政府保障机制、社区体育政策等有关资料。依据具体政策分析社区公共体育服务监督保障机制存在的问题，对社区公共体育服务保障机制进行深入分析。

2.案例分析法：本科研项目为应用型研究项目，旨在更好地了解社区体育监督保障机制现状，所以选取1～2个具有社区公共体育服务监督保障机制的社区为研究个案，分析其监督保障机制具体运行情况。

3.专家访谈法：对专家进行访谈，了解专家对社区公共体育服务监督保障机制的看法和建议，并总结影响社区公共体育服务监督保障机制的因素。

4.逻辑分析法：结合社区公共体育服务监督保障机制的特点，对社区体育公共服务监督保障机制存在的问题提出建议。

5.SWOT分析法：结合社区公共体育服务监督保障机制现状，对其进行S（Strengths）、W（Weaknesses）、O（Opportunities）、T（Threats）分析，确保社区公共体育服务监督保障机制有效落实。

四、主要研究内容

研究重点：从国家对社区公共体育的政策来研究社区公共体育服务保障机制是整个研究的主题，着重对社区公共体育服务监督保障现状和政府部门的监督措施进行论证和研究。

研究难点：从我国现有的政府监督机制分析社区公共体育服务监督保障机制是本次课题研究所要突破的难点，主要表现为对社区公共体育监督管理的政策分析，尤其要结合社区公共体育服务监督机制进行SWOT的分析，其中涉及国家的政策会非常多，在整个课题研究中不易把握。

五、研究与写作计划

2017年5月至2017年8月：查阅各种资料，撰写研究综述，奠定研究理论基础。

2017年8月至2017年9月：对所确立的3～5个存在社区体育公共服务监督保障机制问题的社区进行案例分析。

2017年9月至2017年10月：制定专家访谈提纲并访谈专家，撰写访谈报告或研究论文，确定影响社区公共体育服务监督保障机制的各种因素。

2017年10月至2017年12月：从社区公共体育服务监督保障机制的实施效率方面进行SWOT分析，撰写研究论文。

2017年12月至2018年3月整理前期材料和研究论文，准备结题。

六、主要参考文献

[1]吴声功.服务型政府的构建[M].北京：社会科学文献出版社，2007.

[2]张晓明.完善我国行政伦理监督机制研究[D].青岛：中国海洋大学，2012.

[3]曹彧，刘鹏.把握理论和实践完善公共体育服务体系[N].人民网，2012-11-28.

[4]李燕.公共支出分析教程[M].北京：北京大学出版社，2010: 3.

[5]王宁.城乡规划建设的监督管理研究[D].西安：西安建筑科技大学，2011.

七、指导教师意见

略。

签字：

年　月　日

八、体育学院开题审查小组意见

略。

系主任或组长签字：

年　月　日

二、学位论文的答辩

（一）学位论文答辩的基本程序

学位论文的答辩是考查学生知识运用、逻辑思考、综合分析等多方面能力的重要环节，有利于学生回顾和总结研究经历，同时也能培养学生创新和思考的能力。论文答辩一般由学院或专业成立答辩委员会对毕业论文进行审查。答辩委员会一般由3～5人组成，在答辩人数过多的情况下会分成若干个答辩小组。学位论文答辩的基本程序一般包括以下几个环节。

（1）答辩委员会主席或答辩小组组长介绍答辩成员，并宣布答辩的相关事宜。

（2）学生进行自我介绍，并报告论文。

（3）答辩教师针对学生论文报告进行提问。

（4）学生回答答辩教师所提问题。

（5）答辩委员会主席或答辩小组组长对答辩情况进行总结。

◎ 应用指南

重庆文理学院本科生毕业论文（设计）答辩程序

一、答辩资格审查

凡本科生毕业论文（设计）按计划完成，其论文经指导教师审阅签字、评阅教师评阅签字、教研室和学院资格审查通过，并无其他违纪违规行为者，方可获得参加答辩资格。

二、毕业论文答辩

1.毕业论文资格审查通过后，由答辩小组组长主持答辩并以公开方式进行。答辩前，答辩小组成员应详细审阅每位学生的毕业论文（设计）报告，为答辩提问做好准备。

2.答辩小组秘书宣布本次学院论文答辩委员会组成人员和担任本组答辩人员名单。

3.答辩小组组长宣布答辩开始，并宣读答辩规则，然后抽签决定答辩顺序，依次序答辩。

答辩规则：

（1）答辩人阐述论文的主要内容、研究方法和研究意义。时间一般控制在10～15分钟。

（2）答辩小组成员对答辩人进行提问和答辩人答辩。时间一般控制在15～25分钟。

（3）答辩人应当当场直接回答答辩小组成员的提问，答辩人可携带与论文有关的参考资料，并可当场翻阅、查证。

4.答辩小组秘书检验答辩人学生证（或身份证）。

5.答辩人做10～15分钟的论文概要自述报告。要求简明扼要、重点突出。主要内容包括：

（1）为什么选择了这个课题，研究这个课题有何理论价值和现实意义。

（2）所选课题曾有何人做过哪些研究，他们的主要研究成果及观点是什么，各有哪些代表性的著作或文章，自己有何新发展，提出并解决了什么问题。

（3）论文的基本观点及其发展的过程和立论的主要依据。

（4）重要的引文、版本、出处。

（5）论文还有哪些应该涉及或解决但又因力所不及未能解决的问题。

6.答辩人自述报告后，主持答辩教师当众提问。学生略做思考（最长5分钟）后当场直接回答。控制在15～25分钟。

7.要求本专业其他答辩学生旁听答辩过程，对相同论文题目的学生，教师的提问不得重复。

8.秘书做好答辩记录。

三、毕业论文答辩成绩评定

1.答辩结束后，答辩小组成员当场根据论文质量和答辩水平以不记名方式评定成绩，论文成绩分为五等：优、良、中、及格、不及格。

2.待本场所有学生答辩完成后，由答辩小组秘书汇总成绩交答辩小组所有成员进行集体评议，确定答辩成绩，填写评语。

3.答辩小组成员签名。

4.答辩小组秘书根据毕业论文指导教师给定的评审成绩、评阅教师的评阅成绩、答辩小组集体评议的答辩成绩按照50%、30%、20%的比例计算出毕业论文（设计）综合成绩交学院答辩委员会审定。

5.学院答辩委员会汇总本学院所有答辩学生综合成绩和答辩记录表后集体审定论文（设计）成绩，签字盖章予以公布和报送。

（二）学位论文答辩前的准备工作

1. 梳理论文的结构和主要观点，书写答辩稿

毕业论文的答辩并不意味着按照论文定稿进行朗读，照本宣科很难让答辩教师理解论文的主要观点。因此，答辩学生需要对论文的结构和主要观点进行梳理，按照一定的逻辑关系说明为什么要进行这项研究，同时还要向答辩教师展示研究的主要内容、运用的方法以及研究的主要发现和建议。毕业生需要根据以上这些要点提炼出论文的答辩稿。

2. 结合答辩稿和毕业论文制作答辩幻灯片（PPT）

幻灯片（PPT）作为一种重要的演示文稿工具，在人们的生活和工作中发挥着越来越重要的作用。论文答辩时借助幻灯片进行辅助报告，更方便答辩教师从视觉、听觉上了解论文的主要观点，可大大增强论文报告的效果。在制作幻灯片时一定要充分结合答辩稿和论文内容，应该力求简洁、精美，提高幻灯片的可视度，增强视觉效果。幻灯片的文字内容应该是学位论文的核心部分，而且要醒目、清楚。

3. 梳理答辩教师可能提及的问题并进行模拟报告

准备好毕业论文答辩稿和演示幻灯片后还需要对文中涉及的细节做充分了解，尤其是要梳理出教师可能会提及的问题。例如观点陈述的正确性、调查数据的准确性、结论建议的科学性、研究方法的具体应用等。这些问题经常在答辩过程中涉及，因此需要做充分准备，以便更好地进行答辩。为了使论文答辩取得更好的效果，答辩学生可以进行模拟答辩，及早发现存在的不足并进行改进。进行模拟报告时一定要严格按照要求进行，做到答辩稿与幻灯片的完美结合，以便取得更好的答辩效果。

（三）学位论文答辩的注意事项

1. 仪表仪态大方得体

毕业论文答辩现场是一个比较正式的场合，因此答辩学生需要注意自身的仪表仪态。良好的仪表仪态往往会给答辩教师留下良好的印象，能够提高论文答辩效果。答辩学生穿着一定要整齐庄重，表情充满信心，行为举止大方，切忌无精打采、不修边幅，否则将会给答辩教师留下不好的印象。

2. 语言表达简洁清晰

论文答辩主要通过语言表达来阐述文章的主要观点，因此在进行答辩时一定要注意说话的语速和声音的大小。在阐述文章核心观点时可以运用加重语调和重复陈述的方式起到强调的作用，使答辩教师更好地了解论文的观点和结论。在进行答辩时可以适当地运用表情和手势加强答辩效果，但不可过于夸张，否则会适得其反。最后，论文答辩时切忌吞吞吐吐、吐字不清，这样会让答辩教师认为是缺乏准备，而直接影响答辩的成绩。

3. 把控好答辩时间

论文答辩留给每一个人的答辩时间是有限的，因此要求答辩学生必须要在有限的时间内对论文的主要内容进行介绍。是否能在规定的时间内尽可能地将文章主要观点阐述清楚会直接影响到论文答辩的效果。因此答辩学生必须要对答辩的主要内容进行合理规划，弄清论文答辩需要介绍的基本内容，以及需要重点介绍的部分，合理分配各部分的时间。

三、学位论文参考文献的标注

学位论文必须要有参考文献，参考文献在文中对应位置以右上角标的形式标注，并按文中出现的先后顺序编号。具体参考文献的著录格式如下。

（一）连续出版物

[序号]作者.文题[J].刊名，年，卷（期）：起始页码–终止页码.

范例：

[1]孔文清，陈卓源.我国城市居民体育消费水平的调查研究[J].北京体育大学学报，2002，25（6）：740–741.

[2]杨倩.我国两类体育产业集群形成的影响因素对比分析[J].上海体育学院学报，2014，38（3）：13–19，45.

[3]周进国.社会分层与社区体育发展[J].体育文化导刊，2011（9）：34–36.

（二）著作文献书写格式

[序号]作者.书名[M].出版地：出版社，出版年：参考页码.

范例：

[1]彭聃龄，张必隐.认知心理学[M].杭州：浙江出版社，2004：72–119.

[2]费斯汀格.认知失调理论[M].郑全全，译.杭州：浙江教育出版社，1999：4–50.

[3]黄汉升.体育科学研究方法（第三版）[M].北京：高等教育出版社，2015：34–89.

（三）学位论文书写格式

[序号]作者.题名[D].授予单位所在地：授予单位，授予年份.

范例：

[1]戴飞.武汉地区独立学院体育师资现状分析与对策研究——基于武汉市14所独立学院的调查分析[D].武汉：华中师范大学，2011.

[2]张瑞林.我国体育学硕士研究生培养模式研究[D].福州：福建师范大学，2009.

[3]高慧妮.武汉城市圈休闲体育产业发展战略研究[D].武汉：武汉体育学院，2009.

（四）文集文献书写格式

[序号]论文作者，论文题名[C]// 论文编辑者，论文集题目.出版地：出版社（单位），出版年：起始页码–终止页码.

范例：

[1] 孔庆波，陈洋.城市社区公共体育服务发展困境与成因分析[C]// 中国体育科学学会.第六届中国体育博士高层论坛论文摘要集.北京：中国体育科学学会，2016：27–28.

[2] 孔庆波，陈洋.农村公共体育服务供给与制度保障研究[C]// 中国体育科学学会体育社会科学分会.2016年全国体育社会科学年会论文集.北京：中国体育科学学会体育社会科学分会，2016：32–35.

（五）新闻文献书写格式

[序号]作者.文献名[N].报刊名，时间.

范例：

[1]李俊松.21世纪的光电子科学[N].科学时报，2002-02-20.

[2]卢元镇.为农民健身做点实事[N].中国体育报，2006-04-05.

（六）报告文献书写格式

[序号]作者.题名[R].报告地：报告主办单位，年份.

范例：

[1]马春伟，张河水.居民体育意识与体育行为的相关性分析——基于Internet网络传播媒体的调查[R].杭州：体育科学学会，2015.

（七）电子文献书写格式

[序号]作者.电子文献名[EB/OL].（发表时间）[引用时间].出版者或网址.

范例：

[1]胡小明.中华民族传统体育现代化的研究[EB/OL].（2004-03-09）[2005-02-10].http://www.tiyujie.cn.

四、学位论文的评价标准

学位论文的评价标准见表2-1。

表2-1 学位论文评分表（样表）

一、指导教师评分（100分）	权重	评价分值
1. 研究方案（选题）制订的合理性、新颖性	0.2	20
2. 观点的正确性与论据的严密性	0.1	10
3. 论文过程中分析问题、解决问题的能力	0.2	20
4. 综合运用理论知识，反映作者对基础理论知识的掌握程度	0.1	10
5. 论文结构合理、层次分明、逻辑清楚	0.1	10
6. 论文成果对实际应用或学术研究有一定的意义	0.1	10
7. 完成毕业论文过程的工作态度	0.1	10
8. 论文的规范程度	0.1	10

二、答辩评分（100分）	权重	评价分值
1. 论文陈述清楚、条理清晰	0.1	10
2. 重点突出，能突出论文的特点及创新点	0.1	10
3. 答辩中回答问题的正确性	0.3	30
4. 问题回答理论性强，对问题的理解较深入全面	0.3	30
5. 回答问题思路清晰，思维敏捷	0.2	20

第四节　学位论文的具体范例

亲子游泳在我国的发展现状与前景分析

体育教育专业班[1]　彭丹
指导教师　万星

摘要：亲子游泳在国内是一个近年来才兴起的项目，已经由国外迅速进入国内，其发展的热潮不仅推动了我国婴幼儿市场的迅猛发展，在带来经济效益的同时，也从整体上使亲子双方获益。笔者通过文献资料法、访谈法、数理统计法、逻辑归纳法等，对国内外亲子游泳的发展状况和我国亲子游泳发展的未来趋势进行详细的概述，提出在引进外国经验的同时，要发展自己国家的特色的建议。

关键词：亲子游泳；发展；现状；前景

1. 引言

亲子游泳在西方发达国家被称为“baby swimming”，原意是婴儿游泳，国内引进时做了翻译，后一直被称作“亲子游泳”。“亲子游泳”简单来讲，就是父亲或者母亲陪着孩子在水中一起进行的游泳活动。当然，它是完全区别于中国近年来流行的体验式的脖圈游泳和腋下圈游泳。具体来说，它是由一名家长和宝宝一起在专业教练的指导下，摒弃脖圈和腋下圈，在水中通过循序渐进的课程学习，让宝宝逐渐掌握不同层次的游泳技能，并与父母一同享受水中互动带来的乐趣的一项运动。在游泳的同时，家长与孩子建立起相互信任与良好的亲子关系，对孩子的成长及身心健康都具有积极的作用和重要的意义。

2. 亲子游泳和脖圈游泳的区别

亲子游泳不同于脖圈游泳。亲子游泳必须要有父母一方的参与，亲子互动性是亲子游泳的基础，在亲子游泳的课堂上，不仅有父母和孩子的互动、教练与孩子的互动，还有孩子和孩子之间的互动，宝宝在学习的初期会在教练的指导下，进行玩耍、活动与游戏等简单的练习。随着学习走向正轨，每节课都会有呼吸控制、水中推进、旋转、平衡、漂浮、潜水及安全意识的学习。

脖圈游泳只是把宝宝套在脖圈里面，然后放在一个固定的容器里，或大或小，相当于另外一种形式的“泡澡”，等过一会儿再把他捞出来，那么宝宝在这样一个狭小的空间里，活动是受限的。有的宝宝会在容器里面动一下，有的则不会动，只是静静地待着。与此同时，宝宝脖子上的脖圈也对宝宝的健康造成了很大的威胁，受水的浮力的影响，脖子的牵引力将大大增加。有临床研究表明：脖圈会压迫颈动脉，导致轻度供血不足。还有些宝宝会出现对脖圈过敏的现象。脖圈游泳这种形式只在中国存在。

其实脖圈游泳无论是形式还是姿态，都不属于游泳的范畴。游泳是通过水平运动的方式，并伴有划手、踢腿、换气、抓握等形式。亲子游泳不管是从形式来看，还是从姿态来看，都是真正意义上的游泳。脖圈游泳和亲子游泳本质的区别还在于亲子互动的内容是什么。在亲子游泳的课堂上，家长会在教练的指导下与宝宝进行不同形式的互动，比如：让宝宝抓握小玩具、抓手等。宝宝生来就具备抓握能力，亲子游泳就是通过互动和练习，帮助他们保持、发展技能。当课程深入到宝宝跳水、潜水时，有些家长会很好奇为什么宝宝可以很自然地潜水，而自己却不能，这是因为宝宝天生具有潜水反射。宝宝在妈妈肚子里时，是待在羊水里的，宝宝会自动咽水并在水中划动，这种能力会在宝宝长到三个月后慢慢消失，所以说新生儿天生就会游泳。

3. 亲子游泳的作用

3.1　亲子游泳对生理的好处

亲子游泳使宝宝在学习游泳时比同龄宝宝更机灵，当他们在水的三维空间中自由移动时，他们能够观察周围环境并获取不同种类的经验，这使他们能够拥有解决问题的能力和处理任务的能力，并开发大脑功能。在气氛活跃的水环境中，宝宝可以锻炼更多的肌肉，因为他们不受不具备坐或站的能力的限制，这种水中锻炼的方式有助于发展肌肉的对称性。在水中由无意识反射运动向有意识运动的转化，有利于开发宝宝早期的协调性。通过在水中翻滚和漂浮，培养宝宝的平衡感，这对其此后的游泳至关重要。水为宝宝的触觉、听觉、视觉，并在一定程度上为味觉和嗅觉，提供了一个高度的多感官体验。在水中与成人目光及身体的热情接触也提供了非常棒的刺激，这对有残疾的早产儿或婴儿特别有利。此外，亲子游泳可以提高宝宝的呼吸循环机能。宝宝的饮食习惯和睡眠模式也会因游泳变得更好，这无疑给父母减轻了一些压力。

3.2　亲子游泳促进心理的发展

早期的游泳有助于培养宝宝的个性。内向型的宝宝会慢慢学会接受风险，外向型的宝宝则会慢慢学会谨慎。当他们发现在水中时，水的浮力可以推动自己，这无疑增强了宝宝的自信心和独立性。水为宝宝应对未知的事物提供了一个早期的机会。宝宝为自己取得的成就而喜悦，并且当他们在水中玩耍时，快速发展了社交和表达能力。

3.3 亲子游泳能产生良好的社会效益

在亲子游泳课上有大量的沟通，使宝宝沉浸在视觉和口头语言中。参加亲子游泳课的人员的多样性，能够使宝宝更好地理解和接受那些身体残疾或有学习障碍的人和其他民族的人，学会交流、分享、信任和尊重。就是在这个愉快和安全的环境中，宝宝逐渐学会庆祝获得的一切成就和接受失望。

3.4 亲子游泳能增强成人和孩子之间的联系，并从整体上使双方获益

亲子游泳的过程中，家人和宝宝眼与眼对视，肌肤与肌肤亲密接触，有助于激发宝宝对家人的信任感，这无疑给忙于上班的父母多了一次和宝宝亲密互动、建立感情的机会。大人在鼓励宝宝和亲吻宝宝时，爱心和关怀自然流露，大人在这样的环境中能亲眼看到宝宝的每一次成长，一同体验宝宝的欢乐，与宝宝一起学习和进步。

亲子游泳让成人受益不亚于他们的孩子，大人在那里并不是教自己的孩子游泳，他们在那里享受乐趣，并能一起学习水上活动技术。加之课堂对生理、心理和社会的效益，与宝宝一起游泳也使大人很放松。与自己的宝宝一起，花时间在水中参加亲子活动是成人放松和缓解压力的好方法。亲子游泳课程还可以帮助缓解产后抑郁症。

4. 国外亲子游泳的发展概况

4.1 国外亲子游泳的起源与发展

亲子游泳主要起源于1960年的俄罗斯，当时著名的产科医师柴可夫斯基是第一个尝试将刚出生的婴儿放入水中进行游泳的人。后经追踪调查发现，进行过婴儿游泳的宝宝比其他宝宝发育得更好，且具有更加聪明的头脑和健康的身体。经俄罗斯研究表明：新生儿抵消地球的万有引力后，运动量并未减少，这非常有益于新生儿的成长发育。自20世纪60年代之后，这项运动很快风靡到美、英、法、德等发达国家，在国外是十分受人推崇的亲子活动。俄罗斯最先成立婴儿游泳训练班；英国亲子游泳创始人Jullie-Ann在1990年创办了第一家亲子游泳公司，且在三年内又陆续在印度尼西亚、波兰、西班牙、土耳其等国家创办了亲子游泳机构；美国第一个亲子游泳基地由纽约市市民罗伯特夫妇共同创办；德国、法国、日本等发达国家也都不甘示弱，相继开办了亲子游泳馆。直到现在，亲子游泳在国外的开展都是如火如荼。

4.2 国外亲子游泳机构具备完善的行业体系

亲子游泳在国外开展得比较早，且范围广，并且经过科学家及职业医师的反复试验、不断总结，得出亲子游泳对宝宝的情感、认知、智力发展、身体发育及亲子关系都有非常大的促进作用。基于此，国外的亲子游泳机构要显得更加有序和成熟。从行业的规范程度上来说，国外的亲子游泳要更加完善和规范。从课程体系上来说，在英国，有STA（英国游泳协会是目前全世界最大的水中教育及救生组织）和BIRTHLIGHT（英国剑桥“生之光”

母婴水育体系）；在澳洲，有AUSTSWIM（国家游泳水上安全协会）；在美国，有生活方式游泳学校（Lifestyle Swim School）；在德国，有BVAP（联邦水上教育协会）等。当我们打开搜索网站，输入“亲子游泳”一词时，不难发现，国内的亲子游泳馆的课程体系基本都是从国外引进的，可见学习外国先进理念，是发展中国家不断完善自我的必然选择。

5. 我国亲子游泳的发展现状

5.1　正处于起步阶段

在2009年，美籍华人桑尼·诺瓦克（Sunny Novak）和谢恩·诺瓦克（Shane Novak）夫妇将亲子游泳引入中国。桑尼在对国外亲子游泳项目的认知与启发下，经过了艰苦的努力奋斗，他于同年在北京创立了沐奇亲子游泳俱乐部，这是中国第一家专业的亲子游泳机构。至此，沐奇亲子游泳俱乐部填补了我国亲子游泳行业的空白，引领21世纪我国亲子游泳健身行业在摸索中前行，直到走向更加成熟的未来。

5.2　国内亲子游泳机构大量涌现

据统计，截至2015年底，有一百多家亲子游泳俱乐部先后落户在我国的一、二线城市，当然，还有很多在建的或即将建成的场馆，可以说虽然起步晚于国外，但也获得了较快的发展。其中发展较好的品牌有沐奇、蓝旗、龙格、海帆等。以我目前所在的重庆市为例：重庆是我国四个直辖市中的一个。2015年上半年，重庆市渝北区有两家亲子游泳俱乐部先后开业，一家名为淘小渔亲子游泳俱乐部，另一家为海佑亲子游泳中心，其发展都呈现出稳步上升的趋势。

6. 我国亲子游泳发展中存在的主要问题

6.1　贵族化的亲子游泳

目前婴幼儿教育越来越贵族化，亲子游泳行业亦是如此。据调查，一家普通亲子游泳馆的单次课时费就高达300元，成为会员需花费上万元，这让很多普通家庭望而却步，这也是亲子游泳未能在中国普及的一个重要原因。国内的亲子游泳机构全部都走高端路线，价格昂贵。国外先进的教学体系、国外进口的水处理设备、每周换一次水、高端的婴幼儿用品、场馆高档的装修，这些都是亲子游泳价格昂贵的原因。越来越多的家长都认可了亲子游泳的理念，但是由于高昂的入会费，只有少部分宝宝能享受亲子游泳带来的乐趣。价格门槛，很大程度上阻碍了亲子游泳的普及。贵族化的亲子游泳现象越来越严重，新开俱乐部装修更豪华更“高大上”，企业成本提高，价格自然居高不下。贵族化的亲子游泳不利于我国亲子游泳健康稳定地发展。

6.2　缺乏系统、正规、经过国际认可的亲子游泳教练资质培训机构

由于亲子游泳的特殊性，要求亲子游泳教练必须具备相当高的教学水平。现阶段，真正算得上是亲子游泳教练的教练，必须要经过国外机构系统的培训，通过考核并拿到专业的亲子游泳教练证书，否则，仅仅是一名游泳教练是不能进行亲子游泳课教学的。在亲子游泳这个行业中，有经验的教练基本都属于经过国际亲子游泳机构系统培训的高级人才。

国内没有权威的亲子游泳教练培训机构，很多商家都宣称自己的教练获得了国际认证，自家的教学体系是引进国外的某一体系等。针对这些，消费者也没法一一去考证。

6.3 国内没有权威的教学体系

目前国内的亲子游泳俱乐部，全都采用国外的教学体系。如：英国的游泳协会；英国剑桥“生之光”母婴水育体系、澳洲的国家游泳水上安全协会、美国的生活方式游泳学校、德国的联邦水上教育协会等。各个体系有所相似，却也各有不同。英国的体系注重快乐学习游泳，其他体系更偏重技能的学习。国内没有属于自己的体系，全靠引进国外的体系，这也不利于亲子游泳在国内的发展。没有统一的教学体系，国内亲子游泳市场必定会很混乱。

6.4 行业标准的缺失

现阶段我国亲子游泳没有统一的行业标准，这导致了商家无据可依。2007年由国家卫健委（当时名字叫卫生部）和国家体育总局一起制定的《游泳场所卫生规范》，对游泳场馆提出了一些具体要求与标准，但是该规范中并没有针对亲子游泳场馆的相关规定和标准。亲子游泳场馆的水质应该达到怎么样的标准，水温多少度适合宝宝参与亲子游泳，换水的标准是什么，都没有规定。虽然很多亲子游泳场馆号称一周换一次水，并且有水质净化设备，泳池的水质也完全符合国家标准，但是消费者却无从辨别真伪。这种情况下，只能希望商家是有良心的，能够做到自律。

6.5 区域发展不均衡

亲子游泳在一线城市发展较好，而二、三线城市却依然保持着脖圈游泳和腋下圈游泳，这两种游泳方式，完全替代了亲子游泳。很多家长都觉得这是安全的游泳方式，但没有意识到其实存在很大的安全隐患。刚出生的婴儿脊椎、腰椎都发育得不成熟，带上脖圈和腋下圈后，水的浮力会迫使宝宝的脊椎和腰椎用力，造成宝宝稚嫩的脊椎和腰椎关节的损伤，严重时还会压迫宝宝的颈动脉导致休克。虽然很多人对辅助式的游泳方式都存在质疑，但还是没有一个权威的部门机构站出来批判。由于亲子游泳场馆的建设需投入高昂的成本，这无形中增加了产品成本，在消费水平低的城市无法发展这一贵族运动，导致在我国二、三线城市依然保持着婴儿脖圈游泳和腋下圈游泳。这些都制约了我国亲子游泳的发展。

6.6 没有相关政策的支持

亲子游泳的本质是婴幼儿的体育运动，亲子游泳也应属于体育产业的范畴。国家大力推动体育产业发展，却没有相关政策支持亲子游泳这一领域的发展。亲子游泳的基础成本高，没有政策支持，完全依靠个人，其价格必然会较高。这不利于亲子游泳在我国的发展。

7. 我国亲子游泳的发展前景

7.1 市场潜力大、发展后劲足

根据最新的全国人口普查所统计的数据显示，目前我国有超过7000万名0～3岁的宝宝，这为亲子游泳行业提供了很大的市场。婴幼儿行业在现阶段发展速度飞快，且具有很大的投资潜力，加之巨大的市场，促使亲子游泳项目在一线城市发展迅猛，二、三线城市也将跟上一线城市的步伐。目前，很多城市都还是空白市场，未来将有更多亲子游泳机构进入市场。

7.2 受“二胎政策”的影响，亲子游泳市场将得到一定程度的刺激

党的十八届三中全会提出全面放开“二胎政策”，新生婴幼儿将出现爆发性增长，这种补偿性的生育高峰叠加婴幼儿消费的升级，必将带来中国婴幼儿市场的进一步火爆。婴幼儿水中早教，作为婴幼儿市场里规模最大的产品之一，加之全面放开“二胎政策”这一重大好消息，对于亲子游泳行业非常有利。客户资源持续不断，这对亲子游泳行业的持续发展有很大的推动作用。

7.3 健康意识的增强

随着国民健康意识的增强，更多的家长意识到宝宝也需要运动锻炼，那么宝宝怎样来参与锻炼呢？随着越来越多的家长认识到亲子游泳是一项非常适合宝宝的运动，亲子游泳会逐渐普及。很多国内的儿科专家都推崇宝宝去参与亲子游泳。亲子游泳是近几年新兴的水中早期教育服务，很多科学家和医学家都证明了亲子游泳对宝宝的诸多益处，亲子游泳也得到了更多家长的认可。

7.4 消费者经济实力提高

社会飞速发展，人民的腰包鼓了起来，人们物质生活和文化水平逐年提高，有了一定经济实力，越来越多的家长开始重视与宝宝之间的亲子关系，随之而来的亲子活动将越来越多，亲子游泳作为朝阳行业，未来的发展不可限量。还有就是现阶段婴幼儿的父母，主要是“80后”，现阶段社会的精英人群，他们舍得也有经济实力让宝宝参与早期教育，这让亲子游泳的发展有了更多可能。

7.5 国家大力发展体育产业

发展体育产业，推动全民健身，政府大力支持体育产业发展。亲子游泳作为婴幼儿的运动项目，归属于体育产业的范畴。体育产业是朝阳产业、绿色产业，亲子游泳行业也带有这些特性，且亲子游泳是真正的朝阳产业，面对的主要群体就是祖国未来的花朵。在国家相关政策的支持与推动下，我国体育产业正迎来蓬勃的发展。亲子游泳行业也将迎来属于这一行业的春天。

8. 建议

国内相关政府职能部门应尽快建立健全适合国内亲子游泳行业的规范法则以及行业标准，让经营者们有据可依。这样才能有效整顿混乱的市场环境，才能保证消费者真正受益。面对亲子游泳市场尚未成熟，还存在着专业师资力量不足、没有统一规范的教学体系等问题，可成立相关机构，负责专业师资的培养，还有就是符合中国国情的教学体系的制定。在学习国外先进理念的同时，也要发展属于我们自己的东西。制定出一系列统一的标

准，这样才能帮助亲子游泳真正在我国健康、稳定地发展。

婴幼儿健身消费市场潜力巨大，政府可给予更多的政策支持，进一步引导亲子游泳行业朝着规范化、专业化和市场化方向发展，使更多人投入到亲子游泳的行业中去，让亲子游泳不再只是有钱人的运动。去除亲子游泳项目的贵族化现象，才能让更多的宝宝有机会享受到亲子游泳所带来的健康与快乐。

9. 结语

亲子游泳这项运动虽然很棒，但想要让亲子游泳在中国普遍推广开来，使广大的人民群众都认识到它所带来的好处，仍有一段漫长的路程要走。行业标准的缺失，教学体系的建立，贵族化向平民化的转变，并不是一朝一夕就能解决的。只有大家齐心协力地努力，不管是经营者还是消费者，也不管是国家机关还是政府部门，都要尽自己的一份心意，只有这样世间最可爱善良的孩子才能拥有属于他们的美好童年。亲子游泳行业再好，也只有尽心做好了，才能健康地发展。

参考文献

[1]丛宁丽."亲子游泳"的意义与注意事项 [J].游泳，2006（1）：22-24.

[2]嘉木，Sunny Guo.别样的宝宝游泳[J].父母必读，2013（9）：110-113.

[3]母顺碧，刘坚，田世昌，等."亲子体育"在构建和谐社会中的地位和作用[J].云南师范大学学报（自然科学版），2009，29（2）：60-65.

[4]何悦，IC.当幼儿教育越来越"贵族"[J].新晋商，2014（3）：32-33.

[5]肖永芳，田富红，苗莉."游泳、抚触、同步感觉组合刺激"对婴幼儿智能开发的初步研究[J].中国社区医师（医学专业），2011，13（23）：317-318.

[6]廖旭.水底小精灵[J].人像摄影，2014（6）：142-145.

[7]王纯.游泳——婴儿最有益的运动[J].绿色中国，2009（17）：74-75.

[8]韩红彩.游泳对婴儿生长发育的影响[D].长春：吉林大学，2009.

[9]孙锡霞.幼儿游泳活动的组织与指导[J].教育导刊（下半月），2014，13（4）：70-72.

[10]蒋霞.开展亲子体育活动的有效途径[J].广西教育，2012（41）：95.

[11]万朝阳.社会氛围对亲子运动的影响[J].安徽警官职业学院学报，2014（3）:112-114.

[12]刘彩凤.浅析我国体育产业发展对策[J].体育科技，2013，34（4）:45-46+50.

[13]刘霖芳.我国早教机构发展中存在的问题及对策[J].教育探索，2012（10）：138-140.

[14]张璐晶.亲子游泳品牌沐奇深陷加盟商"解约门"混乱的早教市场[J].中国经济周刊，2014（17）：33-34.

[15]走走.游吧！孩子们[J].时尚育儿，2015（8）：152-153.

致谢

首先感谢淘小渔亲子游泳俱乐部的教练亨利，他在整篇论文的完成上给了我很多专业性的意见，让我对亲子游泳有了全新的认识。还要感谢淘小渔亲子游泳俱乐部其他工作人员对我的帮助。最后感谢我的指导老师万星，给我提供了很好的帮助与指导，在毕业论文的修改与完善中，给了我很多建议。感谢万老师在学术、学习、生活中的无私帮助。此次毕业论文的完成，感谢大家的帮助与支持。

最后，由衷感谢百忙之中评阅和参加答辩的各位老师！

（选自重庆文理学院体育学院2016届体育教育专业毕业生彭丹的毕业论文《亲子游泳在我国的发展现状与前景分析》，指导教师：万星。文中省略了英文摘要及关键词。）

第三章 操化编排类毕业设计

第一节 操化编排类毕业设计概述

一、操化编排的内涵与外延界定

操化编排是指将各种基本技术动作，包括踏步、走步、跳等，组合成一套完整的动作体系。操化编排是在基本技术动作基础上的延伸，在于构建一个丰富完整的技术系统，形成从单一技术动作到混合多元技术动作、固定组合到变异组合的模式。操化编排主要的内涵为以下三点：①操化编排就是技术动作延伸与丰富的过程，是在大脑想象过程的基础上经过实践尝试和体验形成动作表象，最终得出完整的动作套路和方案；②操化编排是一个由实践到认识、再实践到再认识的过程，不仅注重认识的过程，也强调实践的重要性，二者相互结合，共同作用，在反复的认识及反复的实践中逐渐形成理想的动作体系；③操化编排也是一个设计的过程，即发挥创新思维的过程，在初步构思的基础之上形成零碎的动作，然后经过思维加工，逐渐形成动作的组合，最后形成动作体系，动作体系经过不断演练才能成形。因此，操化编排是想象、认识和实践共同作用形成技术动作体系的过程。

二、操化编排类毕业设计的特征与类型

（一）操化编排类毕业设计的特征

1. 编排成套动作的连贯性

成套动作是编排者从素材库中选择出与目标方案相应的动作，并制定达成目标所需要的结构框架，在此基础上形成动作组合，再将动作组合连接起来与音乐形成配合，最终形成成套动作。操化编排类毕业设计的突出特征是编排动作的连贯性，成套动作的内容要体现合理性和均衡性。成套动作中的基本动作、衔接动作及难度动作要过渡得当，动作组合与动作组合间应该有序连贯。单独的基本动作、衔接动作及难度动作也应该具有完整性和

连贯性。衔接动作在成套动作中起过渡作用，在操化编排的过程中应重视衔接动作与前后动作组合的连贯性。操化编排类毕业设计主要以动作组合来编排成套动作，在编排的过程中特别强调对动作节拍、节奏的控制，要保证成套动作始终具有连贯性。

2. 突出艺术性与观赏性

操化编排类毕业设计突出的特性是艺术性与观赏性。艺术性是目标对象将成套动作通过表演变为艺术作品的过程。艺术性在比赛中被提升到独立的层面，被定义为体育与艺术元素融合成的具有观赏性的信息，能够给观众留下最深刻的印象。艺术性也可以定义为完成质量、成套表现、团队协作等内容。操化编排类毕业设计的艺术性具体体现为成套动作的完整性、音乐的节奏性、对象的表现力、对象的凝聚力等。而观赏性来源于艺术性创造的价值，操化编排强调艺术性，能带来一定的观赏性。操化编排类毕业设计突出艺术性和观赏性，具体体现在个人节目表演、舞台表演及大型体育赛事演出中，不仅能够提升赛事举办效果，而且能够提高赛事的观赏性，丰富观众的业余文化生活。个人节目可以在班级组织的活动中表演，也可以在学院的各种社团组织的活动中表演，还可以在年级组织的文艺活动、周末文化广场中演出，甚至可以在学校开展的各种庆典活动中表演。所有针对舞台表演而开展的操化编排类毕业设计的内容都要突出艺术性和观赏性。针对大型体育赛事而设计的操化编排类毕业设计的内容应该更加丰富，加入更多的元素，在编排中应更加注重细节和过程。操化编排类毕业设计可以适用于多种节目和表演，根据具体的情境编排的内容有所不同，规模与人数也有所差别。

3. 成套动作与音乐的协调性

音乐是操化编排的灵魂，音乐的选择应保持完整性，并与成套动作风格协调，有利于表现对象的个性特点与动作的技术风格。成套动作使用的音乐不管是一首完整曲目还是融入多首曲目都应该注重与成套动作的配合协调。操化编排中成套音乐多以拼接形式为主，并且成套动作的音乐一般由2～3种风格组成。动作组合通常根据音乐的变化而变化，音乐要突出成套动作的风格，且大多为4～8个八拍动作长度。音效要根据具体的表演、比赛类型设计，音乐较多采用大量的声音动效素材来配合动作的设计。操化编排类毕业设计成套动作的音乐不仅应该注重剪辑和合成两部分的内容，还应该强调将对象特点、技术技巧特点与音乐风格结合起来，并且选择的音乐应突出目标要传达的主题思想，在此基础上与成套动作结合。

4. 编排元素的混合性

操化编排元素的混合性就在于基本技术与难度动作的结合，以及各种运动项目技术动作的结合。操化编排类毕业设计的内容具有混合性，体现为自由组合、风格任选、主体鲜明的特点。将简单的技术动作组合成各种内容丰富、形式多样的技术组合和套路，以“点—线—面—体”的形式创新发展，以灵活多样的方式构建操化体系。操化编排毕业类设计可引入多种元素，增加内容的层次，以丰富动作体系。以健美操编排为例，编排设计混合了各种风格的操，如拉丁舞、爵士舞、肚皮舞、街舞、伦巴、有氧健身操、哑铃操、弹力带操、拳击操等。将风格操的基本技术动作加以融合，形成动作组合和动作套路。例如，针对社区设计坝坝舞方案，坝坝舞是当前实现全民健身的重要途径，要注意在编排时考虑规模因素，规模不同混合的元素就有所不同。操化编排类毕业设计中融入的元素要与具体的设计目标和对象信息结合起来，并且要考虑最终目的。

（二）操化编排类毕业类设计的类型

1. 体操类

体操分为基本体操、竞技体操、团体操等。基本体操是指以健身、发展人的各种身体素质为主要目的，形式简便、易于普及的一种活动，包括队列和体操队形、徒手操、轻器械等。竞技体操是指一些有严密规则，专门进行比赛的体操项目，包括技巧运动、艺术体操等，竞技体操突出竞技性，操作难度较大，适用于竞技体操运动员，在操化编排的过程中，技术动作的选择突出复杂性和专业性。团体操是群众性的体操表演项目，通过大、中、小型团体操表演来达到宣扬运动的目的。

各种类型的体操都可以运用于操化编排之中，但设计的目的有所不同，在编排设计中要充分考虑各种体操的特点、编排目的与意义、适用人群，以及可行性等因素，合理地进行操化编排设计。

在针对不同的体操类型进行体操类操化编排毕业设计的过程中，要遵循针对性原则、安全性原则、科学性原则，并且要充分考虑使用的对象。体操类操化编排毕业设计要与学生的专业紧密结合，顺应学生的专业发展方向和满足学生的需求，能够充分激发学生的想象力与创造力。

2. 健美操类

健美操是融体操、舞蹈、音乐为一体，深受群众热捧，且具有一定普及性的体育运动。健美操是一种有氧运动，是持续一定时间的、中低程度的全身运动，主要锻炼练习者的心肺功能，心肺功能是有氧耐力素质的基础。健美操笼统地分为大众健美操、健身健美操、竞技健美操、时尚健美操、啦啦操五大类，健美操编排可以根据这五种类型进行。类型不同，编排的内容、要求也有所不同。如竞技健美操包括男子单人、女子单人、混合双人、三人、集体操、有氧舞蹈、有氧踏板等，重点强调难度动作、美感的编排。因此，健美操类操化编排毕业设计的编排要注意健美操类型的选择，根据具体的健美操类型来考虑健美操的编排。

健美操类操化编排毕业设计的编排要遵循针对性原则、科学性原则、实用性原则及优美性原则，编排关键要素包括音乐、动作、组合与节拍、运动负荷等的选择，编排的特色与创新。健美操类操化编排毕业设计要求动作考虑艺术性、难度、节奏三个方面的内容。健美操类操化编排目前逐渐趋于多元化，不仅针对健美操本身具有的类型而设计，而且能够将体操、健美操、武术、舞蹈的元素融入操化编排中。健美操类操化编排毕业设计的类型丰富，选择性非常广。将多种元素融入健美操类操化编排毕业设计不仅能够丰富操化编排的内涵，体现操化编排的目的和意义，而且有助于提高学生的创新能力。操化编排毕业设计的模式越来越趋于时代化，能够与时俱进，顺应时代发展的潮流。

3. 武术类

武术类主要包括拳类、健身气功类、跆拳道类三大类。拳类主要包括长拳、军体拳、南拳、太极拳等；健身气功类可以根据五禽戏、六字诀、八段锦等内容来改编；而跆拳道类可以根据基本的套路进行编排。武术是一个大的范畴，其内容非常广泛。武术类编排具有一定的可行性，在当前的本科阶段，学校普遍都开展了武术专业课，学生不仅要学习武术的操拳套路，还要学习武术理论知识。通过对武术的学习，学生可以深刻了解武术是中华文化的典型代表，具有悠久的历史。在过去，武术只是一种强身健体、防御外敌的工具，但如今武术已经成为一种保持身体健康的运动项目，也是修养身心的重要手段。武术项目的普及越来越体现在生活的方方面面，公园里从早到晚都有老人打太极拳，或者成群结队，或者一人独练。武术项目的参与不限年龄，小孩可以在一些跆拳道馆和武术协会参加培训，在专业教练的指导下练习。武术越来越受大众喜爱，不仅是因为武术有着悠久的历史，而且对增强体质有极大的作用。武术类操化编排的类型非常多，可以将武术的各种套路和方法结合在一起，根据动作组合形成各种不同的武术套路。在操化编排类毕业设计中，选择武术类编排的学生非常普遍，其原因在于武术的套路清晰、动作分明，整体上有难易之分，学生在编排的过程中可选择难易度不同的动作进行组合。在编排的过程中应该遵循武术的基本原则及编排的相关原则。注意动作的衔接连贯、有序，遵循循序渐进的原则。同时，组合动作不宜过于复杂，以简单为主，节奏分明。

三、操化编排类毕业设计的适用专业、人才培养与能力要求

（一）操化编排类毕业设计的适用专业

1. 体育教育专业

操化编排类毕业设计适用于体育教育专业，其与体育教育专业的人才培养要求有一定的共同之处。体育教育专业旨在培养具备系统地掌握体育教育的基本理论、基本知识和基本技能，掌握学校体育教育工作规律，具有较强的实践能力，在全面发展的基础上有所专长，能在中等学校从事体育教学、课外体育活动、课余体育训练和竞赛工作，并能从事学校体育科学研究、学校体育管理、社会体育指导等工作的高级专门人才[1]。操化编排类毕

[1] 体育教育（本科类）[EB/OL].（2016-02-27）.http：//baike.baidu.com/link?url=uJ9_GG2vDmwUbV6p7l-0C0DX3sLEwSNOoAJjt58tIoADhoKvXykRecdbig6xwXSM4uYhsamKLTfPks2RYii15uzM8LwFW-r1NAXP2J1GnWIDyYFvu1jKtjQ9grZxXzZnx6Hl8Sh2Zeom5I0w4J1GZa.

业设计与体育教育专业的培养模式存在一定的共同点，体育教育专业学生在大学期间学习的理论知识包括操化编排教学知识，并被要求能够将所学知识运用于操化编排毕业设计中，同时体育教育专业中开设有健美操、体操、武术等专项，对操化编排有详细的教学，因此，体育教育专业的学生具备操化编排的能力。体育教育专业的人才培养方向是体育教师、体育科研人员，可参与体育教学工作、群众体育指导工作、运动训练工作和体育科学研究工作，要求具备操化编排的能力。操化编排与体育教育专业的发展息息相关，因此，体育教育专业与开展操化编排类毕业设计的关系十分紧密，开展操化编排类毕业设计对体育教育专业学生的就业有一定的促进作用。

2. 社会体育指导与管理专业

社会体育指导与管理专业培养的学生是具有社会体育的基本理论、知识与技能，能在社会体育领域从事群众性体育活动的组织管理、咨询指导、经营开发及教学科研等方面工作的高级管理人才[1]。社会体育指导与管理专业的学生要学习社会体育方面的基础理论和基本知识，受过从事社会体育工作的基本训练，掌握群众体育活动组织管理、教学科研等方面的基本能力，熟悉党和国家有关体育事业的方针、政策、法规。社会体育指导与管理专业学生主要从事社会层面的工作，工作地点包括体育健身俱乐部、社区、高尔夫球会等。社会体育指导与管理专业的就业方向大致是健身教练、理疗师、营养师、高尔夫教练及社区体育指导员等。社会体育指导与管理专业要求本科生学习为社会体育概论、体育经济学、体育管理学、市场营销学等专业课程，这些科目不仅为学生的就业发展奠定了雄厚的基础，也有利于操化编排类毕业设计的开展。社会体育指导与管理专业培养的群众体育组织管理人才要具备操化编排的能力，能为健身俱乐部、社区设计操化编排方案。因此，操化编排类毕业设计对于学生的专业有一定的针对性与适用性。学生撰写的操化编排类毕业设计能为社区提供可实施的健身策划方案，可以为社区开展体育活动构建蓝图。因此，操化编排类毕业设计非常适合社会体育指导与管理专业的学生。

（二）操化编排与人才培养的关系

1. 专业培养要求

（1）体育教育专业的培养要求。

体育教育专业的学生要掌握教育学、心理学、学校体育学、体育训练与竞赛等方面的基本理论、基本知识和基本技能，并且要具备从事体育科学研究工作和学校体育教育工作的基本能力。体育教育专业旨在培养体育教师，要求该专业的学生熟悉国家有关教育、体

[1]　社会体育指导与管理专业就业方向与就业前景分析[EB/OL].（2014-11-06）.http：//baike.baidu.com/link?url=S1ffhTInEgsWlqcgfJYhPlRiZplgzhpY1g9RprsDAIWcBJIdqyTYBiSpGuRjv6Ra5dOP-ckJJvUKihmdldiy15p4qLAe5fe1JPlzX5mzhZeON3d7JVSwie-CN5XJWWzswKR0ae-sctm5P6CDUFPEcZtU2Na_Ywglb9WPCedRbmOs4CV7dr0KCC-LTnEvV0v1DJYlI9InM7huyX1-jfPV9K#ref_[2]_14524866.

育工作的方针、政策和法规，了解学校体育改革和体育科学的发展动态。体育教育专业以培养教师为主，强调从事学校体育的教学工作，以及教育教学的管理工作，同时要求教师必须具备操化编排的能力，以运用于学校的各类赛事、各种表演中。教师具备操化编排的能力与体育教育专业的人才培养要求具有一致性，开展操化编排类毕业设计有助于体育教师操化编排能力的培养。根据社会需要到企事业单位从事群众体育的指导工作、体育运动训练工作和体育科学研究工作。

（2）社会体育指导与管理专业的培养要求。

社会体育指导与管理专业要求学生掌握社会体育方面的基础理论和基本知识，有从事社会体育工作的实践经验，具备组织群众体育活动和教学科研等方面的基本能力。社会体育指导与管理专业也要求本科生具备以下几方面的能力：指导群众体育、健身、休闲的运动技术；熟悉党和国家有关体育事业的方针、政策、法规；了解国内外在社会体育方面的学术发展动态；掌握文献检索、资料查询的基本方法，具有一定的科学研究和实际工作能力。社会体育指导与管理专业主要培养学生指导社会体育活动开展的能力，要求学生具备操化编排的能力，能够对社区、健身俱乐部等开展的活动进行指导，引导社会人士正确健身，以提高身体素质。

2. 职业培养要求

（1）体育教师的职业素养要求。

操化编排类毕业设计与人才培养方案的关系主要体现在该类毕业设计的适用专业以培养体育教师、社会体育指导员、健身教练为目标。体育教师的职业素养要求不仅包含专业水平，还包括思想道德层面，应注重教师的全面发展。首先，注重专业能力的培养，不断提高和发展专业水平；其次，注重实践水平，将专业理论与具体实践相结合；再次，注重教学反思过程，在教学过程中反复检验和完善教学水平。教师的教学能力不仅体现在教学授课环节，也体现在操化编排能力上，就是培养教师成为实用型人才，不仅使其具有开展教学活动的能力，还能实施操化编排以丰富课余活动，让学生积极参与体育锻炼。体育教师应具备创新能力，懂得利用新颖的教学方法、教学策略来提高教学质量，操化编排类毕业设计是一个设计的过程，需要发挥创新能力。因此，操化编排类毕业设计与体育教师的职业素养要求有共同的特点，即培养学生的创新能力。体育教师在施教过程中要遵循以人为本的原则，尊重学生的创新能力与个性，同时，在操化编排的过程中同样重视设计对象的需求和特点。体育教师的职业素养要求其应具备操化编排的能力，有利于教师发展创新能力，将理论与实践结合，提高专业水平。

（2）社会体育指导员的职业素养要求。

社会体育指导员的职业素养要求从业人员具备指导社会体育活动的能力和理论与实践结合的能力，并且有扎实的专业知识和突出的专业水平。社会体育指导员的专业素养要求与操化编排类毕业设计的撰写要求有共同点，都要求具备较好的专业能力。社会体育指导员重在培养学生的社会实践能力，而操化编排毕业设计同样如此，强调实践的重要性。社会体育指导员在对社会体育活动进行指导的过程中，要利用与专业相关的各种能力，发挥主观能动性，而操化编排就是社会体育指导员必须具备的能力，要能够有效地体现在对社会体育活动的指导中。社会体育指导员掌握操化编排的重要性体现在社区、健身俱乐部等的体育活动中，具备这一能力能够对社会体育的发展起到巨大的推动作用。操化编排基本技术对于社会的适用性非常大，如针对不同的社区开展体育活动，组织实施各种操化编排方案以供社区居民使用。

操化编排类毕业设计是一份简单的设计方案，既可以运用于社区，也可以运用于大型体育赛事，只要设计的内容合理、全面且具有可行性，就能够实现操化编排的实用价值。

（三）完成操化编排应具备的能力

1. 编排与策划活动的能力

完成操化编排类毕业设计要求学生具备编排与策划活动的能力，不仅包括活动前期的筹备、规划、预算等工作，还包括组织活动的开展工作。编排与策划环节是基于前期的走访、调研工作中收集相关的数据，并了解某区域、某对象的锻炼现状，以及某地区近期的活动安排情况，在此基础上，了解活动的规模、层次和对象的相关信息、身体情况初步撰写策划方案。在撰写策划方案时要考虑活动过程中对象可能涉及的问题，这需要学生有整体的策划意识，以达到策划的目的。编排策划能力是撰写操化编排类毕业设计的必备能力，也是撰写操化编排类毕业设计最基本的能力。具备编排策划能力以后，先了解策划对象的需求及策划对象的相关信息，就易于着手开展操化动作编排工作，也为后续的工作奠定了基础。

2. 剪辑与合成音乐的能力

操化编排的内容主要由音乐和成套动作两个部分组成。音乐是操化编排的灵魂，是操化编排中不可或缺的部分。完成操化编排也要求学生具备剪辑与合成音乐的能力，就是将不同风格的音乐在筛选以后加以剪切，将可用的片段合成完整的成套音乐。在操化编排中，为了凸显个性与风格，就需要将音乐的风格加以融合，利用音乐的变化来展现操化动作特征。在剪辑音乐时需要注意细节问题，不能破坏音乐片段的基本音节，要保持片段的完整性，一个片段作为一个单元。在合成音乐的过程中，每个音乐片段都是一个单独的整体，同时，应保持衔接在一起后音乐依然具有完整性。剪辑与合成音乐是完成操化编排必须具备的能力，并且对整个操化编排完成的质量有很大的影响。

3. 组合成套动作的能力

完成操化编排要求具备组合成套动作的能力，即用基本动作形成动作组合后，再用动作组合形成成套动作的能力。组合成套动作是操化编排的关键一环，是整个操化编排过程中不可或缺的部分。组合成套动作的过程比较复杂，要根据编排对象的需求来选择基本动作，由于不同的对象能够承受的难度系数有所区别，在选择基本动作时要因人而异。根据音乐的风格特征，用基本动作形成动作组合，然后构建基本动作框架，对动作组合加以组合，最终形成成套动作。组合成套动作的过程类似于搭建房屋，不仅要考虑框架结构，还要填充内部体系。组合成套动作需要注重细节，遵循循序渐进的原则，各个基本动作及动作组合间要连贯、有序，注意动作的节拍在连接上要基本吻合。

四、操化编排类毕业设计开展的目的与意义

（一）操化编排类毕业设计开展的目的

1. 提高学生的编排与策划能力

操化编排类毕业设计的开展最直接的目的是提高学生的编排与策划能力。操化编排类毕业设计突出的特点就是操化编排与设计相结合的过程，同时能巩固学生本科期间所学的专业理论知识。本科期间，学生学习过较多的专业知识，其中操化编排知识能够运用于操化编排类毕业设计中，将理论与实践相结合，有助于巩固容易遗忘的知识。操化编排类毕业设计需要运用运动生理学，运动训练学及健美操、武术、体操等项目专业方面的知识，学生在设计的过程中会在大脑中提取储备知识或者通过查阅书籍来巩固旧知识，这样能够刺激记忆，以提升专业知识。操化编排类毕业设计不仅要求学生具备专业相关的知识，而且强调其具备较好的编排与策划能力，能够将知识与设计结合，形成一个具有实用性的操化编排方案，能够运用于具体的某区域、某人群，对体育健身活动的开展有一定的促进意义。操化编排类毕业设计的开展能够提高学生的编排与策划能力，即学生在反复的实践中能不断提高编排与策划能力。

2. 适应人才培养要求

操化编排类毕业设计的开展能够达到适应学校人才培养要求的目的。学校的人才培养目标要求体育教师、社会体育指导员应具备较扎实的专业知识和技能，其中包括操化编排的能力，因此，学校人才培养方案的要求与学生完成操化编排所要具备的能力相关。学校人才培养方案中的课程资源的开发与利用与学生进行操化编排需要的知识和能力具有一致性。操化编排类毕业设计能够适应人才培养的要求，注重学生的专业能力发展。学生在本科期间按照人才培养的要求发展，重视专业发展。操化编排类毕业设计的开展在于强化专业发展，因此，操化编排类毕业设计能够适应学校人才培养要求。

3. 满足社会健身人群的需求

操化编排类毕业设计的开展能够达到满足社会健身人群需求的目的。操化编排类毕业设计成果为社会提供了直接、实用的健身方案，能够增强群众的身体素质，达到强身健体的效果。操化编排毕业设计的成果，能够使人民群众的各种“文明病”得到缓解和治愈，

能够激发人民群众对健身的兴趣，培养人民群众良好的锻炼习惯。操化编排毕业设计是要设计出一种具有实用性的健身方案，能够为社区提供有用的健身方案以指导居民参加体育活动，使居民逐渐形成健身意识，参与到健身中来，使身体素质不断得到提高，身体的各种不良症状得到改善。优秀的操化编排毕业设计能够成为社区居民开展体育健身活动的良好方案，有助于社区体育活动的开展。体育活动能够让人在运动中放松身心，释放压力，找到信心。体育活动能够促进集体团结，培养集体意识，享受运动的快乐，丰富人的情感生活，填补无聊枯燥的生活空闲。

（二）操化编排类毕业设计开展的意义

1. 提高学生的专业水平

操化编排类毕业设计的开展能够培养学生的编排设计能力，促进学生积极运用专业知识并结合实践，以巩固和提高专业知识。学生在撰写操化编排类毕业设计的过程中，需要反复在大脑中提取专业知识，并且需要在网上和图书馆查阅大量的资料，这一设计的过程能够培养学生收集资料、整理材料及运用资料的能力，也能开阔学生在专业领域的眼界，了解到丰富、深厚的专业知识，能提升学生的专业水平。操化编排类毕业设计要求学生掌握大量与专业相关的知识，并且有知识整合的能力，将知识合理地运用于具体的内容中。撰写操化编排类毕业设计还要求学生具有拓展知识的能力和学科交叉的能力，要求学生掌握不同领域、不同层面的知识，有助于提高学生的专业水平。

2. 顺应学校培养专业型人才的要求

操化编排类毕业设计的开展不仅为了培养学生的策划与编排能力，而且能够顺应学校培养专业型人才的要求。操化编排类毕业设计的开展旨在培养专业型人才，包括体育教师、社会体育指导员两大类。操化编排类毕业设计的开展要求学生具备较好的操化编排能力，即扎实的专业能力，这对专业型人才的培养有一定的促进作用。同时，专业型人才的培养要求学生具备操化编排的能力，为学生朝着教师、社会体育指导员发展奠定理论基础。

3. 促进社会体育健身事业的发展

操化编排类毕业设计能够运用于社会体育中，对社区体育活动的开展提供了有效的健身方案和指导模式。操化编排类毕业设计的内容根据社区的场地、人数进行修改、调整，形成适合社区发展，适合居民锻炼的体育健身方案，对于社区居民健身有非常直观、便利的指导作用，是社区居民健身的科学指南和基础。操化编排类毕业设计能够成为社区居民开展体育活动的基础，能够帮助社区居民为参与体育锻炼做好思想准备，形成体育意识和良好的健身习惯。操化编排类毕业设计的开展能够促进社会体育健身事业的发展，有利于实现全民健身。

第二节　操化编排类毕业设计的主体内容与环节结构

一、操化编排的主体内容

（一）编排说明

1. 项目介绍

简要分析某区域（具体的地方和范围、具体的对象）健美操、体操、武术等项目开展的情况，以及存在哪些问题、哪些不足亟需改善。分析具体的创编背景、原因和特点，以及创编的具体内容概述、创编针对的对象和创编的具体实施概述。

2. 目的和意义

目的：练习者运用设计方案能够达到什么样的目的，实现怎样的价值。

意义：操化编排类毕业设计对某区域、某对象有什么样的发展，能对某区域、某对象有怎样的促进作用。

3. 适用对象

根据对象的性别、年龄、健康状况、技术水平、兴趣爱好等进行界定，阐述其与操化编排类毕业设计的合理性、可行性关系。

4. 操化难度定位

创编的操化难度属于初级、中级还是高级 。

5. 图解依据

本设计的图解参照“×××动作图解”进行（参照的图解应具有权威性，如：由中国健美操协会、中国体操协会、中国武术协会在全国范围推广的各类动作图解等）。

（二）编排基础与条件

1. 理论基础

学生在本科阶段学习的专业理论知识及与专业相关的理论知识。

2. 实践基础

校内的专业课程实践及校外的教学实践、社会实践。

3. 自身条件

学生在专业课方面的优势，具备哪些能力，有怎样的实践经历，曾获得哪些荣誉以撰写操化编排类毕业设计。

4. 周围环境

学校环境中具备的教学设备、书籍、师资等软硬件资源；实习环境能增强实践能力和提高专业水平；兼职环境中了解编排对象的需求和特点。

（三）编排原则

1. 合理的成套结构

合理的成套结构包括三个部分，即准备部分、基本部分和结束部分。准备部分是为了使身体进入准备状态，防止损伤；基本部分是提高人的身体素质、起到锻炼效果的主要部分；结束部分以放松、拉伸为主，起到恢复的作用。

2. 鲜明的针对性

在操化编排的过程中要充分了解对象的相关信息，包括年龄、性别、爱好、运动经历、病史及身体状态、生活环境等，根据不同的人群采取不同的方案。

3. 动作有序性及流畅性

创编的操化编排方案要注意动作组合顺序性及流畅性，使动作组合与动作组合之间有规律地连接，有助于使对象掌握动作，减少运动损伤，以便更好地达到锻炼的目的。

4. 运动负荷的合理性

为了达到最佳的锻炼效果，应将运动负荷控制在合理范围内，并且运动负荷的变化不宜过大，应保持适当的起伏。

5. 注重艺术性和创新性

健美操、体操、武术本身的艺术风格不同，因此，在操化编排上应该保持鲜明的风格特征。如果有混合风格编排的情况，要尽量使风格保持统一，动作特点也应保持一致，而且音乐的风格与动作风格相统一。

（四）编排特色或创新

阐述为了达到怎样的目的而具体运用方法；编排方案的强度控制程度与实施效果；编排方案运用了哪些知识和结合了哪些内容以实现怎样的效果。

（五）编排关键要素选择

1. 音乐选择

要注意音乐的名称、风格、速度、节奏感。

2. 动作内容

健美操类包括具体的步法、手势等；体操类包括基本动作与动作组合；武术类包括套路和基本动作。

3. 组合与节拍

操化编排的具体组合数和具体八拍数。

4. 运动负荷

操化编排具体采用的强度（高、中、低）。

（六）编排内容（动作图解）

将具体的动作内容以图解和文字阐述的形式表现出来，具体阐述组合的详细内容和每一拍的具体结构。

（七）参考文献

将文中引用部分的内容用参考文献详细标注，应严格按照参考文献的格式要求进行。

（八）致谢语

阐述操化编排方案是在哪位导师的指导下进行，该导师具备哪些能力和优势，并且在操化编排中给予了哪些帮助。

（九）项目实施的可行性或实施证明

学生在本科期间的专业特点和优势；学过哪些知识和技能能够运用于操化编排中；具有哪些能力能够撰写操化编排；曾参与过哪些对撰写操化编排有一定帮助的社会实践、调研活动；校内和校外有哪些资源能为撰写操化编排提供帮助。

二、完成操化编排的主要步骤

（一）制定目标

制定目标就是使创编具有目的性，以更好地实施和操作。明确操化编排要达到的目的，要细化到为了健身、表演，还是为了比赛。如果是针对健身就必须考虑实施对象的特点及要达到增肌、减肥、保健、放松身心等目的；如果是比赛就必须考虑要达到提高成绩、增强心理素质及增加比赛经验等目的；如果是表演就考虑要达到丰富文化生活、提升赛事的品质、吸引顾客等目的。在制定目标过程中要确定套路风格，它决定着编排的艺术价值。

（二）音乐的选择与剪辑

在创编过程中，健美操、体操、武术所选用的音乐有所区别，根据创编的目标选取不同风格的音乐。根据成套动作的结构来确定音乐的长短起伏，或者根据音乐来确定动作的结构。音乐选择以后要对其进行剪辑，在剪辑时要尊重音乐的完整性，剪辑某一段音乐时不能破坏音乐的基本结构，合成音乐后要反复聆听以保证音乐的连贯性和完整性。

（三）素材的选择与确定

素材收集来源于平时的积累，具体目标所需的素材在创编者的素材库中选取。健美操、体操、武术在各自的领域对素材的选择截然不同，每种类型的创编有不同目标，因此，在选择素材时要充分考虑目标的要求，不同的目标对素材内容的选择不同。例如，竞技健美操与健身操这两大类对所选技术动作的难度要求有所不同，而且实现的锻炼价值也不同。素材的选择工作不是能一次性完成的，要将素材融入组合中加以检验，看看是否行之有效，最终才能确定所选取的素材。

（四）建立基本结构

操化编排的结构就是能够树立起整个成套的“骨骼”，使成套更加完整。通常健美操、体操、武术的编排目标不同，因此，结构的构建也有所不同。一般操化编排按照开始、发展、结束三个部分构建，基本结构的构建要充分考虑音乐的节奏和结构，注意动作编排要配合音乐的开始和结束，形成清晰的框架以进行具体的操作。

（五）按创编原则组合动作与分段

组合动作就是根据目标要求将素材中选择的单一动作进行组合，并且不断调整后与音乐串联起来。可以将动作组合成一个一个的动作组合，动作组合要遵循创编原则，并且与音乐的段落相对应，形成成套动作体系。组合动作要根据结构的顺序进行创编，成套动作要考虑具有代表性、风格突出、节奏鲜明的特点。

（六）按成套顺序完成成套动作的组合

当基本动作组合完成以后，按照结构框架的要求，将动作组合排列起来，检查各个动作组合间是否连接顺畅，如有不完善之处，用具体的动作或组合进行填充。

（七）评价与修改

当成套动作完成以后，要进行实践运用，然后进行评价，对不合理之处加以完善。为了实现最佳的编排效果，需要请专家进行评价。首先根据创编原则进行评价，然后对锻炼价值和是否会造成损伤及生理指标进行评价，可从娱乐性、趣味性和艺术性方面进行评价，也可整体、全面地分析，以使编排更具合理性。

第三节　操化编排类毕业设计的要求

一、操化编排类毕业设计的设计要点

（一）注意乐曲的选择与剪辑

操化编排中音乐的选择是至关重要的一步，能够确定操化编排的风格，凸显对象的个性，乐曲的选择甚至可以决定操化编排总体的基调和档次，因此，操化编排非常重视乐曲的选择这一环节。在乐曲的选择过程中要注意操化编排的目标和对象，在此基础上选择合理、匹配的音乐，尽量选择感染力强的音乐，那样对实施会有很强的效果。同时，操化编排也强调乐曲的剪辑环节，这会对整个操化编排的效果产生至关重要的影响。乐曲的剪辑过程要注重细节，保持片段与音乐的完整性、连贯性。音乐的完整性直接影响动作组合的编排，也会对成套动作的完整性造成一定的影响。

（二）动作的选择要有目的性与针对性

在操化编排过程中，注意动作的选择要有目的性和针对性。动作选择的目的性是指在操化编排的过程中，强调根据操化编排的目的而选择基本动作。而针对性要求根据编排对象的需求和状况来选择基本动作，选择的动作能对编排对象的身体改善起到促进作用。动作选择要有一定的目的性和针对性，也导致操化编排在选择动作时存在一定的局限性，但目的是强化操化编排的效果，为实现操化编排的最终意义做准备。动作的选择要有目的性和针对性就在于强调操化编排实施的具体化，有利于实现良好的操化编排效果。

（三）重视衔接动作与针对性动作的设计

在操化编排过程中，衔接动作起到过渡的作用，使整个操化动作富有整体性，在结构和内容上都保持完整。而为了注重操化动作的多样性和丰富性，就会在成套动作中融入衔接动作和针对性动作，如果不能很好地将基本动作、衔接动作及难度动作加以串联，就会导致动作不连贯，会影响整个操化编排的效果。并且要特别注意衔接动作与过渡动作的连接，加强对过渡连接动作的创编与创新，在成套动作中尽可能避免出现重复的动作，使操化编排整体具有流畅性，以提高观赏性。

二、完成操化编排的注意事项

（一）先选音乐，后编动作

音乐是操化编排的灵魂，它直接影响操化编排的风格、结构、速度、节奏。音乐选配恰当不仅容易激发创编者的创作灵感，还能为动作组合提供大致的参考。音乐对创编动作有很大的帮助，在音乐节奏的基础上进行编排有助于动作组合的排列，根据音乐风格来确定动作的难度系数。先选音乐，后编动作，有利于提高操化编排的质量。

（二）编排动作的合理性

操化编排要遵循人体运动的生理规律，那么，编排的成套动作必须包括三个部分：准备部分、主体部分和整理部分。操化编排在动作设计上要遵循身体由远至近的原则，运动负荷由小到大的原则，并且在主体部分要充分增加负荷强度，使编排的动作具有合理性和科学性，以达到良好的锻炼效果。

（三）编排动作的观赏性

操化编排不仅要考虑不同人群的特点，还要具备一定的观赏性，因此，创编的动作要健美大方、舒展优美，做到刚柔相济，注意动作的艺术性和趣味性。

（四）编排动作的全面性

操化编排的宗旨是促进身体的全面发展，在操化编排的过程中要注意对称性原则，动作要注意左右、上下方向的对称，也要促进身体的各个部位均衡发展。

三、操化编排类毕业设计的评价标准

操化编排类毕业设计的评价标准见表3-1。

表3-1 操化编排类毕业设计评价标准

评价指标	分值
选题明确、规范	5
创编的目的清晰，具有价值	5
创编对象明确，符合对象的生理、心理特点	10
动作内容的多样性、针对性、科学性、全面性、实用性原则和创编方法的运用	20
成套操难度和强度合理	10
创编特色鲜明、有创新性	10
操化动作的风格和音乐风格的吻合度，音乐和动作的一致性，动作连接的流畅性	10
成套操的创编与选题的吻合度	10
创编的思路清晰	5
视频拍摄、剪辑的质量，成套动作记写的完整性、规范性、准确性和美观	15

第四节　操化编排类毕业设计的具体范例

自编武术套路—刀术

体育教育专业（1）班 何东　指导教师 郭健平

摘要：随着社会文明的不断进步，武术被越来越多的人所接受，人们对于精神文明的需求越来越迫切。武术套路作为一种体育运动，不仅可以增强人们的身体功能，还可以改善人们的精神面貌。修习武术，能够让人从身到心得到提升，保持饱满的精神状态，这是中华民族文化历代沉淀而成的瑰宝。随着重庆体育高考的改革，学校对武术教学的需求越来越迫切。学习武术套路不仅可以增强学生各方面的身体素质，还有助于培养学生终身体育锻炼的意识和习惯。因此需要对武术套路进行针对性的创编。本文以“自编武术套路——刀术”为研究课题，以广大高中生为研究对象，采用文献资料法对武术套路进行创编。

关键词：武术套路；创编；强身健体

一、自编武术套路创编说明

1. 创编背景

1.1 创编原则：本套套路是根据广大高中学生的基本身体状况，以及重庆高考体育改革增加的专项考试进行的有针对性的创编。

1.2 适用对象：此套武术套路适用于广大高中生，除了身体有特殊疾病者外，没有特定对象的要求。

1.3 运动负荷：为更好地达到强身健体的效果，这套武术套路的强度为低强度和中等强度相结合。

1.4 动作内容选择：为提高学生的学习兴趣，所创编的动作都是一些简单的武术基本步法和刀法，虽然动作简单，但是形式多样，合理地将基本步法和刀法相结合。

2. 创编的目的和意义

2.1 创编目的

2.1.1 让高中生通过对武术套路的练习，提高身体协调能力，增强身体各方面的素质，使身体的外在线条更加清晰，使学生的气质更佳。

2.1.2 重庆已经实行高考体育改革，通过这套武术套路的创编，能够使越来越多学习体育的学生通过武术专项来考取自己心仪的大学。

2.2 创编意义

2.2.1 增加动作，进行新颖的创编，提高学生对武术的热情，让越来越多的学生来学习武术，让武术精神传承下去。

2.2.2 由于现在学生的学习压力大，运动时间短，从而缺少身体的锻炼，导致很多学生的身体状态不是很好。此套武术套路适合于广大高中生，让他们的身体素质有所提高。

2.2.3 此套武术套路的创编，对于在校高中生有重大的意义，能够让更多的学生考上大学，提高学校的升学率。

3. 创编的主要内容

3.1 根据广大高中生的基本身体状况，以及重庆高考体育改革增加专项考试来进行有针对性的创编。

3.2 成套动作以动静对比、点面结合的原则创编。

3.3 选择了较低难度的武术基本步法和刀法。

3.4 将此套武术套路的负荷控制在中、低等强度。

3.5 对整套动作进行构思，以及对整套动作进行详细记写。

3.6 对整套动作的后期进行精细制作（摄像）。

4. 创编的主要特色

4.1 运用武术的基本步法和刀法，组合起多种武术动作，从而激发学生的学习热情和兴趣。

4.2 此套武术套路将高、低难度的动作相结合，从而使学生达到锻炼效果。

4.3 此套武术套路的动作以健身和让更多的高中生考上理想的大学为主要目的，动作比较简单，学生容易学会。

5. 创编的可行性分析

5.1 在大学期间，专业课的学习让我已经掌握了基本的创编方法与原则，为武术套路的创编打下了基础，并且平时对武术的训练和在课堂上的创编实践和教学，也为此次的武术套路创编提供了良好的创编条件。

5.2 学校所开展的武术专项理论课程，使我拥有基础性的理论知识。

5.3 学校建有专业的武术房，各种设施比较齐全，为我的创编提供了良好的外在条件。

6. 研究基础与工作条件

6.1 图书馆储藏着大量的资料，查阅方便。

6.2 指导教师会对我的创编给予关键性的指导。

6.3 在创编的过程中可以和专选班的同学进行交流和探讨，相互学习。

6.4 武术房里的各种设备都很齐全，使我拥有良好的外在条件。

6.5 专业课的学习和平时的练习，使我拥有有利于此套套路创编的内在条件。

二、武术自编套路——刀术动作图解

第一段：起势

动作图示 1～10	 1  2  3  4  5  6
动作说明	1：并步站立，左手持刀。 2：双臂自然上提顶肘，同时头往左迅速转动。 3：身体自然右转。 4：右臂向右前方上举，眼随手动。 5：右臂身前画半圆，眼随手动。 6：右手握住刀柄，眼看左侧。

动作图示 1～10	 7  8  9  10
动作说明	7：右手握刀往右前上提，眼随手动。 8～9：刀画一圈，手臂自然摆动，右手腰间带刀，左臂前平举。 10：左臂侧平举，手心向上；右手向上扎刀，同时并步站立，眼睛往左看。

上步摆莲—马步劈刀—前点地向上扎刀

动作图示 11～20	 11  12  13  14  15  16
动作说明	11～12：右手背刀，左臂前平举，双腿往右前方行进。 13～16：右臂往左前方带动，身体顺势向左前方下压，然后借力向原方向带动，以左腿为轴，右腿往后上方摆动，左腿顺势往后上方带动，左手拍打右脚脚面，手脚要达到与额头齐平的高度，身体转动360°，眼睛随着手和脚的动作一起动。

动作图示11～20	 17  18  19  20
动作说明	17：落地双腿成马步，左手前上方立掌，右手握刀做劈刀，双眼看向刀尖。 18～19：双腿变弓步，左臂前上举，右手藏刀，然后做一个刀花，眼随刀动。 20：左脚前点地，左手亮掌，右手向上扎刀，眼往左看。

腾空飞脚—转身拍地

动作图示 21～39	 21  22  23  24  25  26
动作说明	21：双臂上举，进行接刀的动作。 22：左臂抱刀，右臂右平举，左腿左跨一步，眼睛往左看。 23：双臂胸前交叉，左脚前点地，重心偏左。 24：击步。 25～26：腾空飞脚前助跑，双臂保持击步的动作，眼往左边看。

动作图示 21～39	 27  28  29  30  31  32
动作说明	27～32：腾空飞脚——上右步，左臂向前摆动，左腿向前向上摆动，右脚迅速蹬地起跳，身体腾空，在空中右脚脚面绷直向前上方弹踢，右脚的高度要高于腰部，右手击打右脚面，同时左腿屈膝，左脚收至右腿侧，脚面绷直，脚尖朝下，然后落地，右脚落地后，左脚再落地。

动作图示 21～39	 33  34  35  36  37
动作说明	33～37：上右脚，左脚撤步，双臂向右前方带动，然后身体向左后方转动，双臂自然带动身体朝前，左臂抱刀，右臂上举，然后身体下沉拍地，左手背刀在背后，眼往下方看。

动作图示 21～39	 38  39
动作说明	38～39：双手胸前交刀，身体顺势上跳，左臂侧举，右手扎刀，左腿屈膝，左脚脚底靠近右腿，眼睛看向左侧。

第二段：前后扎刀—弓步劈刀—缠头刀—纵步下截刀—腾空左右扎刀

动作图示 1～24	 1  2  3  4  5  6
动作说明	1～2：撤左腿，左臂顺势收回，上右腿，右手向前扎刀，眼睛要看向刀的位置。 3：撤右腿，右臂顺势收回，右手向后扎刀。 4～5：右弓步变左弓步，身体顺势转动，左手胸前立掌，右手藏刀，眼睛要看向刀的位置。 6：左手收回并于体后亮掌，右手向前扎刀，眼睛看向刀的位置。

动作图示 1～24	 7  8  9  10  11  12
动作说明	7～8：上右腿，右手藏刀，左臂自然放置于体侧；上左腿，右手向前出刀。 9：上右脚呈悬空状，同时右手带刀，左手拍刀身。 10：右腿收回，双腿成弓步，右手劈刀，左手体后斜向上亮掌。 11～13：刀尖向下，刀背沿着左肩贴背绕过右肩，头部正直，右手藏刀，左手头顶立掌，眼看前方。

动作图示 1～24	 13  14  15  16  17  18
动作说明	14～15：刀尖向下，刀背沿着右肩贴背绕过左肩，头部正直，左手胸前立掌，眼看前方。 16～17：上右腿提膝，脚面绷直，右手向上出刀，左手胸前立掌，同时右手向右后方砍刀，左手胸前穿掌至身体前上方成左臂斜举，眼睛看向刀的位置。 18：上右腿，右手向前出刀，左臂自然摆动。

动作图示 1～24	 19  20  21  22  23  24
动作说明	19：上左腿，右手向后带刀，左臂自然摆动。 20：上右腿，右手向前出刀，左臂自然摆动。 21～24：上左腿，屈膝发力，重心在左腿上，腾空过程中，右腿伸直，右脚尖勾起来，左腿屈膝与右腿形成差不多平行的体位，同时向右扎刀，左手亮掌，然后身体在空中转体向左扎刀，左手亮掌。

刀花扎刀—缠头平抹刀—抽身带刀—转体扎刀

动作图示 25～41	 25  26  27  28  29
动作说明	25～29：两腿开步站立，右脚尖稍微外展，右手握刀置于体右侧，眼睛看着刀；右手握刀用臂力使刀以腕为轴由右臂内侧向上绕行，右手用力向前绕行，右臂微屈，右臂内旋用腕力使刀以腕为轴向后上，经右臂外侧向上绕行，刀尖斜向上。

动作 图示 25～41	 30  31  32  33  34
动 作 说 明	30～33：两腿开步站立，右脚尖稍微外展，右手握刀置于体右侧，眼睛看着刀；右手握刀用臂力使刀以腕为轴由右臂内侧向上绕行，右手用力向前绕行，右臂微屈，右臂内旋用腕力使刀以腕为轴向后上，经右臂外侧向上绕行，刀尖斜向上，然后右手腰间带刀，左手胸前立掌，双腿成右弓步。 34：双腿成右弓步，右手扎刀，左手亮掌，眼睛看刀的位置。

动作图示 25～41	 35  36  37  38  39
动作说明	35～36：身体转体180°，同时右弓步变成左弓步，左手收手，右手向前出刀，然后顺势右手扎刀，左手亮掌。 37～38：刀尖向下，刀背沿着左肩贴背绕过右肩，头部正直，眼看前方。 39：身体向后倾斜，右手水平抹向前方，左手亮掌。

动作图示 25～41	 40  41
动作说明	40：双腿成左弓步，右手向后带刀，左手拍刀身。 41：身体空中转体180°，左弓步变右弓步，右手向下扎刀，左手亮掌。

第三段：缠头裹脑刀—仆步砍刀—马步藏刀—弓步扎刀

动作图示 1～45	 1  2  3  4  5  6
动作说明	1～3：刀尖向下，刀背沿着左肩靠着背绕过右肩，头部保持中正，同时身体前进两步，眼看前方。 4～5：重复1～3动作。 6：双腿成左弓步，左手在上立掌，右手藏刀，眼看前方。

动作图示 1～45	 7  8  9  10  11  12
动作说明	7～8：刀背沿着右肩贴背绕过左肩，刀尖向下，头部保持中正，眼看前方。 9～10：刀背沿着右肩贴背绕过左肩，刀尖向下，头部保持中正，同时身体向右后方转动，眼随刀动。 11：两腿分开，左腿全部蹲下，大小腿紧贴，左脚掌全部着地，膝关节外展，右腿成侧仆步伸直，右脚脚尖内扣，身体微微前倾，右手砍刀，左手亮掌，眼看刀。

动作 图示 1～45	 13  14  15  16  17  18
动作说明	12～16：两腿开步站立，右脚尖稍微外展，右手握刀置于体右侧，眼睛看着刀；右手握刀用臂力使刀以腕为轴由右臂内侧向上绕行，右手用力向前绕行，右臂微屈，右臂内旋用腕力使刀以腕为轴向后上，经右臂外侧向上绕行，刀尖斜向上。 17：撤左脚，同时右手向后带刀，左手向前亮掌，眼看前方。 18：身体转动，右手向前扎刀，左手亮掌，同时双腿成右弓步，眼睛看向刀的位置。

动作图示 1～45	 19  20  21  22  23  24
动作说明	19：身体转动，同时左腿提膝，左手亮掌，右手扎刀，眼睛看向左手的方向，身体保持中正。 20：上左脚，重心在左脚上，动作与之前保持一致。 21：上右脚，重心在右脚上，动作与之前保持一致。 22：上左脚，重心在左脚上，动作与之前保持一致。 23：上右脚，重心在右脚上，右手用力向下抡，带动身体转动，眼随手动。 24～25：身体顺势转动，同时左腿往左后上方抡动，双手自然带动，眼随手动。

<table>
<tr><td>动作图示1~45</td><td>
25

26

27

28

29

30</td></tr>
<tr><td>动作说明</td><td>26～30：身体在转动的同时，右腿借左腿的力向上抡动，腿要伸直，脚面绷直，高度要达到额头以上的位置，当右脚抡动到最高处时，下脚用力往下按，左手到达脚的位置，同时右脚去踢左手的掌心，然后准备落地。</td></tr>
</table>

动作图示 1～45	 31  32  33  34  35  36
动作说明	31：落地时，双腿成马步，左手在上立掌，右手顺势藏刀。 32～33：两腿开步站立，右脚尖稍微外展，右手握刀置于体右侧，眼睛看着刀；右手握刀用臂力使刀以腕为轴由右臂内侧向上绕行，右手用力向前绕行，右臂微屈，右臂内旋用腕力使刀以腕为轴向后上，经右臂外侧向上绕行，刀尖斜向上。 34：右手顺势向右扎刀，左手亮掌，同时左脚侧点地，左脚跟靠近右脚，眼睛看向左手。 35：上体保持之前的动作，同时上右脚，左脚脚尖点地。

动作图示 1～45	 37  38  39  40  41  42
动作说明	36～40：右臂向左后方摆动，同时下压上体，双手带动上体画一个半圆，然后重心转移到左腿，右腿往高处摆，双手自然摆动，抬头、挺身、塌腰，使右脚到达最高处。

动作图示 1～45	 43  44  45
动作说明	41~44：左脚在右脚的摆动下顺势摆动，这时身体的位置都是在空中的，双脚在后面，双手在侧面，然后右脚落地，身体继续转动，同时左脚落地。 45：右手顺势向前扎刀，左手亮掌，同时双腿成左弓步，眼睛看向刀尖的方向。

第四段　收势

动作图示 1～14	 1  2  3  4  5  6
动作说明	1~5：刀尖向下，刀背沿着左肩贴背绕过右肩，同时身体跟着自然转动，双脚顺势转动，身体保持中正，刀在转动到颈部前侧的时候，刀背紧贴颈部抹动，左手在刀背转动到颈部的时候接刀。 6：双臂自然下垂，左手抱刀，身体成立正姿势。

动作图示 1～14	 7  8  9  10  11  12
动作说明	7～8：右腿向上提起，腿要保持笔直，右手去拍打右脚的脚面，左腿保持直立，身体保持中正。 9～10：右腿收回，身体顺势后撤，双手腰侧抱刀，双腿成半虚步，然后重心保持在右脚上，身体下坐，左脚伸直前点地，右腿屈膝支撑，上体保持直立，眼睛看向前下方。 11～12：收左腿，身体上移，双臂至体前环抱到体侧，双脚成交叉步站立。

<table>
<tr><td>动作图示1～14</td><td>
13

14</td></tr>
<tr><td>动作说明</td><td>13：身体上移至立正姿势，双手叉在腰间，左手抱刀，同时头迅速偏向左侧。
14：身体不动，双手自腰间环抱到胸前，同时头迅速摆回中正位置，然后双手往前一推，行礼。</td></tr>
</table>

三、结语

经过几个月的不断努力，我的武术套路创编已经基本完成了，在创编的过程中，我发现了自己在专业知识上的很多不足，也学到了更多的东西。虽然创编的武术套路会有一些瑕疵，但是在快要完成的时候，我也有一丝丝的满足。这次创编武术套路，为我以后的学习、创编打下了坚实的基础，我还要不断地学习、进取。

参考文献

[1]蔡仲林，周之华.武术（第2版）[M].北京:高等教育出版社，2009.

[2]国际武术联合会审定.国际武术竞赛套路——刀术[M].北京：人民体育出版社，2001.

[3]周之华，周绍军.中国武术文化的内涵[J].体育文化导刊，2000（2）：43-45.

[4]张志雷，李成银.武术套路创编的依据和原则[J].体育学刊，2005，12（1）:71-73.

[5]郝心莲.中华武术实用百科[M].北京：北京体育学院出版社，1991.

[6]梅汉超. 武术专业学生套路创编能力的培养[J]. 武汉体育学院学报，2000（1）：83-85.

[7]第一套国际武术竞赛套路教学——刀术.[EB/OL].（2016-10-11）. https://www.iqiyi.com/w_19ruh4xrid.html.

[8]武术初级套路教学（国际武联版）初级刀术. [EB/OL].（2016-04-25）. http://

v.youku.com/v_show/id_XMTU0NzA2MjI3Mg.

[9]第二套国际武术竞赛套路——刀术. [EB/OL].（2008-06-09）. http://v.youku.com/v_show/id_XMzA1MDIxMTI=.html.

[10]校园武术——刀术. [EB/OL].（2012-12-29）. http://v.youku.com/v_show/id_XNDk0ODQyMzA0.html.

致谢语

此套自编武术套路是在我的指导教师郭健平老师的指导下完成的。她始终坚持着以人为本的态度，在教学中对自己的工作精益求精，在生活中以身作则，这些都为我们树立了一个良好的榜样。从开始创编武术套路到最后此套武术套路的完成，她都给予我无比悉心的指导。虽然我在专业知识上有一定的基础，但是在创编武术套路上还是存在很多欠考虑的地方。如果没有郭老师的指导和督促，可能这次的创编会存在很多的问题。在此必须要感谢郭老师，正因为有了她的指导，本套武术套路才能顺利完成。此外，还要感谢给予我帮助的其他老师和同学，正因为有了各位的大力支持和帮助，我的创编设计才能顺利完成。

（选自重庆文理学院体育学院2016届体育教育专业毕业生何东的毕业论文《自编武术套路——刀术》，指导教师：郭健平。本文省略了英文摘要和关键词。）

第四章　教学设计类毕业设计

第一节　教学设计类毕业设计概述

一、教学设计的内涵与外延界定

教学设计是教师根据教学大纲的要求，在一定教学目标的引领下，对教学的内容、方法、手段、评估等方面进行优化组合。加涅认为，教学设计就是系统规划学习内容的过程，这个过程实际上就是对教学资源进行整合，以促进教学系统的形成。赖格卢特认为，教学设计是一门能够改进教学过程、完善教学过程的学科。这门学科强调改进教学途径、优化教学方案，以促进教学目标的达成。在改进教学途径、优化教学方案的过程中能够增强学生的基本技能和知识水平，使学生的能力朝着预期目标转变。

教学设计强调过程，对于每个阶段的要求都十分严格，整个设计方案要符合教学目标和教学原则。美国学者肯普认为，教学设计是运用系统的方法对教学过程中相互联系的各种问题进行分析，并在连续模式中确定解决的方法和步骤，最后对教学成果进行评估的过程。因此，教学设计就是根据现有的各种教学资源，以满足学生发展需求为目标，通过分析教学对象和内容而进行教学安排的系统过程。

二、教学设计的特征与类型

（一）教学设计的基本特征

1. 教学设计的系统性

教学设计的基本特征是系统性，是把教学过程中的各要素看成完整的系统，立足于教学目标，分析相关教学问题和教学需求，从而安排教学要素及环节，合理使用教学方法，实现最优化的教学效果。教学设计过程的系统性要求教学设计要从教学系统的整体功能出发，注重教学环节的整体性，从整体上把握师生关系、教材内容、教学媒体、教学方法等各要素在教学环节中的联系和作用。在撰写教学设计类毕业设计的过程中要利用系统分析技术，对硬件设施、教学内容、学生需求等进行全面分析，在此基础上选用最有效的教学方法、教学策略以促进教学方案的顺利实施。注重教学设计的系统性，才能够形成尽可能完善的设计方案，进而在教学实施过程中达到最佳效果。

2. 教学设计的理论性与创造性

教学设计具有理论性与创造性，其重点在于教学策略设计和教材内容选择与开发等环节。教学策略要针对教学目标、教学内容、教学需求等方面进行分析，为实现有效教学而采取最佳的教学策略；教材内容的选择与开发是教学设计中至关重要的环节，应该在教学大纲的基础上选择适应学生发展需要的内容。既要考虑理论知识的教授，也要注重专业技能的培养，促进理论与实践的结合。因此，教学设计中所选择的教学内容不仅要具有一定的理论性，还应该具有较强的创造性，以适应学生身心发展的需要，促进教学目标的达成。另外，教学设计需考虑教学过程的复杂性和教学对象的个体差异性，必须要重视教学环节和程序的优化组合，尊重学生的个体差异性，要发挥教师的创造性来满足所有学生的学习需求。体育教师要以创造性的思维进行教学设计，运用适当的方法解决实践中的教学难题。因此，教学设计是理论性与创造性的结合，即体育教师要依据基本理论进行教学设计，但不能完全依赖于理论，应创造性地运用各种教学方法和手段，善于对教学内容进行优化组合。

3. 教学设计的计划性与灵活性

教学设计撰写过程具有计划性与灵活性，整个教学设计不是一次性完成的，需要根据具体的教学情境、教学对象进行适当调整。同时，教学设计的实施过程也具有计划性与灵活性。教学设计是依据一定的模式进行的，需要注重各环节流程的安排，根据具体的变化调整教学内容和程序。教学设计过程中的各要素、各环节是相互影响和补充的，如教学目标的确立会对教学内容的选择产生影响，教学策略的制订会对教学方法产生影响。因此，教学设计需要综合考虑各要素、各环节的相互影响，根据实际教学情况与教学需求灵活安排教学内容，通过完善的教学设计实现有效教学。

（二）教学设计的类型

1. 运动专项类教学设计

运动专项类教学设计是指根据专门的体育运动项目制订有差别的教学设计，是为专项教学做准备的，其强调专项化发展，制订完善的教学设计是为了更好地把握专项教学中的重点、难点，对专项教学有一定的促进作用。运动专项类教学设计需要对不同专项的基本特征、内容、难度、方法等方面进行全面把握，通过教学设计将专项教学内容合理融入，预估教学过程中可能出现的问题，及时调整教学设计中的策略、方法，让学生快速掌握专项技术。

2. 运动技能类教学设计

运动技能类教学设计是指针对普通学生制订的体育课教学设计，有效的运动技能类教学设计是学生学习和掌握运动知识与技能的重要保障。运动技能类教学设计是某个具体运动技术的教学过程，例如三级跳远运动技能的教学需要分几个步骤，并且要善于把握教学中的重点、难点，运用有效的教学方法达成教学目标。运动技能教学不是一个简单的过程，通过制订完善的教学设计，能为教学活动做充分的准备，帮助学生快速理解运动技能的动作要领，进而提高教学质量。

三、教学设计类毕业设计适用专业、人才培养及能力要求

（一）教学设计类毕业设计适用专业

1. 体育教育专业

教学设计类毕业设计是针对教学实践活动制订的，旨在推动教学活动有序进行。教学设计类毕业设计的内容主要以教学为重点，强调对教学的方法、策略、程序进行合理的安排，以达成立德树人的教育目标。体育教育专业的学生将来的就业方向是体育教师，而体育教师的主要任务是从事体育教学实践活动，通过体育课程的学习增强学生的体质健康水平，帮助学生树立良好的体育锻炼习惯和意识。因此体育教育专业的学生与教学实践联系紧密，教学设计类毕业设计适用于体育教育专业的学生。教学设计类毕业设计在撰写的过程中应该注重教学环节的合理性、系统性，充分考虑学生的基本情况和学习需求，选择适合学生学习需求的教学内容，有针对性地撰写教学设计。需要明确的是，体育教育专业的学生完成教学设计类毕业设计的意义不仅在于完成毕业任务，更在于能够将其运用于教学实践活动中。

2. 运动训练专业

教学设计类毕业设计与运动训练专业也有较强的联系。从本质上来看，体育教学和体育训练有一定的共同之处，其目的都是为了提高学生的运动技能水平。教学设计类毕业设计主要分为运动专项类教学设计和运动技能类教学设计，其中，运动专项类教学设计更加强调专项化和针对性，需要制订更加专业的教学设计实现教学目标。从学科发展和就业情况来看，运动训练专业学生的就业方向除了教练员外，还有体育教师。因此，运动训练专业的学生也可以选择完成教学设计类毕业设计，在完成教学设计的过程中不断丰富体育教学知识，了解和掌握更多的体育教学方法和技巧，为日后从事体育教师职业打下坚实的基础。

（二）教学设计类毕业设计与人才培养的关系

1. 专业培养要求

（1）体育教育专业的培养要求。

体育教育专业要求学生掌握体育专业相关的理论知识、运动技能及与教育学相关的理论知识，并具备体育教学能力。教学能力包括撰写教学设计、说课、写教案等，既要求学生具备较强的运动技能，同时还要善于传授运动知识与技能。通过制订教学设计类毕业设计有利于丰富体育教育专业学生的理论知识，提升学生的体育教学能力。体育教育专业的学生，在本科期间要进行教育实习，在教学实践活动中培养学生的教学能力。学生在教育实习过程中也要求具备撰写教案、制订教学设计的能力，通过完善的教学设计确保教学活动有序进行。因此，体育教育专业学生的培养要求与教学设计类毕业设计有直接、紧密的关系。

（2）运动训练专业的培养要求。

运动训练专业的培养目标是教练员和运动员，主要以教练员为主。教学设计类毕业设计与运动训练的关系在于运动训练专业要求学生具备制订训练计划的能力，而教学设计与训练计划的形式基本相同，都是学习和运用基本知识、技能、技术的过程，实际上二者具有相同的性质，都能促进教学和训练。运动训练专业要求培养学生的训练能力，包括制订训练计划的能力，能够指导运动员进行运动训练。教学设计是对某一运动技能的教学过程进行设计，而训练计划也是为提高学生的某一运动技能而实施的练习计划，二者都要考虑运动技能的重点、难点，同时要根据练习对象的需求进行训练。运动训练专业的培养要求与教学设计类毕业设计有一定的相关性，因此，教学设计类毕业设计的开展符合运动训练专业的培养要求。

2. 职业培养要求

（1）体育教师。

教学设计类毕业设计相当于一种教学方案，包括了教学目标、任务、要求、内容、方法、手段、策略等。体育教师的课堂安排以教学方案为依据，一个好的教学方案有助于调动学生的积极性，增加学生的学习兴趣，提高体育教学质量。教师是教学的核心，教学方案是教师教学的重要工具，教学设计类毕业设计能够对教师的教学实践起促进作用。教学设计类毕业设计具有较强的实用性，能够实实在在地体现在教学实践中，对教学活动的开展产生积极的意义。教学设计类毕业设计与培养体育教师的教学能力有着密切的关系，体育教育专业的学生应该重视教学设计类毕业设计的开展，认真完成毕业设计任务。完成一份优质的教学设计类毕业设计是体育教育专业学生教学能力的一种体现，也是一名体育教师应该具备的能力。在完成教学设计类毕业设计的过程中，体育教育专业的学生能够了解作为一名体育教师必须具备的能力和要求，更加深入体会体育教师的职责，在思想和实践上为成为体育教师做好充分的准备。从体育教育专业学生的职业发展来看，体育教师离不开教学设计，一名合格的体育教师应该具备制订教学设计的能力。因此，在培养体育教师的过程中，教学设计类毕业设计起着至关重要的作用。

（2）教练员。

教学设计能够运用于运动训练中，可以为教练员开展运动训练工作做准备。制订教学设计是为了促进运动知识和技能的学习，教练员从事的运动训练工作本质上也是为了促进运动技能的掌握和提升。因此，教学设计同样适用于运动训练，能够对教练员的训练工作有所帮助。教练员在训练的过程中需要逐步提高运动员的技能水平，而技能水平的掌握和提升需要通过教学来完成，因此教练员需要通过制订专门的教学设计来达成训练目标。要充分考虑运动员的身体情况、性别、年龄等因素，合理运用训练方法，并且注意训练的强度、负荷，避免造成运动损伤。科学合理的教学设计能够更好地促进运动员掌握运动技能，帮助教练员顺利、有效地完成教学任务。

（三）完成教学设计的能力要求

1. 教案撰写能力

教学设计包括教案、教学单元、评价方式等方面的内容，教案是教学的内容文本，是教学设计的核心部分。教案又叫课时计划，以课时为单元进行教学设计，是教学实践中的重要环节。完成教学设计要求具备撰写教案的能力，能够合理地把握教学目的、教学方法、重点和难点、教学进程。撰写教案是完成教学设计必须具备的能力，是教学设计的主体部分。总之，教案是实施课堂教学的操作性方案，是整个教学工作的重要部分。因此，撰写教案是完成教学设计的必备能力。

2. 教学反思能力

教学反思能力是指教师能够在教学实践中反思自身存在的不足，通过总结经验进一步提高自身教学水平的能力。教学反思能力是每位体育教师必须具备的能力，有助于提高教学质量，及时弥补教学过程中出现的不足。完成教学设计同样要求具备教学反思能力，制订教学设计时要考虑教学内容是否有利于达成教学目标，要对自身的教学设计进行预估和评价。并且教学设计过程中要对教学方法、教学策略进行反思，考量其是否符合学生的身心特点。在完成教学设计时，教师要及时反思自己的教学行为、教学构思是否有利于达成教学目标，进而完善教学设计，提高教学效果。

3. 教学创新能力

完成教学设计必须具备一定的创新能力。完成教学设计的过程中，要充分考虑教学目标的要求，为实现教学目标而不断完善教学设计。教学内容的设计要适应学生的身心需要，根据不同学生的学习需求和身体条件进行选择，尊重学生的个体差异性，充分激发学生的学习积极性。教学方法的选择要结合内容、场地等因素，针对不同学段的学生选择差异化的方法，要能最大限度地达成教学目标。完成教学设计时要强化创新思维，对教学方法、手段进行创新，使整个教学设计能够在教学实践中发挥更好的作用。只有具备较强的创新能力才能撰写出完善、有效的教学设计，进而达到更好的教学效果。

4. 课程开发能力

课程开发能力是指体育教师能够根据教学目标的要求，对现有教学资源进行合理开发的能力。科学合理地进行课程开发，有利于挖掘出更多符合学生身心特点的教学内容。进行教学设计时要求体育教师具备一定的课程开发能力，课程资源开发也是教学设计中非常重要的环节，其直接影响教学的质量与效果。因此，在收集资料的过程中要充分考虑专业因素和学科交叉因素，以培养学生的知识和技能为目标。进行课程开发要求体育教师具有较强的资源开发意识，能够根据现实情况开发出有利于达成教学目标、促进学生身心全面发展的教学内容。

四、教学设计类毕业设计开展的目的与意义

（一）教学设计类毕业设计开展的目的

教学设计类毕业设计主要是体育教育专业和运动训练专业的学生需要完成的，在编制的过程中需要根据所学的专业知识进行规划，将所学的专业知识有选择性地串联起来，组成系统的知识体系，融入教学设计中。教学设计类毕业设计的开展能够检验学生学习专业知识的成果和运用专业知识的能力。教学设计类毕业设计通过提升运用专业知识的能力来提高学生的教学能力。体育教育专业学生的本科教育旨在培养教学能力，教学设计类毕业设计的开展能够对学生的教学能力起到促进作用，会激励学生不断充实自己，为将来就业打下良好的基础。

（二）教学设计类毕业设计开展的意义

教学设计类毕业设计的开展有助于教学活动的开展，做好教学设计是保证教学活动顺利进行和提高教学效果的基本条件。教学过程包括教师的“教”和学生的“学”两个部分，是教学取得成功的关键。教师在教学过程中应对教学大纲规定的教学内容进行设计和编排，并对学生必须掌握的知识和技能进行深刻的理解和掌握，在此基础上将其合理地设计于教学设计中，根据学生的需求因材施教，提高学生学习的积极性和主动性。因此，教学设计类毕业设计是教学活动顺利开展的有效途径，认真完整的教学设计类毕业设计有助于教学活动的开展。

第二节 教学设计类毕业设计的主体内容与环节结构

一、教学设计的主体内容

（一）设计说明

（1）设计课题名称：所选项目的名称（如：篮球——双手胸前传接球技术）。

（2）目的：结合设计的缘由，阐述通过设计能使学生学习和掌握什么技能，提高哪些能力，实现哪些锻炼价值。

（3）意义：教学设计对当前中小学体育教学的开展和实施能起到什么作用，培养学生哪些能力，对该技术的教学方法、手段的选用提供什么样的借鉴和参考。

（4）教学对象：具体哪个年级或某水平段的学生。

（5）教学课时设置说明：本设计所需要的总课时，每个课时的具体内容安排。

（二）设计依据与条件

（1）理论依据：所依据的纲要性指导文件、教材、参考书等。

（2）自身条件：对自己的总体介绍，包括所掌握的理论基础知识、技术、技能及教学实践能力等。

（3）教学环境与条件：学校环境、学习氛围、场地、器材设施等。

（三）设计原则

遵循了哪些设计原则，如循序渐进原则、直观性原则、合理安排运动负荷原则等，并针对每个原则，结合具体的创编情况进行分析。

（四）设计特色与亮点

阐述教学设计运用了何种方法、手段，具体能突出什么特色和创意，能够达到怎样的教学效果。

（五）设计实施可行性分析

阐述选取教学内容的难易程度，以及开展教学的情况；分析校内及校外的软硬件能够对教学设计提供哪些帮助；分析自身的专业优势、个人能力、教学实践经验能为教学设计的实施提供怎样的基础。

（六）设计内容

（1）指导思想：坚持“健康第一”的指导思想，促进学生的健康成长，激发学生的运动兴趣，培养学生的终身体育意识；以学生为中心，重视学生的主体地位；关注学生的个体差异性，确保每个学生的全面发展。

（2）教学对象：某个年级或某个水平段的学生。

（3）学情分析：对学生当前的基本情况进行分析，主要从起点能力（学生的实际身体情况，没学习本课之前原有的学习准备状态，如所掌握的体育知识、技术、技能、体能、健康状况等），一般特点（生理、心理、社会特点）和学习风格（从喜好、习惯、感知、感官、需求等方面选择的学习方式等）方面进行分析。

（4）教材的选择与分析：根据指导思想、教学目标，选择能够促进学生身心发展、兴趣培养的教学内容，并写清教学内容的具体出处；分析教材内容的文化背景、功能、特点和适应性等；充分考虑教材的重点、难点及解决措施，并把握好教学重点和难点。

（5）教学目标：在一定的时间和范围内，师生经过努力后所要达到的教学效果的标准，主要包括运动参与、运动技能、身体健康及心理健康与社会适应四个领域的目标。

（6）教学策略：为达成教学目标而采用的体育教学组织形式、方法、手段等，包括组织形式、教学方法、教学手段三个方面。

（七）教学方案

（1）准备部分：师生问好、整理着装、热身活动和体育游戏。

（2）基本部分：介绍课堂的基本教学内容及详细教学环节。

（3）结束部分：放松练习、总结、交还器材、师生再见。

（4）教学过程中预计出现的教学、安全、应急问题及解决方案：预估课堂中可能出现的各种问题并写出解决方法。

（5）场地器材准备：所需场地大小及器材的数量，如何布置准备。

（6）教学效果预估：针对该次课的教学内容预估学生的心率、脉搏、生理负荷、练习密度。

（7）教学评价：针对学生的课堂表现进行评价，要求学生对教师进行评价。

（八）教学成果展示

可选一节课作为完整资料，包括教学设计、教案、说课稿、教学过程各部分的图片、完整的教学视频。

（1）课时教学设计：根据小单元写一次课的教学设计。

（2）教案：根据小单元写出完整的课时计划，选择一节课作为成果展示。

（3）部分教学实践图片展示：选择在一节课的教学过程中所拍摄的实践图片。
（4）说课稿：制作一节课的说课稿。
（5）教学视频：制作一节课的完整教学视频。

（九）参考文献

略。

（十）致谢语

在完成教学设计的过程中，感谢某位教师、某位同学给予的帮助和支持。

（十一）附件

展示教学过程中的部分图片。

二、完成教学设计的主要步骤

（一）学习需求分析

根据教材内容、教学目标，把握教学对象的学习需求，探讨教学需要具备哪些物质资源和条件。

（二）教学内容分析

教学内容应根据教学目标、教学任务的要求，选择适应学生身心特点的内容，即需要教授哪些知识、技能。

（三）教学对象分析

了解学生的学习心理、认知水平、基础知识与技能的掌握程度和学习起点水平与学习特点等。

（四）确定教学目标

根据课时的教学要求，结合学生的基础知识和学习能力，制定明确、详细的教学目标。

（五）教学策略设计

为达到具体的教学目标，通过考虑教学目标、教学内容、学生、时间、教学条件等因素而采取的教学策略。如程度教学策略、发现式教学策略、认知教学策略、掌握学习策略、和谐教学策略等。

（六）教学媒体设计

根据教学目标、教学策略，选择合适的教学媒体。强调教学媒体要与课堂和谐、统一，避免与教学过程脱节。

（七）教学过程的反馈、调控

教学过程是教师施教的动态活动过程，教师要根据教学目标、教学环节来调控课堂，并能够预估学生在教学中可能出现的反应。能针对教学过程中出现的情况，及时调整教学进度、教学策略和方法。

（八）教学评价设计

教学评价设计主要包括过程评价和结果评价。过程评价主要包括教学过程中学生对教师的教学内容的评价、教师对学生学习情况的评价两个方面；结果评价是教学课程结束后教师的总体评价。

第三节　教学设计类毕业设计的要求

一、教学设计类毕业设计的设计要点

（一）教学内容要结合教学目标

体育内容的选择与开发应该与教学目标相结合，在教学目标的引领下选择适合学生身心发展的教学内容。体育课程内容的选择要遵循一定的原则和标准，要在钻研教材和充分掌握教学内容的基础上进行选择，并且教学内容的选择要满足体育教学目标的要求，根据教学目标的需要来选择，这样有利于促进教学质量的提高。

（二）教学方案突出教学过程的全面性

教学方案由准备部分、基本部分和结束部分组成，整个教学过程要包括教学方案的三个组成部分，同时教学过程也要体现出教师的“教”和学生的“学”。教学过程是体育教学的主体部分，而教学方案就很好地体现在教学过程中，教案的设计要突出教学过程的全面性和整体性。教学过程的全面性包括教学环节的精确性，注重教学细节，以实现最佳的教学质量。注重教学过程的全面性，要注重教学方法的选择和使用，在教学环节中增加

趣味教学法和比赛教学法来提高学生学习的积极性，使得学生在轻松愉快的学习氛围中学习。引导式教学法能够发挥教师的主导作用，引导学生自主学习，有利于提高学生的学习积极性，达到更佳的教学效果。

（三）过程评价与结果评价相结合

体育教学评价既要注重过程评价又要注重结果评价。过程评价是对教师教学的过程和学生学习的过程进行评价，包括教师对学生的学习情况进行评价，学生对自身学习的评价，学生对教师的教学过程进行评价，教师对教学过程的自我评价，以及其他人员对教学过程的评价。过程评价能够及时地对教师的教学情况做出真实的反馈，使教师及时了解学生学习的具体情况，然后调整教学方法，有助于提高教学质量。结果评价是对教学结果的最终评价，在课程学习结束以后才能发现教学过程中的问题，不能及时纠正，不利于实现良好的教学效果。并且这种终结性的评价方式不利于提高学生的学习积极性，难以促进学生的全面发展。因此，体育教学评价应该将过程评价与结果评价加以结合，实现学生与教师之间的互动和交流。

二、完成教学设计的注意事项

（一）教学目标设计要全面

教学目标的设计主要包括知识、能力、情感与价值观几个方面。教师应该在理论与技术上都关注教学目标，在教学目标的设计上要重视知识、技能教学目标，注意其中容易出现的问题。设计教学目标应该注重全面性，不能只注重知识领域的目标，而忽视其他领域的目标。不能以课程内容来制定目标，应正确处理教学目标与实施教学目标之间的关系。

（二）教学过程重视理论联系实际

教学过程的设计不能只重视理论学习，而忽视了技能的提高，应该将理论与实际相结合。教学过程重视理论联系实际，就应该设计新颖的教学方式来培养学生的学习积极性，激发学生的学习兴趣。要将教材所述理论知识与运动技能、教学实践相结合，为学生主动参与创造条件，促使学生主动参与学习过程，快速掌握运动知识和技能。

（三）教学内容重视学生的情感发展

教学内容的选择应重视学生的认知发展、情感发展及行为发展。教学内容不能只注重知识和技能的培养，而应该将学生的认知、行为、情感等方面结合起来，要引导学生在自我认知、自我激励、自我控制中全面发展。教学内容重视学生的情感发展，就是要尊重学生的人格，热爱学生，以情施教，寓教于乐，享受轻松愉快的课堂氛围。要多考虑学生的情感因素，注意教学活动中认知因素与情感因素的协调统一。

三、教学设计类毕业设计的评价标准

教学设计类毕业设计的评价标准见表4–1。

表4–1　教学设计类毕业设计的评价标准

评价指标	分值
选题明确、规范	10
设计的目的意义明确，理念清晰	10
符合教学对象的生理、心理特点	10
教学设计的目标导向性、整体优化、程序性、可操作性、灵活性、创新性原则的运用	10
教学总目标设计合理科学、难易适度	10
设计特色鲜明，亮点突出	10
针对教学内容选择的教学组织形式、方法、手段的合理性、实用性、操作性的体现	10
小单元设计、教学设计、说课稿、教案与教学实践（视频）的符合度（五合一）	10
教学、安全、应急问题及解决方案的合理性和实用性	10
视频拍摄、剪辑的质量，教学过程的完整性及课的结构展示，图片资料整理	10

第四节　教学设计类毕业设计的具体范例

本科生毕业设计

题　　目：	传统型蛙泳手部动作教学设计
类　　型：	教学设计类
学　　院：	体育学院
专　　业：	社会体育
学生姓名：	杨宇轩
学　　号：	略
指导教师：	刘国华

目　录

略。

传统型蛙泳手部动作教学设计

1. 设计说明

1.1设计课题名称：传统型蛙泳手部动作教学设计。

1.2设计目的：通过本教学设计，使学生充分掌握蛙泳手部动作，提高对蛙泳手部技术动作的认知，让学生可以不借助工具在水中自行游进。

1.3设计意义：蛙泳抬头换气依靠的是手部动作，所以学习蛙泳手部动作很重要，通过蛙泳手部动作的教学，使学生掌握蛙泳手部动作的技术，为以后的蛙泳完整动作配合训练打下基础。

1.4教学对象：重庆文理学院体育学院2016级学生。

1.5教学课时设置说明：本设计所需要总课时为四个课时，分为三个阶段。第一阶段一个课时，为陆上站立蛙泳手教学；第二阶段一个课时，为水中站立蛙泳划手教学；第三阶段两个课时，为水中浮板蛙泳划手教学。

2. 设计依据与条件

2.1理论依据：主要依据《蛙泳技术的教学探析》中的相关教学理念和方法。

2.2自身条件：我本身是一名国家中级游泳教练，有着充足的理论知识和专业技能，有高效的训练方法。平时在课余时间和假期兼职做游泳教练，有丰富的实践经历和经验。

2.3教学环境与条件

（1）室内游泳池。

（2）救生设备。

（3）浮板。

（4）防滑垫。

3. 设计原则

3.1安全与健康原则：以安全为教学前提，以健康为主要教学任务，在保证安全的情况下让学生学习蛙泳手的技术动作。

3.2教学方法多样性原则：在教学过程中，有些简单的动作可以不示范，提高教学效率。在口令教学示范过程中，可以加大动作幅度，加深学生对动作技术的印象。

3.3组织形式多样性原则：在教学过程中，为了提高教学效率，队形可以做出改变，可以学生与学生之间配合训练或者交换对象进行训练。

4. 设计特色或亮点

4.1在各类运动教学中，游泳教学与其他教学最大的不同在于教学环境。在游泳教学中，陆地与水中的教学表现和效果会有一定的差别，而本教学设计会通过科学的引导方式和高效的方法使学生在水中轻松学习游泳，掌握动作技巧。

4.2提高课堂学习的氛围，积极促进教师和学生之间的沟通交流。

4.3在保证安全的情况下，使学生由陆地练习自然过渡到水中练习。

4.4通过熟悉水性练习，使学生了解水的特性，熟悉教学环境，克服怕水心理，让学生在水中保持放松的心态去练习，掌握游泳技术。

5. 设计实施可行性分析

5.1场地：我校周边有若干室内游泳池可以提供教学场地。

5.2教师：有充分的时间来准备教学计划，有充足的实践经验和高效的方法实施教学计划。

5.3学生：在重庆就读的学生学习游泳的非常多，此次教学设计中的教学对象也是对学习游泳非常有兴趣的学生，这样更能高效地实施教学计划。

5.4传统型蛙泳更适合初学者学习，传统型蛙泳的特点在于游泳时身体靠近水平位，不用做出提肩的动作，整个人的身体很平稳，可以减少水中阻力，是比较省力的一种蛙泳。

6. 设计内容

6.1指导思想：本教学设计以学生为主体，以安全和健康为主要思想。以这两个要素为第一指导思想让学生学习蛙泳的技术动作，以轻松高效的教学方法使学生在学习的过程中对游泳这项运动产生兴趣，使其以放松的心态去训练动作，同时对蛙泳的理论知识达到一定程度的理解，快速学会蛙泳动作并学以致用。

6.2教学对象：重庆文理学院体育学院2016级学生。

6.3学情分析

6.3.1学生学习能力分析：本教学设计针对的是对学习游泳有兴趣的学生。游泳运动是一种大众性的运动，作为体育运动的大项深受人们的喜爱，游泳是全身性的运动，可以全面提高人的身心健康。并且那些对游泳有兴趣的学生，会保持很高的热情来学习这项运动，学习起来也会很认真。

6.3.2学生学习基础：本次教学中的学生属于稍微有一些基础的，指导这类学生会比较花时间，但此类学生没有一些类似江湖招式的不规范动作，在学习过程中不需要特意纠正。

6.3.3学生年龄特点：此次教学对象都为成年人，身心健康水平均已达到成年人的标准，适合参与此次教学计划。

6.4教材的选择与分析

6.4.1教材的选择：本次设计的主要内容为蛙泳的手部教学，参考理论依据是《蛙泳技术的教学探析》，文章出自商丘师范学院学报。《蛙泳技术的教学探析》的优点在于总结出一套灵活学习游泳的理论方法，内容分为熟悉水性、跳水、腿部动作、手部动作和突破技术关五个部分。本教学设计主要参照本理论依据中的蛙泳手的技术探析和熟悉水性的理论基础来制订蛙泳手的教学计划。

6.4.2教材的课时设置与具体内容安排：总课时为四个课时，分为三个阶段。第一阶段一个课时，为陆上站立蛙泳手教学；第二阶段一个课时，为水中站立蛙泳划手教学；第三阶段两个课时，为水中浮板蛙泳划手教学。

6.4.3教材的重点及解决措施：教材《蛙泳技术的教学探析》的重点在于打好基础，为后面的技术动作学习做好铺垫。解决措施是为学生充分讲解理论知识，着重训练基本动作。

6.4.4教材的难点及解决措施：教材《蛙泳技术的教学探析》的难点在于对技术的掌握熟练度，如何突破技术关。解决措施是加深学生对技术动作的理解，在重要的技术动作教学中，做到一对一的细致指导。

6.5教学总目标设计

6.5.1认知目标：通过本次教学，使学生熟练掌握蛙泳手动作，解读蛙泳手的理论基础，能较为熟练地运用蛙泳手在水中划水前进。

6.5.2技能目标：通过本教学的指导和练习，学生要掌握蛙泳手在水中划水的正确动作，能够自主地在水中划水游进。

6.5.3情感目标：本次教学计划注重的是培养学生自我感悟、自我认知的能力和学习兴趣，增强学生面对困难不退缩和克服困难的能力，使其拥有知难而进的自信心。

6.6教学策略设计

6.6.1组织形式：小组合作学习。

6.6.2教学方法：讲授法、直观演示法、自主学习法。

6.6.3教学手段：演示法、练习法。

7. 教学方案

7.1准备部分

7.1.1课堂常规。

7.1.2宣布课堂主体内容。

7.1.3热身跑。

7.1.4头部运动。

7.1.5扩胸运动。

7.1.6侧压腿。

7.2基本部分

7.2.1蛙泳手陆上划手练习。

7.2.2蛙泳手水中站立划手练习。

7.2.3蛙泳手水中浮板划手练习。

7.3结束部分

7.3.1课堂点评。

7.3.2师生再见并解散。

7.4教学过程中预计出现的教学、安全、应急问题及解决方案

7.4.1问题

（1）学生未经允许私自下水或前往深水区。

（2）学生在练习时出现抽筋等受伤的情况。

7.4.2解决方案

（1）在宣讲课堂内容时，首要讲明安全注意事项，一切以教师的安排为准，并提前做好安全措施。

（2）在练习正式动作之前，要充分做好热身准备活动，避免韧带拉伤。

7.5场地器材准备

7.5.1场地：室内泳池。

7.5.2器材：救生设备、浮板、防滑垫。

7.5.3准备：提前摆放好所有教学所需器材。

7.6教学效果预计：在中等练习负荷和密度中，学生的心率和脉搏频率有所加快，而通过本次课程的蛙泳动作学习和下水之后的熟悉水性训练，大部分学生都熟练掌握了蛙泳手的正确动作并能进行实践。

7.7教学评价

7.7.1优点

（1）课堂气氛很活跃，学生学习的积极性很高，教学效率较高。

（2）课堂纪律良好，没有上课不认真和互相打闹的情况出现。

（3）教学思路清晰，理论和动作技术的讲解结合较完美。

7.7.2缺点

（1）教学过程中，语言不够言简意赅，部分学生未能理解训练内容。

（2）课程内容安排上比较繁杂，导致学生没有足够的时间练习，教学时间比较紧。

8. 教学成果展示

8.1课时教学设计：以陆上蛙泳手训练为例，以健康和安全为指导思想，以重庆文理学院体育学院2016级学生为教学对象。场地为室内游泳池。上课之前先集合，在教师宣布课堂内容、讲明注意事项后，学生开始上课，在教师的带领下做好充分的准备活动，然后由教师讲解蛙泳手的技术理论并示范动作，之后学生在教师的示范下进行蛙泳手的动作学习。课程结束，集合，教师进行课堂点评，最后学生有序解散。

8.2教案

8.2.1陆上蛙泳手教学教案：

<table>
<tr><td>课程名称</td><td colspan="2">陆上蛙泳手部动作教学</td><td>授课教师</td><td>杨宇轩</td><td>指导教师</td><td>黄嘉良</td></tr>
<tr><td>授课对象</td><td colspan="2">体育学院学生</td><td>周数</td><td>第9周</td><td>课次</td><td>1</td></tr>
<tr><td>授课信息</td><td colspan="2">2016级专选班</td><td colspan="4">总人数：4 人　　时间：上午10:20—11:00
星期五第3节</td></tr>
<tr><td>教学
内容</td><td>陆上蛙泳手部动作教学</td><td>教学
目标</td><td colspan="4">1.通过本次课程的学习，让学生对蛙泳手部动作的基础动作有一定程度的认知，为之后的水中划手练习打下基础
2.通过本次教学，学生要掌握蛙泳手部动作的基本动作
3.培养学生自我感悟、自我认知的能力和学习兴趣，增强学生面对困难不退缩和克服困难的能力，拥有知难而进的自信心</td></tr>
<tr><td>重点</td><td>蛙泳手部动作的规范动作</td><td rowspan="2">场地
器材</td><td colspan="4" rowspan="2">1. 场地：海棠壹品游泳馆
2. 器材：防滑垫</td></tr>
<tr><td>难点</td><td>在水中练习如何保持动作不变形</td></tr>
<tr><td rowspan="2">课堂
部分</td><td rowspan="2">课堂内容</td><td colspan="3">组织与教法</td><td rowspan="2">时间/分</td><td rowspan="2">运动量</td></tr>
<tr><td>教师活动</td><td>学生活动</td><td>队形</td></tr>
<tr><td>准
备
部
分</td><td>一、课堂常规
1.集合整队、师生问好
2.介绍本次教学内容和宣讲注意事项

二、热身活动
1.热身慢跑3圈

2.徒手操
(1)头部运动(2组x8次)
(2)扩胸运动(2组x8次)
(3)侧压腿(2组x8次)</td><td>1.集合整队，检查器材
2.师生问好
3.介绍本次教学的主体内容

1.口令领做
2.带领学生一起做</td><td>快速集合，站队整齐

1.在教师的带领下，听口令做热身活动，要求整齐一致
2.认真完成每一项准备活动</td><td>●：学生
▲：教师

▲
●●●●●●
●●●●●●

▲
●●●●●●
●●●●●●</td><td>2

2

4</td><td>小

小

中</td></tr>
<tr><td>基
本
部
分</td><td>蛙泳手部动作陆上站立练习：站立时双腿并拢，两臂前伸手心相对，然后手心朝外，手臂外划，划至比肩稍宽时开始内旋大臂并开始夹肘，最后双手并拢自然前伸</td><td>1.做好示范动作，要求动作速度慢，规范细致，同时讲解动作的难点、要点
2.纠正学生的错误动作</td><td>1.仔细观看教师的示范并思考
2.认真练习动作技术，有不明白的地方及时向教师请教</td><td>● ● ● ●

▲
注：学生站在防滑垫上进行练习，防止滑倒</td><td>10</td><td>中</td></tr>
</table>

结束部分	1.慢跑放松练习 2.归纳总结课堂内容 3.收纳器材，师生道别	1.带领学生进行慢跑放松练习 2.教师点评上课情况	1.在教师带领下进行放松练习 2.解散	▲ ●●●●●●● ●●●●●●●	3	小
总结	优点： 1.课堂气氛很活跃，学生的学习积极性很高，教学效率较高 2.课堂纪律良好，没有上课不认真和互相打闹的情况 3.教学思路清晰，把理论和动作技术的讲解完美结合 缺点： 1.教学过程中，语言不够言简意赅，部分学生未能理解训练内容 2.课程内容安排上比较繁杂，导致学生没有足够的时间练习，教学时间比较紧				实到 缺席 迟到 早退 病假事假	4人 0 0 0 0

8.2.2蛙泳手部动作水中站立划手教学教案：

课程名称	蛙泳手部动作水中站立划手教学		授课教师	杨宇轩	指导教师	黄嘉良
授课对象	体育学院学生		周数	第10周	课次	1
授课信息	2016级专选班		总人数：4人　时间：上午10:20—11:00 星期五第3节			
教学内容	蛙泳手部动作水中站立划手教学	教学目标	1.通过本次课程的学习，让学生在水中站立练习蛙泳手部动作，更进一步掌握蛙泳手部动作，熟练做出蛙泳手部的技术动作 2. 让学生适应在水中练习蛙泳手部动作，保持动作的正确性 3.培养学生自我感悟、自我认知的能力和学习兴趣，增强学生面对困难不退缩和克服困难的能力，使其拥有知难而进的自信心			
重点	蛙泳手部动作的规范动作	场地器材	1.场地：海棠壹品游泳馆 2.器材：无			
难点	蛙泳手部动作的三个难点：曲臂、顶肘、夹肘					
课堂部分	课堂内容	组织与教法			时间/分	运动量
		教师活动	学生活动	队形		
开始部分	一、课堂常规 1.集合整队、师生问好 2.介绍本次教学内容和宣讲注意事项	1.集合整队，检查器材 2.师生问好 3.介绍本次教学的主体内容	快速集合，站队整齐	●：学生 ▲：教师 ▲ ●● ●●	2	小
	二、热身活动 1.热身慢跑3圈 2.徒手操 （1）头部运动（2组×8次） （2）扩胸运动（2组×8次） （3）侧压腿（2组×8次）	1.口令领做 2.带领学生一起做	1.在教师的带领下，听口令做热身活动，要求整齐一致 2.认真完成每一项准备活动	▲ ●　● ●　●	2 4	小 中

基本部分	蛙泳手部动作水中站立练习：学生站立在池底，两臂前伸手心相对，然后手心朝外，手臂外划，划至比肩稍宽时开始内旋大臂并开始夹肘，最后双手并拢自然前伸，注意水的阻力可能导致动作变形	1.做好示范动作，要求动作速度慢，规范细致，同时讲解动作的难点、要点 2.在水中仔细观察学生动作并纠正错误动作	1.仔细观看教师的动作示范并思考 2.认真练习动作技术，有不明白的地方及时向教师请教	● ● ● ● ▲ 注：学生下水后不得打闹，不得前往深水区	15	中
结束部分	1.慢跑放松练习 2.归纳总结课堂内容 3.收纳器材，师生道别	1.带领学生进行慢跑放松练习 2.教师点评上课情况	1.在教师的带领下进行放松练习 2.解散	▲ ● ● ● ●	3	小
总结	优点： 1.课堂气氛很活跃，学生学习的积极性很高，教学效率较高 2.课堂纪律良好，没有上课不认真和互相打闹的情况 3.教学思路清晰，把理论和动作技术的讲解完美结合 缺点： 1.教学过程中，语言不够言简意赅，部分学生未能理解训练内容 2.课程内容安排上比较繁杂，导致学生没有足够的时间练习，教学时间比较紧				实到	4人
					缺席	0
					迟到	0
					早退	0
					病假事假	0

8.2.3 水中浮板蛙泳手部动作教学教案：

课程名称	水中浮板蛙泳手部动作教学	授课教师	杨宇轩	指导教师	黄嘉良
授课对象	体育学院学生	周数	第11周	课次	2
授课信息	2016级专选班	总人数：4人　时间：上午10:20—11:50 星期五第3节			
教学内容	水中浮板蛙泳手部动作教学	教学目标	1.通过本次课程的学习，让学生在水中掌握平衡和蛙泳手部动作的连贯性 2.通过本次课程的学习，学生熟悉了水的特性，在水中借助浮板，完全凭借自身在水中划手游进 3.培养学生自我感悟、自我认知的能力和学习兴趣，增强学生面对困难不退缩和克服困难的能力，使其拥有知难而进的自信心		
重点	蛙泳手部动作的规范动作	场地器材	1.场地：海棠壹品游泳馆 2.器材：浮板		
难点	在水中借助浮板划手时，使身体保持平衡、不侧歪，手部动作不变形				

课堂部分	课堂内容	组织与教法			时间/分	运动量
		教师活动	学生活动	队形		
开始部分	一、课堂常规 1.集合整队、师生问好 2.介绍本次教学内容和宣讲注意事项	1.集合整队，检查器材 2.师生问好 3.介绍本次教学的主体内容	快速集合，站队整齐	●：学生 ▲：教师 ▲ ●● ●●	2	小
	二、热身活动 1.热身慢跑3圈 2.徒手操 （1）头部运动（2组x8次） （2）扩胸运动（2组x8次） （3）侧压腿（2组x8次）	1.口令领做 2.带领学生一起做	1.在教师的带领下，听口令做热身活动，要求整齐一致 2.认真完成每一项准备活动	▲ ● ● ● ●	2 4	小 中
基本部分	水中浮板划手训练，学生在前一次课程中一定程度上熟悉了水性，双腿夹住浮板，收小腹伸直双腿，依靠蛙泳手部动作在水中游进	1.做好示范动作，要求动作速度慢，要规范细致，同时讲解动作的难点、要点 2.在水中也要观察学生动作并纠正错误动作	1.仔细观看教师的动作示范并思考 2.认真练习动作技术，有不明白的地方及时向教师请教	组织与要求：教师在水中做示范动作和讲解理论时，所有学生都要在岸上仔细观看和聆听，学生不得未经教师允许就下水，一切听从教师安排，有任何问题向教师报告，贯彻安全第一的原则，教师随时掌握学生的动态	25	中
结束部分	1.慢跑放松练习 2.归纳总结课堂内容 3.收纳器材，师生道别	1.带领学生进行慢跑放松练习 2.教师点评上课情况	1.在教师带领下进行放松练习 2.解散	▲ ●● ●●	3	小
总结	优点： 1.课堂气氛很活跃，学生的学习积极性很高，教学效率较高 2.课堂纪律良好，没有上课不认真和互相打闹的情况 3.教学思路清晰，把理论和动作技术的讲解进行了完美结合 缺点：示范和讲解时间过久，导致学生练习时间不够				实到 缺席 迟到 早退 病假事假	4人 0 0 0 0

9. 部分教学实践图片展示

<table>
<tr><th colspan="2">准备部分</th></tr>
<tr><td>1.课堂常规</td><td>集合站队开始上课，师生相互问好，如图1-1
宣布课堂主要内容及注意事项，如图1-2</td></tr>
<tr><td>动作图示</td><td>
图1-1

图1-2</td></tr>
<tr><td>2.热身跑</td><td>热身跑，注意防滑，如图2-1</td></tr>
<tr><td>动作图示</td><td>
图 2-1</td></tr>
<tr><td>3.徒手操</td><td>徒手操第一节（头部运动），如图3-1
徒手操第二节（扩胸运动），如图3-2
徒手操第三节（侧压腿运动），如图3-3</td></tr>
</table>

动作图示	 图 3-1  图 3-2  图 3-3
基本部分	
1.陆上蛙泳手部动作练习	示范陆上蛙泳手部动作，如图4-1、图4-2、图4-3 纠正学生的错误动作，如图4-4、图4-5、图4-6
动作图示	 图 4-1  图4-2  图 4-3  图 4-4  图 4-5  图 4-6

2.水中站立划手练习	示范蛙泳手部动作水中站立划手动作，如图5-1、图5-2、图5-3、图5-4 纠正学生在学习中的错误，如图5-5、图5-6
动作图示	 图 5-1  图 5-2  图5-3  图5-4  图 5-5  图 5-6
结束部分	
结束环节	点评课堂内容，师生再见，如图6-1
动作图示	 图 6-1

参考文献

[1]纪逊.蛙泳技术常用训练手段[J].游泳，2007（5）：25-30.

[2]孟小琛，张梦雪，任晨.蛙泳手臂相关技术练习[J].游泳，2015（3）：83.

[3]熊发州，刘福锦，韩玲，等. 现代蛙泳手臂技术在儿童训练中之运用[J].天津体育学院学报，1992，7（2）：93-95.

[4]张陵芝，张秀真.运用表象训练法进行蛙泳技术教学的实验研究[J].广州体育学院学报，2001，21（2）:68-70.

[5]张亚东.世界蛙泳技术的动态[J].游泳，2002（5）：15-16.

[6]吴奇三，胡定美.现代蛙泳技术特点初探[J].体育科研，1997（1）：5-9.

[7]刘福义.浅谈现代蛙泳技术的特点[J].游泳季刊，2007（4）：23-24.

[8]李一玉.浅谈普通高校游泳专项班蛙泳技术教学[J].体育科技，1997（2）：101-102.

[9]李艳.蛙泳技术的教学探析[J].商丘师范学院学报，2002，18（5）：148-150.

[10]梁立虎，吉家文，黄闻寰.浅析游泳运动中蛙泳技术的教学原则与方法[J].电子世界，2013（2）：154-155.

致谢语

回首往事，大学四年是我人生中弥足珍贵的学习阶段，终于要在此时画上圆满的句号。此次的毕业设计，我由衷感谢导师刘国华老师，感谢他在日常生活和学习上对我的无私帮助和指导，感谢刘老师给予我的鼓励和动力。同时也非常感谢黄嘉良老师在专业知识上对我的指导。最后还要感谢2016级师弟在拍摄和教学中的大力配合。再一次对所有人说一声：谢谢你们！

第五章　训练计划类毕业设计

第一节　训练计划类毕业设计概述

一、训练计划的内涵与外延界定

运动训练是为了提高运动员的竞技能力和运动成绩，在教练员的指导下进行的有计划、有组织的体育活动，主要参与者是运动员和教练员。训练计划是为取得既定运动成绩而制订的系统性、规范性、实践性的具体方案。教练员是训练计划的制订者，以及运动训练实践的组织者和指导者，运动员要在教练员的指导下进行运动训练。运动训练计划主要包括教练员的“训”和运动员的“练”两个方面，是教练员与运动员共同完成的计划。运动训练计划是各种训练方法的集中表现，科学合理的训练计划有利于推动竞技体育事业的发展。运动员的竞技成绩受到遗传、环境、训练等因素的影响，而运动训练是运动员提高运动能力的重要途径。通过制订科学的、系统的周期性训练计划，可以提高运动员的竞技水平，确保在复杂多变的比赛中保持良好的竞技状态。训练计划为运动员训练提供了坚实的理论指导，是运动员取得优异成绩的重要理论保障。运动训练方法的不断创新和科学应用对于推动运动技术整体发展具有较大作用。科学的训练方法的产生不仅是科学训练原理的具体表现，更是对科学训练实践的高度总结。所以，正确认识和掌握不同训练计划的功能特点，有助于运动员较好地完成各训练计划的任务，从而科学有效地提高运动员的运动成绩。

二、训练计划的特征与类型

（一）训练计划的特征

1. 周期性

制订训练计划是为了提高运动员的某项身体素质或某种技能水平。训练计划类毕业设计也是依据不同的项目类型、不同的运动人群及要求达到的预期成果来制订训练计划。在执行训练计划时要循序渐进，要按照每周、每月、每学期的训练目标来执行该项运动计划。例如某小学足球代表队进行的训练，时间为三个月，前期四周对学生进行基本身体素质和球性训练，中期四周进行技术性动作练习和熟悉，后期四周进行强化巩固练习并组织小组赛。分别在每个周期进行具体的练习，提高学生身体协调性，促进身体素质发展。教育家夸美纽斯强调："秩序是把一切事物交给一切人们的教学艺术的主导原则。"训练计划也如此，只有遵循训练规律，制订出周期性的训练计划才能为训练提供科学指导。

2. 科学性

训练计划类毕业设计是应届毕业生在吸取运动训练研究者经验成果的基础上，根据现实需要所设计出的一套具有创新性、科学性的训练计划。制订训练计划时要坚持实事求是的指导思想，根据学生的身心特征制订具有针对性、个性化的训练计划。巴甫洛夫曾说过，事实是"科学家的空气"，没有事实的理论是虚构的。所以，制订训练计划必须以科学思想为指导，使训练计划具有理论基础，不能和已经经过实践检验的科学原理相违背，只有这样才能保证其科学性。但需要注意一个问题，即怎样看待传统观念与常识。传统观念和常识并不一定是科学的，因此，研究者要敢于怀疑和批判，敢于运用已证明的科学原理对这些问题提出质疑，这同样也是尊重科学性的表现。事物的发展是新事物产生和旧事物消亡的过程，是前进性和曲折性的统一。所以，要对训练计划进行反复的检验和创新，进而保持训练计划的科学性。

3. 实用性

实用性是指训练计划一定要具有实际应用价值，能够产生积极效果。训练计划的实用性体现在该项训练计划能够应用在训练实践中，通过该运动计划能够提高运动员的某项素质水平。例如，通过实施耐力训练计划，长跑运动员的耐力素质得到明显提高，竞技水平也随之提高。训练计划是依据一定的科学原理制订的，要运用到运动实践中才能够显现出实际价值。而被具体实施过后才能发现该计划存在的不足并加以修正，为以后制订训练计划提供经验参考和实践指导。

（二）训练计划的分类

1. 按体育运动项目进行分类

各类体育运动项目都有其自身复杂而独特的运动技术，这些运动技术决定了它们具有相同或是不同的特点。制订不同运动项目的训练计划时，要根据具体运动项目的技术特点，设计出适宜受训者身心特点的、科学的、合理的训练计划。根据不同的运动项目，训练计划类毕业设计可以分为足球训练计划、篮球训练计划、排球训练计划、羽毛球训练计划、乒乓球训练计划、网球训练计划、田径训练计划、武术训练计划、健美操训练计划等。各运动项目的训练计划一定要突出专项性特征，在遵循一般性训练原则的基础上，开发具有针对性、指向性的训练手段和方法，以达到最佳的训练效果。

2. 按人体运动的基本素质进行分类

人体运动的基本素质主要包括力量、速度、耐力、灵敏、柔韧等，良好的身体素质是运动员获得较高运动水平的基础。按人体的基本素质可以将运动训练分为速度素质训练、力量素质训练、耐力素质训练、灵敏素质训练、柔韧素质训练等。在运动训练实践中，不同的运动项目关键所需的身体素质是不同的，例如马拉松运动员的训练应该着重进行耐力素质训练；而百米短跑运动员则应该注重速度素质训练和腿部力量训练。因此，在制订运动训练方案时，应该充分考虑运动项目本身的特征，以及该运动训练所主导的身体素质，从而制订有针对性的训练计划，以提高运动员的整体竞技实力。

3. 按训练时间跨度进行分类

按照运动训练计划的时间跨度大小，可将其分为多年训练计划、年度训练计划、月训练计划、周训练计划和课训练计划。每个训练计划都是由若干个下位训练计划组合而成的。例如，多年训练计划由2～4个年度训练计划组成，月训练计划由4个周训练计划组成。多年训练计划及年度训练计划主要用于较长时间的训练，训练计划的内容是框架式的，每个阶段的要求都是相对稳定的。月训练计划、周训练计划与课训练计划都是训练实施的具体计划，内容比较详细，在训练中会根据各种主客观因素进行调整。

三、训练计划类毕业设计适用专业及能力要求

（一）训练计划类毕业设计适用专业

1. 体育教育专业

体育教育专业的培养目标是德、智、体、美全面发展，具备学校体育教学、运动训练、健康教育等专业技能，能胜任体育教学、竞赛组织和群体健身活动指导等工作，并且掌握体育科学研究工作和从事学校体育教育工作的基本能力的高级人才。这要求学生不仅要洞悉学校体育各方面的具体工作内容，能够上好体育与健康的课程，还应该具备“一专多强”的训练能力。体育教育类专业学生的人才培养方案中规定学生每个人必须有一个专项学习外加一个辅项学习，都是在较系统全面地学习专业技能知识的同时学习相关的理论知识，大多数学校开展的项目包括健美操、武术、篮球、乒乓球、足球、排球、田径等。学生可以用在平时的学习实践中积累的知识，经过专家或是教师的指导，针对某一运动项目编制出具有可行性、科学性、系统性的训练方法，并且在制订训练计划过后可以得到实施。可以将自己所学的理论知识经过检验后用于实践，体育教育类学生有制订相关训练计划的理论知识及其相关的专业技术动作的基础，在条件和能力允许的情况下比较适合做训练计划类的毕业设计。

2. 社会体育指导与管理专业

社会体育指导与管理专业以社会主义市场经济和社会发展需求为导向，培养具有体育指导与管理、休闲体育方面理论知识和技能，具备指导全民健身基本能力，能在社会体育活动中从事健身咨询、技术指导、组织竞赛、管理等方面工作的高素质应用型人才。社会体育指导专业与一部分管理专业的学生也会投身于教师行业，同样需要具备一定的制订锻炼学生身体素质的训练计划的能力。社会体育指导与管理专业人才更多的是面向社会上广大爱好健身的群众或是健身房的健身人群，这一类群众的健身目的性更加明确，进行锻炼也更加具有针对性。所以，给他们做指导教练需要根据锻炼者提出的要求及他们的身体素质情况制订出很明确的训练计划，计划具有很强的实效性，并且专业性和技巧性不能太强。因为很多人参加锻炼的目的是想要保持身心健康，他们没有接触过专业性的体育运动知识。所以，社会体育指导与管理专业的学生面对的指导对象是复杂多样的，这就要求其具备一定的专业知识和其他各方面转换的综合能力。社会体育指导与管理专业的学生的专业性质就决定了他们为胜任以后的工作必须要具备制订有助于身心健康、减脂塑形、健身增肌等训练计划的能力。

3. 运动康复专业

体育院校运动康复专业培养的康复治疗师具有医学、康复学、体育学等方面的知识，但与医学院校培养的康复治疗师存在区别、互为补充，运动康复专业更加突出运动对肌体功能的改善和康复作用，因此，运动康复专业培养的是具有创新精神和实践能力，能在社区医院、运动队、养老机构、健身养生企业等从事运动康复和运动防护工作的高素质应用型专业人才，可以满足人们在运动防护、健身后疲劳恢复、运动损伤后康复等方面的健康需求。全民健身开展以来，涌现出大量热爱运动的人，但是有相当一部分人盲目地参与体育锻炼导致身体某些关节出现损伤，常见的运动性损伤有疲劳骨折、外胫炎、肌腱炎、跑步者膝、腘绳肌损伤、举重者腰、网球肘、踝关节扭伤等，它们由多种不同类型的运动引起。运动康复专业的学生可以根据常见的运动型损伤结合自己所学的相关专业知识，如推拿、按摩、针灸、电疗，还可以根据损伤的程度制订一系列的康复运动型的治疗训练计划，对损伤者进行按摩、针灸或是电疗，此后再进行一些小强度的运动更进一步地恢复治疗。运动康复专业的人才具有明显的特色与优势来制订相关的伤后恢复训练计划。

（二）训练计划类毕业设计应具备的能力

1. 专业的技能和理论知识

科学的理论是从客观实际中抽象出来，又在客观实际中得到了证明，能正确地反映客观事物的本质及其规律的理论。科学的理论是经过实践检验出来的真理，它来源于实践又要被运用到实践中去。它们是相辅相成的，理论必须和实践相结合。一方面，实践只有在科学理论的指导下，才能达到改造客观世界的目的；另一方面，理论只有同实践相结合，才能得到检验和发展，才能变为物质力量。再好的理论如果不和实践相结合，也是毫无意义的。无论是体育教育专业的学生、社会体育指导与管理专业的学生还是运动康复专业的学生，他们都必须在掌握自己专业的基本理论、基本知识、基本专业技能的基础上才能具备针对特定的人群制订出专业性训练计划的能力。

2. 制订训练计划的能力

能力是行动的先导，具备哪些方面的知识是在日积月累的学习过程中逐渐沉淀出来的。体育教育专业的学生不仅要掌握教学原理、教学方法，还要了解教育学、心理学、学校体育学、运动解剖学、生理学等方面的知识。社会体育指导与管理专业的学生在了解社会所需要的体育健身与指导方面的知识技能的同时还要掌握基本的经济学、心理学、人体健康与健美、运动解剖学、生理学等方面的知识。运动康复专业的学生应该掌握体育保健学、运动处方、解剖学等方面的知识。通过对各个方面的学习，加强对专业知识的培养，拓宽学习面，优化知识结构。充分了解教学对象或是损伤对象的情绪、体力，把握训练的环境，灵活处理，因材施教，因势利导，制订出优秀的训练计划。

3. 执行训练计划的能力

一个成功的训练计划还必须要有一个有力的执行者来实施，体现出训练的实际价值，让被训练者体会到体育的好处和魅力。运动训练的教学与其他训练的教学不同，它主要以室外的形式为主，当然不排除有室内的理论知识、影像教学等教学形式。在执行训练计划的过程中要求教练员要具备以下几个方面的能力：①良好的语言组织、语言交流能力。语言表达能力是一门艺术也是一种技巧，教练员要向被训练者清晰地传达训练的内容。②较强的组织规划能力，如果是面向学生制订的操化类、田径类等训练计划，训练对象的数量会比较庞大，教练员在执行训练计划的时候要有序地组织学生进行训练，并且保证训练计划的执行。③专业的操作和示范能力。体育教育专业、社会体育指导与管理专业、运动康复专业的学生在执行训练计划时都涉及展示完整的训练动作、指导被训练人员的动作，如操作具体的康复手法，要找到具体的穴位，对人体疲劳的肌肉进行按摩放松。这些都需要较强的实践操作能力。④要有熟练操作现代化健身器材和教学媒介的能力。随着现代化信息技术的飞速发展，很多高新技术不仅融入我们的生活中，还渗透到学习和训练中。在指导人们进行训练的过程中要会运用智能的健身器材、多媒体，以进行更加直观高效的教学训练。

四、训练计划类毕业设计开展的目的与意义

（一）训练计划类毕业设计开展的目的

开展训练计划类毕业设计引导学生不断扩大自己的视野，运用多样化的形式让学生做毕业设计。第一，从参训者来看，训练计划类毕业设计涉及的范围比较广泛，可以制订足球、篮球、排球、羽毛球、乒乓球、田径等各个项目及操化类的各种训练计划。在制订各类训练计划后，带领参训者进行科学的、系统的训练，提高各类运动项目的训练效率，有效提高参训者的身体素质和竞技运动水平。第二，对制订训练计划的学生来讲，制订训练计划类毕业设计是对学生综合能力的一个鉴定。学生在制订计划前期要确定选材对象、深入了解训练对象，对该训练项目的动作技术、重点、难点进行深入的探索，为制订训练计划打下基础。制订好训练计划后要进行推广和实施，在此过程中能充分考验学生的组织策划、语言交流、动作示范等能力。根据不同类型的人群制订出不同的训练计划，要在预计的时间范围内达到成效，要求学生不仅要具备较强的专业素质，还要有除本专业之外的其他方面的知识。这是一个由学生到教练员的角色转换和成长的过程。第三，从学校角度发现，学校通过几年对学生的精心培育，最后的毕业设计是检验学生综合水平和能力的一种手段，学生制订的训练计划在校进行推广和实施也将促进学校体育事业的繁荣和进步。

（二）训练计划类毕业设计开展的意义

训练计划类毕业设计的开展无论是对学生、学校还是社会都有着重要的意义。首先，学生在校经过几年的学习和历练，在迈出校门之前经教师的指导、同学的帮助制订出了一份训练计划，由自己一手策划又用于实践，将理论与实践结合起来，让自己学有所用。为进入社会，走上工作岗位积累实践经验。其次，训练计划是学生学习成果的展示，它的好坏可以在一定程度上衡量一个学校的办学水平，直接体现出整个学校的师资队伍水平，促进学校体育事业的稳步上升。再次，学生毕业即将步入社会，走上工作岗位，通过这种方式既能为社会培养一批优秀的综合性的体育人才，为教育事业的发展增添助力，还能为积极响应全民健身号召提供具有专业知识的健身人才，带动社会上体育健身事业的发展，推动体育产业的发展。

第二节　训练计划类毕业设计的主体内容与环节结构

一、训练计划类毕业设计的主体内容

（一）项目训练计划简介

对该项目进行概括性的简介，并对现存的优势和劣势进行分析，阐述该项目的发展前景。突出按照制订出的有效训练计划进行训练的重要性，预估该训练计划会产生的训练效果。

（二）目的和意义

目的：被训练者运用训练计划能够达到什么样的预期目标，有什么效果。

意义：训练计划类毕业设计对被训练者的竞技能力、健身指导、运动防护、健身后疲劳恢复、运动损伤后康复等方面产生具体有利的影响。

（三）确定训练对象

根据被训练对象的性别、年龄、身体素质状况、技术水平、损伤的具体部位等拟订训练计划，阐述其训练计划类毕业设计的实用性和科学性。

（四）制订训练计划

了解训练对象后，确定了训练期限和预期要达到的目的和效果，根据不同运动项目的特点及其对训练对象的基本素质要求制订出具体的训练计划，并对每个训练阶段进行内容填充，编制出完整的训练方案。

通过具体了解该训练队或是个人，再根据现有的运动技能水平和想要达到的预期效果制订出训练计划，并明确各个训练时期或是分为各个训练阶段。根据各个训练项目的不同性质可以将训练阶段分为前期训练阶段、中期训练阶段、后期训练阶段；恢复训练阶段、专项训练阶段、比赛训练阶段；第一周训练、第二周训练、第三周训练等。

（五）安排不同阶段的训练任务

划分训练阶段后，可按阶段制订训练任务。每一个阶段都会针对不同的身体素质或技能进行训练，所以，每个阶段的训练内容也会存在差异。

（六）图文参考

在制订训练计划时，可根据相应运动项目的训练方法和训练步骤，对该项目技术动作进行拍摄，将重点和难点通过清晰的大图展示出来，为本次训练提供技术参考。

（七）训练计划的实施

在训练计划中通过拍图附文的方式提供训练计划的实施材料，观察通过训练后参训者表现出来的较娴熟的技术动作，或是通过数据统计参训者的身体指标和身体素质的上升情况。

（八）总结与建议

评判本次训练的参训者是否达到计划的预期效果，总结在训练过程中存在的不足和表现较好的地方，通过对本次训练情况的分析，以及对参训者的访问与调查，明确训练过程中应该改进的地方，为以后的训练提供宝贵经验。

（九）致谢语

感谢参与本次训练计划的人员及对本次训练计划做出指导、提出建议的教师和学生。

（十）参考文献

将训练计划引用的内容用参考文献详细标注，具体标注严格按照参考文献的格式要求进行。

二、训练计划类毕业设计的主要步骤

（一）确定训练目标

确定训练目标，如参加竞技比赛、强健体魄、损伤后的康复治疗等。如果是为了参与比赛进行训练就必须要做到提高运动员的身体、心理素质，提升运动员的竞技水平。以强健体魄为目的参与训练就应该达到身心愉悦、塑形减脂、提高心肺功能等效果。若是运动损伤后进行的康复训练治疗就应该以减轻伤者疼痛、缩短伤者的恢复时间、提高受伤机体的修复功能等为目的。

（二）进行训练选材

根据训练目标确定适合该项训练的参训者。参加比赛的训练者必须具有较好的身体素质和心理素质，包括耐力、灵敏度、力量，操化类项目还要求身体有较高的柔韧性。参与运动健身类选材的人群范围较广，幼儿、少年、青年、中年、老年，男性、女性都可以。要求这些人身体无重大疾病，定期做健康体检，热爱体育运动，有坚持不懈的意志。参与康复训练者一般包括运动训练后身体机能出现运动疲劳、关节扭伤、肌肉拉伤等人群。要求这类人群除慢性或爆发性的运动损伤之外无其他重大疾病，心肺功能、身体机能都正常。

（三）制定训练内容

事物的发展具有复杂性和多变性，在做任何工作之前，都要对该项工作的实施过程进行组织设计。制订训练计划先要拿出整体框架，再将每个阶段的任务具体化。训练内容的确定要根据不同训练目的来进行，要将技能训练与心理训练相结合。在制订训练计划时遵循运动训练的五大基本原则：比赛需要与竞技准备原则、系统训练与周期安排原则、整体推进与区别对待原则、适宜负荷与适宜恢复原则、充分激励与有效控制原则[1]。技能训练的内容要根据不同项目的动作要素（身体姿势、动作轨迹、动作时间、动作速度、动作速率、动作力量、动作节奏）和技术结构（基本技术结构、组合技术结构）等，进行相应的设计。自我心理训练时要集中注意力，自我暗示、鼓励，在心里确定挑战目标。

（四）实施训练内容

在实施训练计划的时候要从实际出发，科学地安排训练过程和划分训练内容。第一，根据运动项目技术的结构特点、赛事安排的规律、参训者的掌握情况和损伤者的恢复情况，提高对该训练项目的针对性和实效性，以达到满意的结果。第二，系统持续地进行周期性训练。第三，针对不同的运动项目和参训者的掌握情况，可以对其进行集体训练和个别辅导。第四，在训练计划实施的过程中想要提高运动成绩，在其机体能够承受的负荷内进行加量训练，但要对出现的运动疲劳及时进行恢复性练习。第五，在训练过程中不仅对运动员从行动上进行指导训练，也要进行心理疏导，表扬和鼓励运动员，活跃训练氛围，提高训练效率。

（五）检验训练效果

在进行科学系统的训练之后，可以通过组织参与比赛、体质检测、检查康复治疗后的损伤关节或是肌肉等情况，对本次训练效果和目的进行验证。

（六）总结评价结果

回顾本次训练过程，总结本次训练是否达到预期计划的效果，以及在本次制订训练计划或是实施训练计划的过程中存在的漏洞和在训练时表现突出的地方，通过评价和分析该训练计划，继承和发扬实施完善的方面，及时改进存在不足的方面，不断地完善训练计划，为以后拟订训练计划提供理论支持。

[1] 田麦久.运动训练学[M].北京：高等教育出版社，2006：97-111.

第三节　训练计划类毕业设计的要求

一、训练计划类毕业设计的设计要点

（一）具体化

制订训练计划类毕业设计时不能以偏概全，要针对不同性别、年龄、身体健康情况的学生，以及不同训练项目制订具体可行的训练计划。根据参训者具体想锻炼的某一个肌群或是想提高的某一项基本身体素质，设计相应的训练任务。

（二）专业化

训练计划类毕业设计制订的训练计划要经过实践检验，必须要具有系统性、规范性，不能想当然地制订。教练要有扎实的体育知识和操作训练的实际能力，引导学员们进行科学的训练，不能为了提高训练成绩而盲目地进行训练，要根据人体发育的基本规律和健康运动的基本知识科学地进行训练。

（三）实用性

训练计划制订出来后，要经过教师的指导与检查，并根据学校或是社区乃至其他地方的具体环境、场地、器材等情况进行实际操作训练。训练计划不能只制订不实践，要通过实践检验训练计划是否科学合理，是否具有可行性。

二、训练计划类毕业设计的注意事项

（一）要灵活应对不可控制的情况

第一，制订训练计划时注意考虑天气、环境的变化，应做好应对之策。第二，注意训练过程中出现运动损伤或是其他意外伤害的应急处理手段，考虑训练过程中的安全性因素。第三，在训练计划的实施过程中，做好相应的应急处理，学校相关人员要指导、监督学生实施训练计划，并给出具有建设性的意见。

（二）把控好训练过程

首先，要不断探索训练的方法是否对每个人都可取。如果不是，如何应对？其次，注意训练时的场地使用、器材摆放是否合理。再次，注意训练要保质保量，阳光体育与健康运动相结合，不能为了达到训练目标，一味地盲目训练，注意劳逸结合，训练后进行恢复和放松。最后，注意训练计划是否曾实施过，确保训练计划类毕业设计提交的时候除有训练计划策划书之外还有实施该计划的视频、图片或是相关单位的证明。

三、训练计划类毕业设计的评价标准

训练计划类毕业设计的评价标准见表5-1。

表5-1 训练计划类毕业设计的评价标准

评价指标	分值
选材合理，具有可行性	5
训练计划制作的格式规范	5
训练的对象明确，训练计划符合对象的生理、心理特点	10
训练方法的多样性、针对性、科学性、全面性、实用性	20
训练内容合理，训练强度科学	10
实施效果明显，达到计划水平	10
遵循训练规律和训练原则	10
训练内容与选材项目吻合	10
训练趣味性	5
实施过程资料完善，照片视频制作规范、示范动作美观，教态规范	15

第四节　训练计划类毕业设计的具体范例

本科生毕业设计

题　　目：重庆杰瑞体育培训跳跃项目训练计划

类　　型：训练计划类

学　　院：体育学院

专　　业：社会体育

学生姓名：邸　雪

学　　号：略

指导教师：吴宋姣

目 录

略。

重庆杰瑞体育培训跳跃项目训练计划

1. 项目介绍

田径是运动之母，它能够有效发展人们的综合素质，增强体质。任何练习都需要一定的身体素质作为基础，而练习田径项目是增强体质的最佳方法之一。

要想造就适合现代田径场并且驰骋于赛场的竞技型运动员，我们需要的不仅仅是科学的训练体系，更需要在有完整体系的情况下，有效地将计划与方案进行实施。对于青少年来说，怎样兼顾繁重的文化课学习和系统的训练成为当下至关重要的问题。有些体育教师由于没有掌握较为合理与科学的训练方法导致学生的运动成绩提升较为缓慢甚至没有提升。由此可见，科学而又系统的训练方式至关重要，其能在有效提升学生竞技水平的同时又不会使其文化课受到影响，从而培养了他们吃苦耐劳、永不言弃的意志品质。

2. 目的意义

2.1目的

青少年是祖国的未来和希望，为有效开展青少年体育工作，进一步推动青少年体育发展，国家体育总局颁布了《青少年体育“十三五”规划》，大力推动青少年体育赛事活动的开展。而田径作为体育之母，深受青少年的喜爱。此训练计划的制订是根据青少年的身心特点，以身体素质为训练的重点，使学生掌握基本的专项知识和技能，发展专项素质，不断提高运动成绩，为今后考入更好的高中和大学奠定良好基础。

2.2意义

希望通过专业系统的训练，使学生学会身体素质练习的方法，进一步培养其对田径运动的兴趣爱好，养成自觉锻炼的习惯，提升专项能力，从而达到强身健体的效果，也使青少年体育得到更好的发展。

3. 设计原则

3.1竞技需要原则

根据运动员所参加的比赛项目及其运动成绩的需要，从实际出发，安排合理的训练内容，运用科学的训练方法。

3.2系统训练原则

根据运动员的参赛时间安排和生活作息规律，持续地、循序渐进地组织运动训练过程，以获取最大的训练累计效益。

3.3适宜负荷原则

在训练过程中，根据运动员的生理特点和心理特点给予运动员相应负荷量，以取得理想的训练效果。

3.4适时恢复原则

在运动训练全过程中，采用积极有效的放松手段和方法，及时消除运动员在训练中所产生的疲劳，使身体机能较快得到恢复。

3.5集群组训与区别对待原则

运动员以组和队的形式共同参与训练，同时依参赛项目、训练任务、训练条件、训练方法、训练基础等方面的不同而分别做不同的训练安排。

3.6导向激励与有效控制原则

田径训练枯燥乏味，运动员有时会出现消极懈怠的现象。因此，在训练过程中，需要采用多种方法，激发运动员强烈的训练欲望，并对运动训练活动实施积极有效的控制。

4. 适用对象

中学生（初中生、高中生）。

5. 设计依据

5.1训练目标

训练目标即最终目标，是通过训练计划需要达到的效果。根据需要达到的训练目标制订相应的训练计划并组织实施，是较为系统、具体的。

5.2运动员的身体状态

运动员的训练起始状态即运动员未接受训练前的身体状态，是制订训练计划的基础。制订训练计划须因人而异，计划符合练习者的现实身体状态，根据不同的身体素质达到不同的训练效果，以便获得更高的竞技水平。

6. 设计特点和创新

6.1阶段性明显

该计划于2017年10月开始，用了8个月的时间，将训练分为基础训练阶段、比赛阶段和恢复阶段等几个不同的时期。在制订计划时，将运动员不同的生理、心理和情感状态也考虑进去。每个阶段都制订不同的训练内容和负荷强度，阶段性较为明显。

6.2可操作性强

训练计划结合运动员的身心特点，其中，理论知识深刻清晰，已经付诸实践，运动员参加比赛并获得了优异成绩。

6.3高效性

6.3.1参加训练的青少年在家就餐，训练期间的伙食得到保障，可以提供运动员训练期间的营养。

6.3.2训练时间为每周星期一至星期五的下午16:30—18:30和星期六上午9:00—11:00，训练和休息都能得到保障，并确保不会耽误文化课的学习。

6.4更加合理、科学

整套训练计划系统全面，所采用的训练原则和方法都适合青少年，强度适中，符合青少年的心理特点和生理特点。

7. 实施基础与条件

7.1自身条件

笔者在大学期间有多次参加重庆市大学生田径锦标赛和校内田径运动会的经历，掌握了运动训练的理论知识，学习了技术训练的方法，制订出训练计划的原则、方法，也积累了不少的经验。在准备比赛训练期间，多次按教练的要求进行训练计划的制订，因此具备制订青少年训练跳跃组计划的能力。这些经历为本次训练计划的制订打下了良好的基础。

7.2教学资源

学校图书馆和体育学院资料室有大量的书籍和期刊文献资料可供参阅，并且有田径课程专业教师的指导，使得训练计划的制订有更加可靠的保障。

7.3场地器材

学校有标准的场地和完善的训练器械，可以提供训练和学习的场所。

8. 训练计划

8.1运动员基本情况

教练员进行训练之前，先要对练习者有一个综合的了解，根据运动员的具体情况确定训练内容以及制订相应的训练计划，使得运动员的身体素质、运动技术和战术在原有的基础上都得到提升，进而帮助运动员在比赛中能取得优异的成绩。因此对运动员的状态诊断在运动训练中是极其重要的，运动员的基本情况将从形态、素质、技术、战术和心理等几个方面来进行分析，并确定运动员参赛目标实现的可行性。运动员基本情况见表1，竞技能力状态诊断及竞技能力指标见表2，实现参赛目标的可行性分析见表3。

表1 运动员基本情况表

姓名	性别	民族	出生年月	身体（专项）素质测试				优势项目
				100米	800米	跳远	实心球	
杨平平	女	汉	2001年9月	13.50秒	2分50 秒	4.8米	9米	全能
洪俪萍	女	汉	2005年4月	14.24秒	3分08 秒	4.3米	6.3米	跳远、三级跳远
罗思洁	女	汉	2005年7月	14.90秒	2分50秒	4.2米	6.2米	跳远、三级跳远
刘国辉	男	汉	2002年5月	13.10秒	2分35 秒	5.2米	13米	三级跳远
黄帅	男	汉	2000年7月	12.90秒	2分30 秒	5.9米	13米	跳高、三级跳远

表2 竞技能力状态诊断及竞技能力指标

<table>
<tr><th rowspan="3">姓名</th><th colspan="2">形态</th><th colspan="2">素质</th><th colspan="2">技术</th><th colspan="2">战术</th><th colspan="4">心理</th></tr>
<tr><th rowspan="2">身高/cm</th><th rowspan="2">体重/kg</th><th rowspan="2">一般素质</th><th rowspan="2">专项素质</th><th rowspan="2">合理性</th><th rowspan="2">稳定性</th><th rowspan="2">自我发挥</th><th rowspan="2">对抗能力</th><th colspan="2">参赛情绪</th><th colspan="2">竞技意志</th></tr>
<tr><th>动员能力</th><th>控制能力</th><th>自觉性</th><th>顽强性</th></tr>
<tr><td>杨平平</td><td>168</td><td>55</td><td>好</td><td>一般</td><td>一般</td><td>一般</td><td>一般</td><td>一般</td><td>好</td><td>一般</td><td>一般</td><td>好</td></tr>
<tr><td>洪俪萍</td><td>150</td><td>44</td><td>好</td><td>一般</td><td>一般</td><td>一般</td><td>一般</td><td>一般</td><td>好</td><td>一般</td><td>好</td><td>好</td></tr>
<tr><td>罗思洁</td><td>158</td><td>45</td><td>好</td><td>一般</td><td>一般</td><td>一般</td><td>一般</td><td>一般</td><td>较好</td><td>一般</td><td>一般</td><td>好</td></tr>
<tr><td>刘国辉</td><td>186</td><td>64</td><td>好</td><td>一般</td><td>一般</td><td>一般</td><td>一般</td><td>一般</td><td>好</td><td>好</td><td>较好</td><td>好</td></tr>
<tr><td>黄帅</td><td>180</td><td>63</td><td>好</td><td>好</td><td>一般</td><td>一般</td><td>一般</td><td>一般</td><td>较好</td><td>好</td><td>较好</td><td>好</td></tr>
</table>

注：根据青少年选材要求，以差、较差、一般、较好、好等五个等级来进行。

表3 实现参赛目标的可行性分析

姓名	状态分析		竞技潜力		结果预测	
	当前状况	发展预测	发育潜力	训练潜力	竞技水平	比赛名次
杨平平	一般	较好	较好	较好	较好	前三名
洪俪萍	好	较好	好	较好	好	前三名
罗思洁	好	好	好	较好	好	前三名
刘国辉	一般	好	好	较好	好	前三名
黄帅	好	较好	较好	较好	较好	前三名

8.2大周期训练计划

8.2.1大周期训练的基本任务

参与训练就是为了能够参加比赛，创造优异的运动成绩，夺取比赛优胜，因此每个运动员都有自己的目标和任务，而教练在制订训练计划时则要因人而异，区别对待，使所制订的训练计划适合各个运动员的比赛项目特点及比赛规则，从而使得运动员的竞技水平在比赛中能够发挥出来。所以，在训练中，制订训练目标和任务是不可或缺的，具体的参赛任务见表4。

表4 大周期训练的基本任务

姓名	2017年		2018年		其他
	比赛名称	比赛名次	比赛名称	比赛任务	
杨平平	无	无	永川区第20届中小学生田径运动会	全能前三名	
洪俪萍	无	无	永川区第20届中小学生田径运动会	跳远、三级跳远前三名	
罗思洁	无	无	永川区第20届中小学生田径运动会	跳远、三级跳远前三名	
刘国辉	无	无	永川区第20届中小学生田径运动会	三级跳远前三名	
黄帅	无	无	永川区第20届中小学生田径运动会	跳高、三级跳远冠军	

8.2.2大周期训练的目标

经过系统训练后，运动员在综合素质等方面发生明显变化，促使运动员的竞技能力得到提升，具体的提升见表5。

表5 运动员的竞技能力目标

姓名	形态		素质		技术		战术		心理			
									参赛情绪		竞技意志	
	身高/cm	体重/kg	一般素质	专项素质	合理性	稳定性	自我发挥	对抗能力	动员能力	控制能力	自觉性	顽强性
杨平平	168	55	好	好	好	好	一般	一般	好	好	一般	好
洪俪萍	150	44	好	好	好	好	一般	好	好	好	好	好
罗思洁	158	45	好	好	好	好	一般	好	较好	好	一般	较好
刘国辉	186	64	好	好	好	好	好	一般	好	较好	较好	较好
黄帅	180	63	好	好	好	好	好	好	较好	好	较好	较好

8.2.3 训练周期、阶段划分和训练任务的安排

现代竞技体育训练体系带有明显的周期性特征，每一个训练周期都是以在比赛中获得满意成绩为目标，以运动员竞技状态的阶段特征为主要依据而确定的。本次训练的阶段划分、具体计划和训练任务的安排见表6。

表6 阶段划分、训练计划和任务

阶段划分	月份	训练重点	训练计划	任务
准备时期	9月—10月	引导阶段	附件一	增强体质，发展素质，学习或改进基本技术，提高运动员的竞技能力水平，并培养和促进竞技状态的形成；发展运动员的专项竞技能力
	10月—11月	基础训练	附件二	
	12月—次年1月	专项训练	附件三	
比赛时期	2月	赛前准备	附件四	发展专门素质，熟练完整技术，保持稳定的竞技状态、创造满意的成绩
	3月初	比赛周	附件五	
恢复时期	3月中旬—4月中旬	恢复训练	附件六	积极恢复，消除身心疲劳，并总结比赛经验，制订新的训练计划

8.2.4 周期训练的强度安排

周期训练的强度安排见图1。

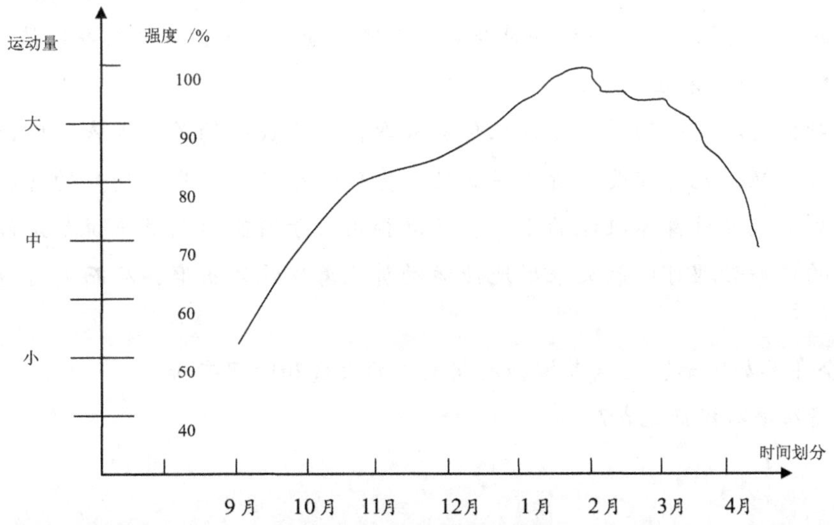

图1 周期训练的强度安排

8.2.5 实施全年计划的主要措施

运动训练的管理直接或间接地影响着运动员最终的比赛成绩。然而作为青少年，既要完成繁重的文化课学习，又要承受艰苦的训练工作和激烈的比赛，因此，训练队伍的管理就显得至关重要，所以对这类训练队的管理主要从以下几个方面来进行。

8.2.5.1思想教育管理

运动队的思想作风教育是一项长期的工作，更是训练队的灵魂。在训练和比赛的过程中，教练员和运动员的接触、交往时间最长，所以，教练要充分利用训练场、比赛场地这些阵地，对运动员进行思想作风教育，提高运动员的理论水平和思想境界，让运动员具备高尚且完备的思想道德素养。

8.2.5.2运动训练管理

由于运动员正处于青少年文化课学习的重要阶段，因此合理安排学习、训练和比赛的时间十分重要。训练时间因课程的关系一般安排在16:30—18:30，晚上学生进行自学。这就要求教练应科学地制订训练计划，安排好课时训练。

8.2.5.3科技服务管理

科技服务管理是针对训练过程中的科研活动进行的管理，在制订训练计划及其实施方面起着很大的作用。在现代化的今天，随着科学训练的意识逐渐加强，训练的科技含量越来越高，因此在制订训练计划的过程中，要科学、合理；在实施的过程中，一定要注意运动员的身心发展，建立相应的数据库，让训练更科学、更严谨。

8.2.5.4运动员文化学习管理

现阶段运动员的特点是在完成学习任务的同时，还要完成训练及比赛任务。而运动员身份不具有终身性，所以文化课学习对运动员踏入社会是必不可少的。作为教练员，不仅仅要着眼于运动员眼下的训练情况，还要对运动员的未来负责，在训练之余多督促运动员进行学习，提升其文化水平，使运动员今后能够顺利踏入社会，实现自身价值。

8.2.5.5生活、营养和医务管理

良好的身体情况是运动员完成训练任务和取得满意成绩的关键因素。因此，强化运动员日常生活管理显得尤为重要，青少年正处于身体的生长发育期，良好的营养及规律的生活习惯能够更好地促进身体机能的增长。运动损伤对于所有运动员来说都是最大的噩梦，因此，良好的医务管理可以最大限度地使运动员远离伤病的折磨，从而更好地参与训练及竞赛。

8.2.5.6全年参加比赛、大纲考核和定期测验的次数和时间安排

比赛成绩及参赛指标见表7。

表7 比赛成绩及参赛指标

姓名	2018年		定期测验	
	比赛名称	预估比赛名次	次数	时间
杨平平	永川区第20届中小学生田径运动会	全能前三名	6次	每月底
洪俪萍	永川区第20届中小学生田径运动会	跳远、三级跳远前三名	6次	每月底
罗思洁	永川区第20届中小学生田径运动会	跳远、三级跳远前三名	6次	每月底
刘国辉	永川区第20届中小学生田径运动会	三级跳远、跳高前三名	6次	每月底
黄帅	永川区第20届中小学生田径运动会	三级跳远、跳高夺冠	6次	每月底

8.2.5 需要单位帮助解决的困难和问题

实现参赛指标需要采用的措施见表8。

表8 实现参赛指标的措施

序号	需解决的问题	拟采取的主要措施
1	运动员的营养合理补充	因人而异制订膳食计划
2	场地器材不够齐全	购买所必需的器材

8.3 阶段训练计划

8.3.1 阶段训练计划（一）

2017年9月至2018年1月

<table>
<tr><td>阶段名称</td><td>准备阶段</td><td>训练周数</td><td>16周</td><td>训练总时数</td><td>192小时</td></tr>
<tr><td>训练任务</td><td colspan="5">增进健康，增强体质，学习和改进基本技术，提高运动员竞技能力水平，培养积极乐观的心态</td></tr>
<tr><td>训练内容</td><td>比重分布</td><td colspan="4">主要手段</td></tr>
<tr><td>一般身体素质</td><td>50%</td><td colspan="4">间歇法、持续法、分解法、重复法、法特莱克训练法、周期性单一练习手段</td></tr>
<tr><td>专项身体素质</td><td>20%</td><td colspan="4">分解法、重复法、间歇法、混合型多元练习手段</td></tr>
<tr><td>专项技术</td><td>15%</td><td colspan="4">分解法、减难法、加难法、直观法、语言法、完整法</td></tr>
<tr><td>战术</td><td>5%</td><td colspan="4">分解与完整训练法、减难训练法</td></tr>
<tr><td>其他</td><td>10%</td><td colspan="4">游戏法、放松法</td></tr>
</table>

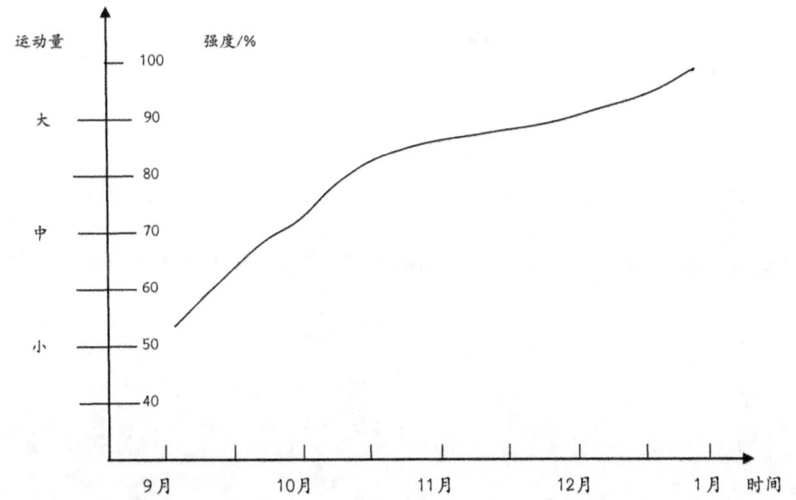

8.3.2 阶段训练计划（二）

2018年2月初至2018年3月末

<table>
<tr><td>阶段名称</td><td>比赛阶段</td><td>训练周数</td><td>8周</td><td>训练总时数</td><td>96小时</td></tr>
<tr><td>训练任务</td><td colspan="5">发展专项身体素质，熟练和完善技术，保持稳定的竞技水平，创造优异比赛成绩</td></tr>
<tr><td>训练内容</td><td>比重分布</td><td colspan="4">主要手段</td></tr>
<tr><td>一般身体素质</td><td>20%</td><td colspan="4">间歇法、持续法、重复法、变换法、周期性单一练习手段</td></tr>
<tr><td>专项身体素质</td><td>45%</td><td colspan="4">重复法、间歇法、分解法、完整法、变换法、减难法、加难法、混合型多元练习手段</td></tr>
<tr><td>专项技术</td><td>15%</td><td colspan="4">完整法、减难法、加难法、想象法、表象法、直观法、语言法</td></tr>
<tr><td>战术</td><td>15%</td><td colspan="4">完整训练法、想象训练法、程序训练法、模拟训练法</td></tr>
<tr><td>其他</td><td>5%</td><td colspan="4">游戏法、放松法</td></tr>
</table>

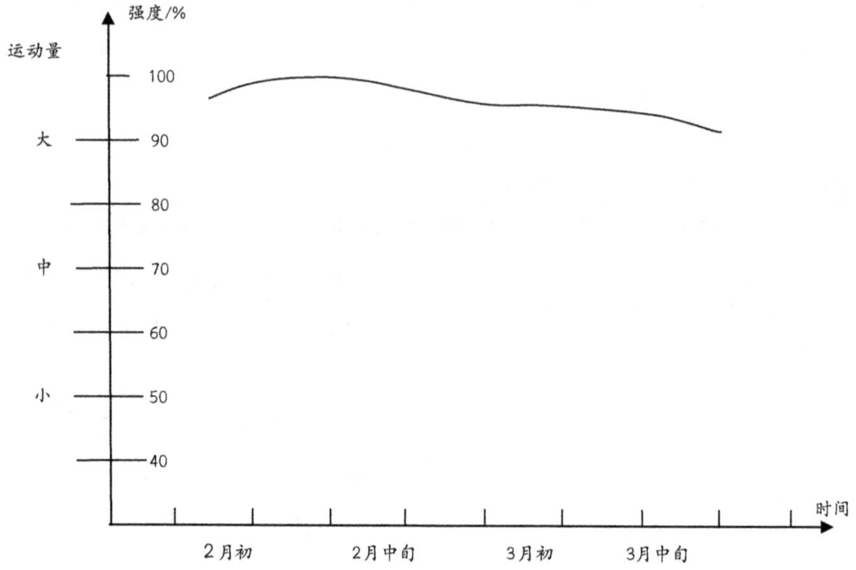

8.3.3 阶段训练计划（三）

2018年3月下旬至2018年4月下旬

阶段名称	恢复阶段	训练周数	4周	训练总时数	48小时
训练任务	积极恢复，消除身心疲劳，总结比赛经验，制订新计划				
训练内容	比重分布	主要手段			
一般身体素质	30%	间歇法、持续法、重复法、变换法、游戏法、周期性单一练习手段			
专项身体素质	30%	重复法、间歇法、完整法、变换法、减难法、混合型多元练习手段			
专项技术	10%	想象法、表象法、直观法、语言法			
战术	10%	完整训练法、想象训练法、模拟训练法、实战法			
其他	20%	游戏法、放松法			

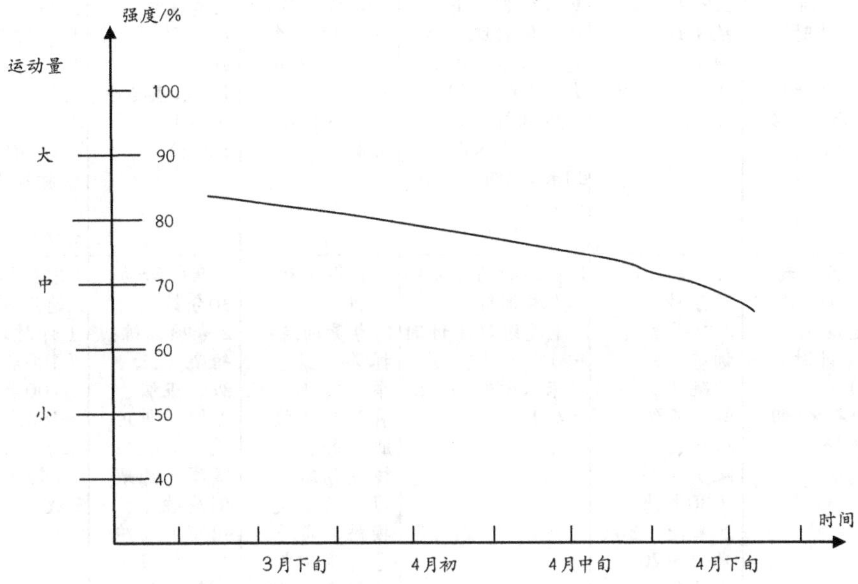

8.4周训练计划

2017年9月至2018年4月

训练任务	1.通过训练，了解田径训练的本质，培养学生自我锻炼的能力 2.通过训练，使学生掌握基本技术 3.通过训练，培养学生的团体意识、竞争意识及积极乐观的良好心态	训练时数	384小时
		训练比重安排	技术：20％ 战术：20％ 素质：50％ 理论：10％

时间	星期一	星期二	星期三	星期四	星期五	星期六	星期天
	16:30—18:30	16:30—18:30	16:30—18:30	16:30—18:30	16:30—18:30	16:30—18:30	
10月—11月	1.准备活动25分钟 2.速度训练（计时跑）： 60米×4组 100米×2组 3.放松	1.准备活动25分钟 2.耐力训练（计时跑）： 200米×4组 3.放松	1.准备活动25分钟 2.小力量练习： 悬垂举腿、背肌、侧腰肌、橡皮筋练习（8~10次）/组×4组，速度训练（计时跑）50米×6组、80米×4组 3.放松	1.准备活动25分钟 2.素质训练： 跑楼梯（单脚跳、双脚跳、小步跑）×6组 3.放松	1.准备活动25分钟 2.速度训练（计时跑）： 100米模拟跑×4组 3.放松	1.准备活动25分钟 2.力量训练： 抓举、挺举、腹肌、背肌、侧腰肌、卧推、橡皮筋练习、起重、深蹲（10~20次）/组×4组，负重弓箭步走30米×4组 3.放松	休息
12月—1月	1.准备活动30分钟 2.速度训练（计时跑）： 100米×6组 3.放松	1.准备活动30分钟 2.专项素质训练 短跳（三级、五级、跨跳、单足跳）×3组；（30米快+20米慢+30米快+20米慢/组×6组） 3.放松	1.准备活动30分钟 2.技术训练 3.速度练习（计时跑）： 60米×6组、80米×4组 4.放松	1.准备活动30分钟 2.力量训练： 抓举、挺举、腹肌、背肌、侧腰肌、卧推、橡皮筋练习、负重交换跳、负重弓箭步30米、深蹲15次/组×4组，放松跑2圈 3.放松	1.准备活动30分钟 2.专项训练： 短跳（三级、五级、七级、单足跳）×6组；跳高（原地倒肩练习、短距离助跑起跳练习） 3.速度训练（计时跑）： 50米×6组 4.放松	1.准备活动30分钟 2.速度耐力训练（计时跑）： （100米—150米—200米—200米—150米—100米）×1组（间歇6分钟） 3.放松	休息
2月	1.准备活动30分钟 2.技术训练： 跳远、三级跳远（短距离起跳练习、腾空练习）、跳高（辅助练习、短距离助跑起跳练习） 3.速度训练： 80米/组×4组 4.放松	1.准备活动30分钟 2.素质训练： （负重小步跑、高抬腿30米+加速跑60米）/组×6组、100米×2组 3.放松	1.准备活动30分钟 2.专项训练： 跳远、三级跳远（辅助练习、全程起跳练习6次），跳高（辅助练习、全程起跳过杆6次） 3.放松	1.准备活动30分钟 2.力量训练： 抓举、挺举、腹肌、背肌、侧腰肌、负重交换跳、卧推、橡皮筋练习、深蹲（15~20次）/组×4组，节奏跑2圈 3.放松	1.准备活动30分钟 2.专项素质： 单足跳接跨步跳60米×4组,跑楼梯10米×8组 3.放松	1.准备活动30分钟 2.速度训练（计时跑）： 50米×8组、80米×4组、100米×2组 3.放松	休息

3月初	1.准备活动30分钟 2.专项训练：跳远、三级跳远（按比赛要求全程练习6次），跳高（按比赛要求全程起跳过杆6次） 3.速度训练：80米×4组 4.放松	1.准备活动30分钟 2.专项训练：跳远、三级跳远（按比赛要求全程练习6次），跳高（按比赛要求全程起跳过杆6次），悬垂举腿10次/组×4组 3. 速度训练（计时跑）：50米×4组 4.放松	1.准备活动30分钟 2.大力量训练：抓举、挺举、腹肌、背肌、侧腰肌、负重交换跳、卧推、橡皮筋练习、深蹲(15～20次)/组×4组，节奏跑2圈 3.放松	休息	比赛	比赛	比赛
3月中旬—4月份	1.准备活动30分钟 2.速度训练：30米×6组，60米×4组，100米×2组 3.放松	1.准备活动30分钟 2.专项训练：短跳（三级、五级、七级、跨跳、单足跳）×4组 3.放松	1.准备活动30分钟 2.速度耐力训练（300米＋100米）/组×4组 3.放松	1.准备活动30分钟 2.力量训练：抓举、挺举、腹肌、背肌、侧腰肌、卧推、橡皮筋练习、深蹲（8~10次）/组×4组 3.放松	1.准备活动30分钟 2.专项训练：跳远、三级跳远（辅助练习、全程起跳练习6次），跳高（辅助练习、全程起跳过杆6次） 3.放松	1.准备活动30分钟 2.节奏跑10圈 3.放松	休息

8.5课时计划

2018年2月19日 星期一

课程任务	保持稳定的竞技水平	训练用时	2小时
		训练地点	田径场
		训练负荷	90%
课程结构	课堂内容	教练活动	运动员活动
准备部分	1.热身跑8圈 2.肋木拉伸10分钟 3.行进间练习10分钟	教练做好监督工作，确保运动员热身充分	运动员认真热身，避免拉伤
基本部分	1.跳远（三步起跳、五步起跳、九步起跳）×6次，完整技术3次 2.跳高（原地倒肩练习10次），完整技术5次	1.教练布置任务 2.练习结束时，教练注意纠正错误姿势	1.运动员认真听训练任务 2.注意对教练纠正的错误姿势加以改正
技术部分	1.助跑是跳远、跳高最关键的环节，助跑时高抬腿节奏跑 2.跳远：起跳时，踏板瞬间身体向斜上方尽力腾起，双臂斜上摆动带动身体起跳；落地时收腹举腿，小腿尽量向前伸展，落地时成跪姿或侧躺 3.跳高：起跳时脚跟先着地滚动到前掌，起跳充分后由内群肌转向外群肌成反弓，过杆时头后仰、双臂在肩的斜上方做挺髋动作	教练用清晰洪亮的声音向运动员讲述技术要点	运动员认真听讲并在练习过程中运用
结束部分	1.整理放松 2.归还器材 3.教练总结	1.组织运动员进行放松 2.组织运动员归还器材 3.进行小结，指出运动员的优点及不足之处	1.积极进行放松活动 2.归还器材 3.认真听讲，继续保持优点，思考不足之处并进行改正
课后小结			

2018年2月20日 星期二

课程任务	保持稳定的竞技水平	训练用时	2小时
		训练地点	田径场
		训练负荷	85%
课程结构	课堂内容	教练活动	运动员活动
准备部分	1.热身跑8圈 2.肋木拉伸10分钟 3.行进间练习10分钟	教练做好监督工作，确保运动员热身充分	运动员认真热身，避免拉伤
基本部分	1.负重高抬腿50米×4组 2.负重后蹬跑50米×4组 3.负重弓箭步走30米×4组 4.80米×2组	1.教练布置任务 2.练习结束时，教练注意纠正错误姿势	1.运动员认真听训练任务 2.注意在练习过程中对教练纠正的错误姿势加以改正
技术部分	1.上身垂直或稍前倾，眼睛看前方，躯干自然而不僵硬 2.注意呼吸的频率和节奏	教练用清晰洪亮的声音向运动员讲述技术要点	运动员认真听讲并在练习过程中运用

结束部分	1.整理放松 2.归还器材 3.教练总结	1.组织运动员进行放松 2.组织运动员归还器材 3.进行小结，指出运动员的优点及不足之处	1.积极进行放松活动 2.归还器材 3.认真听讲，继续保持优点，思考不足之处并进行改正
课后小结			

2018年2月21日 星期三

课程任务	保持稳定的竞技水平	训练用时	2小时
		训练地点	田径场
		训练负荷	85%
课程结构	课堂内容	教练活动	运动员活动
准备部分	1.热身跑8圈 2.肋木拉伸10分钟 3.行进间练习10分钟	教练做好监督工作，确保运动员热身充分	运动员认真热身，避免拉伤
基本部分	1.跳远（三步起跳、五步起跳、九步起跳）×6次，完整技术3次 2.跳高（原地倒肩练习10次），完整技术5次	1.教练布置任务 2.练习结束时，教练注意纠正错误姿势	1.运动员认真听训练任务 2.注意教练纠正的错误姿势，在练习过程中加以改正
技术部分	1.助跑是跳远、跳高最关键的环节，助跑时高抬腿节奏跑 2.跳远：起跳时，踏板瞬间身体向斜上方尽力腾起，双臂斜上摆动带动身体起跳；落地时收腹举腿，小腿尽量向前伸展，落地时成跪姿或侧躺 3.跳高：起跳时脚跟先着地滚动到前掌，起跳充分后由内群肌转向外群肌成反弓，过杆时头后仰、双臂在肩的斜上方做挺髋动作	教练用清晰洪亮的声音向运动员讲述技术要点	运动员认真听讲并在练习过程中运用
结束部分	1.整理放松 2.归还器材 3.教练总结	1.组织运动员进行放松 2.组织运动员归还器材 3.进行小结，指出运动员的优点及不足之处	1.积极进行放松活动 2.归还器材 3.认真听讲，继续保持优点，思考不足之处并进行改正
课后小结			

2018年2月22日 星期四

课程任务	保持稳定的竞技水平	训练用时	2小时
		训练地点	田径场
		训练负荷	85%
课程结构	课堂内容	教练活动	运动员活动
准备部分	1.热身跑8圈 2.肋木拉伸10分钟 3.行进间练习10分钟	教练做好监督工作，确保运动员热身充分	运动员认真热身，避免拉伤

基本部分	力量训练： 抓举、挺举、腹肌、背肌、侧腰肌、卧推、橡皮筋练习（提拉、后群肌）、负重交换跳、深蹲（20~30次）/组×4组	1.教练布置任务 2.练习结束时，教练注意纠正错误姿势	1.运动员认真听训练任务 2.注意教练纠正的错误姿势，在练习过程中加以改正
技术部分	1.抓举、挺举时上体基本正直，手臂弯曲提起杠铃并在头顶举直 2.腹肌、背肌和侧腰肌注意上体抬起的幅度要垂直 3.负重交换跳时，注意是前脚的后脚跟着地，动作轻松有力	教练用清晰洪亮的声音向运动员讲述技术要点	运动员认真听讲并在练习过程中运用
结束部分	1.整理放松 2.归还器材 3.教练总结	1. 组织运动员进行放松 2. 组织运动员归还器材 3. 进行小结，指出运动员的优点及不足之处	1. 积极进行放松活动 2. 归还器材 3. 认真听讲，继续保持优点，思考不足之处并进行改正
课后小结			

2018年2月23日 星期五

课程任务	保持稳定的竞技水平	训练用时	2小时
		训练地点	田径场
		训练负荷	85%
课程结构	课堂内容	教练活动	运动员活动
准备部分	1.热身跑8圈 2.肋木拉伸10分钟 3.行进间练习10分钟	教练做好监督工作，确保运动员热身充分	运动员认真热身，避免拉伤
基本部分	1.跳远、三级跳远 （按比赛要求全程练习6次） 2.80米×4组	1.教练布置任务 2.练习结束时，教练注意纠正错误姿势	1.运动员认真听训练任务 2.注意教练纠正的错误姿势，在练习过程中加以改正
技术部分	1.助跑是跳远、跳高最关键的环节，助跑时高抬腿节奏跑 2.运动员起跳时，踏板瞬间身体向斜上方尽力腾起，双臂斜上摆动带动身体起跳，落地时收腹举腿，小腿尽量向前伸展，落地时成跪姿或侧躺	教练用清晰洪亮的声音向运动员讲述技术要点	运动员认真听讲并在练习过程中运用
结束部分	1.整理放松 2.归还器材 3.教练总结	1.组织运动员进行放松 2.组织运动员归还器材 3.进行小结，指出运动员的优点其不足之处	1.积极进行放松活动 2.归还器材 3.认真听讲，继续保持优点，思考不足之处并进行改正
课后小结			

2018年2月24日 星期六

课程任务	保持稳定的竞技水平	训练用时	2小时
		训练地点	田径场
		训练负荷	85%
课程结构	课堂内容	教练活动	运动员活动
准备部分	1.热身跑8圈 2.肋木拉伸10分钟 3.行进间练习10分钟	教练做好监督工作，确保运动员热身充分	运动员认真热身，避免拉伤
基本部分	1.50米×6组 2.80米×4组 3.100米×2组 4.悬垂举腿10次/组×4组	1.教练布置任务 2.练习结束时，教练注意纠正错误姿势	1. 运动员认真听训练任务 2.注意教练纠正的错误姿势，在练习过程中加以改正
技术部分	1.上身垂直或稍前倾，目视前方，躯干自然而不僵硬 2.摆臂时，轻松自然，双臂弯曲，肘关节成90° 前后自然摆动	教练用清晰洪亮的声音向运动员讲述技术要点	运动员认真听讲并在练习过程中运用
结束部分	1.整理放松 2.归还器材 3.教练总结	1.组织运动员进行放松 2.组织运动员归还器材 3.进行小结，指出运动员的优点及不足之处	1.积极进行放松活动 2.归还器材 3.认真听讲，继续保持优点，思考不足之处并进行改正
课后小结			

8.6周训练小结

本周为赛前调整阶段，运动量有所减少，强度比较大，模拟比赛测试的成绩比较好。

8.7运动员出勤记录表

略。

9. 训练成果展示

训练过程中的照片。

比赛照片。

证书照片。

10. 实施证明

训练计划实施证明。

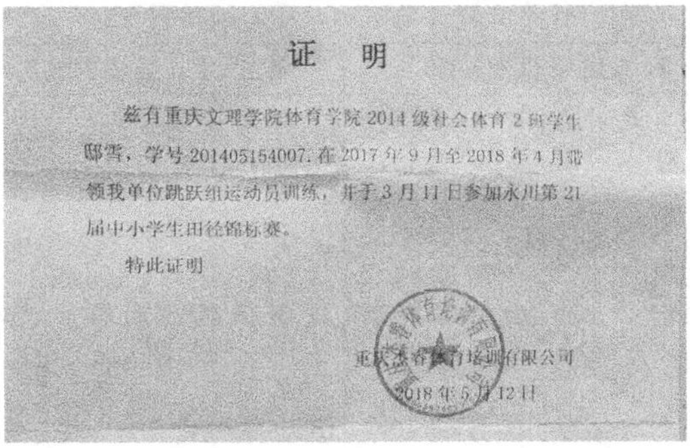

证 明

兹有重庆文理学院体育学院2014级社会体育2班学生邸雪，学号201405154007，在2017年9月至2018年4月带领我单位跳跃组运动员训练，并于3月11日参加永川第21届中小学生田径锦标赛。

特此证明

重庆杰睿体育培训有限公司

2018年5月12日

参考文献

[1] 田麦久.运动训练学[M].北京：高等教育出版社，2006.

[2] 刘建国，范秦海，李建英，等.田径[M].北京：高等教育出版社，2009.

[3] 杨海泉.田径运动训练主要理论与方法的初步研究[D].桂林：广西师范大学，2009.

[4] 马翠娥，赵先卿，李存建.心理训练对比赛影响的分析[J].武汉体育学院学报，2000，34（4）：32-34.

[5] 李申.关于田径训练量与训练强度的讨论[J].当代体育科技，2015，5（10）：47，49.

[6]葛雷.田径训练中身体疲劳的观察与恢复探究[J].赤峰学院学报（自然科学版），2013，29（10）：65-67.

[7] 廖爱华.赛前短期田径训练与运动负荷[J].云南师范大学学报，2002，3（4）：36-37.

致谢语

本套训练计划在我的导师吴宋姣老师的指导和帮助下完成。从初期的选题，到资料收集，到制订训练计划、写作、修改，到最后定稿，吴老师给了我很大的帮助。在制订训练计划的过程中遇到很多问题，吴老师都对我耐心指导，从确定选题到最终定稿始终给予不懈的支持。 田径训练是枯燥乏味的，而且本次的训练长达8个月。在此，首先感谢我的导师吴宋姣老师，在您耐心的指导和帮助下，我顺利完成了毕业设计。其次，感谢体育学院所有的老师，是你们认真负责的工作态度让我在毕业之际具备了制订训练计划的能力。再次，感谢本次参与训练的运动员，是他们给了我机会，让我在实践的过程中不断地成长。最后，感谢父母在大学期间对我的默默支持，让我更加坚定地走下去。

光阴荏苒，岁月如梭。从刚上大学时的稚嫩到现在的成熟，老师们不仅在学习上给予我很大的帮助和精心的指导，也在思想上不断给我关怀，在此谨向老师们致以诚挚的谢意及最崇高的敬意。

2018年5月7日

附件一

引导阶段（2017年9月）训练计划

第一周（强度50%）	第二周（强度60%）	第三周（强度70%）	第四周（强度75%）
①有氧耐力： 越野跑15圈 ②小力量练习： 腹肌、背肌、侧腰肌、股四头肌、后群肌提拉（10～15次）/组×3组 ③素质练习： 跨步跳100米×3组，节奏跑100米×3组 ④力量耐力： 抓举6次，挺举6次，腹肌10次，背肌10次，侧腰肌10次，股四头肌、后群肌提拉10次，深蹲6次/组×3组 ⑤速度及速度耐力： 50米×4组，80米×3组，100米×2组 ⑥素质训练： 跑楼梯（双脚跳、单脚跳/组×4组），后蹬跑、跨步跳100米×3组	①有氧耐力： 越野跑17圈 ②小力量练习： 腹肌、背肌、侧腰肌、股四头肌、后群肌提拉（10～15次）/组×4组 ③素质练习： 跨步跳100米×3组，节奏跑100米×3组 ④力量耐力： 抓举8次，挺举8次，腹肌15次，背肌15次，侧腰肌15次，股四头肌、后群肌提拉15次，深蹲8次/组×4组 ⑤速度及速度耐力： 50米×4组，80米×3组，100米×2组 ⑥力量训练： 跑楼梯（双脚跳、单脚跳/组×4组），后蹬跑、跨步跳100米×3组	①有氧耐力： 越野跑22圈 ②小力量练习： 腹肌、背肌、侧腰肌、股四头肌、后群肌提拉（10～15次）/组×4组 ③速度耐力： 100米模拟跑×4组 ④跳跃练习： 跨步跳50米×3组，负重弓箭步50米×3组，交换跳20次×3组 ⑤力量耐力： 抓举8次，挺举8次，腹肌15次，背肌15次，侧腰肌15次，股四头肌、后群肌提拉15次，深蹲8次/组×4组 ⑥耐力训练： （100米＋150米＋200米）×3组	①有氧耐力： 越野跑25圈 ②小力量练习： 腹肌、背肌、侧腰肌、股四头肌、后群肌提拉（10～15次）/组×4组 ③速度耐力： （100米＋150米＋200米＋300米＋200米＋150米＋100米）×2组 ④跳跃练习： 跨步跳、后蹬跑100米＋负重交换跳、弓箭步50米×4组 ⑤素质练习： 立定跳远、三级跳、十级跳20次×4组，（高抬腿跑30米＋加速跑50米）×4组或（小步跑30米＋加速跑50米）×4组 ⑥力量训练： 抓举、挺举、腹肌、背肌、侧腰肌、卧推、橡皮筋练习、起重、深蹲（10～20次）/组×4组

附件二

基础训练阶段（2017年10月—11月下旬）训练计划

第一周（强度80%）	第二周（强度85%）	第三周（强度80%）	第四周（强度75%）
①一般耐力（两次课）：模拟跑（4×100米）/组×4组 ②素质训练（两次课）：跑楼梯15米×8组，后蹬跑、跨步跳、单脚跳50米×4组 ③速度训练（一次课）：30米×6组，60米×4组，100米×2组 ④力量训练（一次课）：抓举、挺举、腹肌、背肌、侧腰肌、卧推、橡皮筋练习、起重、深蹲（10～20次）/组×4组	①一般耐力（两次课）：模拟跑4×100米/组×4组 ②素质训练（两次课）：跑楼梯15米×8组，后蹬跑、跨步跳、单脚跳50米×4组 ③速度训练（一次课）：50米×8组，80米×4组，100米×2组 ④力量训练（一次课）：抓举、挺举、腹肌、背肌、侧腰肌、卧推、橡皮筋练习、起重、深蹲（15～20次）/组×4组	①一般耐力（两次课）：100米×4组，150米×2组 ②素质训练（两次课）：跑楼梯15米×8组，后蹬跑、跨步跳、单脚跳50米×4组 ③速度训练（一次课）：30米×6组，60米×4组，100米×3组 ④力量训练（一次课）：抓举、挺举、腹肌、背肌、侧腰肌、卧推、橡皮筋练习、起重、深蹲（15～20次）/组×4组，负重弓箭步走15米×4组	①一般耐力（两次课）：模拟跑（100米＋150米＋200米）/组×2组 ②素质训练：立定跳远、三级跳、十级跳10次×4组，高抬腿跑30米＋加速跑50米，小步跑30米＋加速跑50米×4组 ③速度训练（一次课）：30米×6组＋60米×4组，100米×3组＋60米×4组＋30米×6组 ④力量训练（一次课）：抓举、挺举、腹肌、背肌、侧腰肌、卧推、橡皮筋练习、起重、负重交换跳、深蹲（15～20次）/组×4组
第五周（强度80%）	**第六周（强度85%）**	**第七周（强度80%）**	**第八周（强度80%）**
①素质训练（两次课）：跑楼梯15米×8组，后蹬跑、跨步跳、单脚跳50米×4组 ②耐力训练（一次课）：(200米＋200米)/组×2组 ③速度训练（两次课）：150米×6组 ④力量训练（一次课）：抓举、挺举、腹肌、背肌、侧腰肌、卧推、橡皮筋练习、起重、负重交换跳、深蹲（15～20次）/组×4组	①速度耐力（两次课）：100米模拟跑×4组 ②素质训练（两次课）：跑楼梯15米×8组，后蹬跑、跨步跳、单脚跳50米×4组 ③速度训练（一次课）：60米×6组，80米×4组，100米×2组 ④力量训练（一次课）：抓举、挺举、腹肌、背肌、侧腰肌、卧推、橡皮筋练习、起重、负重交换跳、深蹲（15～20次）/组×4组，负重弓箭步走15米×4组	①素质训练（两次课）：跑楼梯15米×8组，后蹬跑、跨步跳、单脚跳50米×4组 ②速度训练（两次课）：60米×6组，80米×4组，100米×2组 ③小力量训练（一次课）：腹肌、背肌、侧腰肌、橡皮筋练习、提重（8～15次）/组×4组 ④力量训练（一次课）：抓举、挺举、腹肌、背肌、侧腰肌、卧推、橡皮筋练习、起重、负重交换跳、深蹲（15～20次）/组×4组，负重弓箭步走15米×4组	①速度耐力（两次课）：100米模拟跑×4组 ②小力量训练（一次课）：腹肌、背肌、侧腰肌、橡皮筋练习、提重（8～15次）/组×4组 ③素质训练（两次课）：立定跳远、三级跳、十级跳10次×4组，（高抬腿跑30米＋加速跑50米）×4组或（小步跑30米＋加速跑50米）×4组 ④力量训练（一次课）：抓举、挺举、腹肌、背肌、侧腰肌、卧推、橡皮筋练习、起重、负重交换跳、深蹲（15～20次）/组×4组，负重弓箭步走15米×4组

附件三

专项训练阶段（2017年12月—2018年1月下旬）训练计划

第一周（强度90%）	第二周（强度85%）	第三周（强度85%）	第四周（强度90%）
①速度训练（两次课）：100米×6组 ②小力量训练（一次课）：腹肌、背肌、侧腰肌、橡皮筋练习、提重、卧推、负重交换跳（8～15次）/组×4组 ③素质训练（两次课）：短跳（三级、五级、跨跳、单足跳）×3组，（30米快＋20米慢＋30米快＋20米慢）/组×6组 ④力量训练（一次课）：抓举、挺举、腹肌、背肌、侧腰肌、卧推、橡皮筋练习、负重交换跳、起重、深蹲（10～20次）/组×4组，负重弓箭步走15米×4组	①素质训练（两次课）：短跳（三级、五级、跨跳、单足跳）×3组，（30米快＋20米慢＋30米快＋20米慢）/组×6组 ②速度耐力（两次课）：100米模拟跑×4组 ③小力量训练（一次课）：腹肌、背肌、侧腰肌、橡皮筋练习、提重、卧推、负重交换跳（8～15次）/组×4组 ④力量训练（一次课）：抓举、挺举、腹肌、背肌、侧腰肌、负重交换跳、卧推、橡皮筋练习、起重、深蹲（15～20次）/组×4组，负重弓箭步走15米×4组	①速度训练（两次课）：60米×6组，80米×4组，100米×2组 ②小力量训练（一次课）：腹肌、背肌、侧腰肌、橡皮筋练习、提重、卧推、负重交换跳（8～15次）/组×4组 ③素质训练（两次课）：跑台阶（单足、双脚跳、跨步跳）×10组，100米×2组 ④力量训练（一次课）：负重交换跳、抓举、挺举、腹肌、背肌、侧腰肌、卧推、橡皮筋练习、起重、深蹲（15～20次）/组×4组，负重弓箭步走15米×4组	①速度训练（两次课）：100米×6组 ②小力量训练（一次课）：腹肌、背肌、侧腰肌、橡皮筋练习、提重、卧推、负重交换（8~15次）/组×4组 ③素质训练（两次课）：短跳（三级、五级、跨跳、单足跳）×3组，（30米快＋20米慢＋30米快＋20米慢）/组×6组 ④力量训练（一次课）：抓举、挺举、负重交换跳、腹肌、背肌、侧腰肌、卧推、橡皮筋练习、起重、负重交换跳、深蹲（15～20次）/组×4组，负重弓箭步走15米×4组
第五周（强度90%）	第六周（强度90%）	第七周（强度90%）	第八周（强度90%）
①速度训练（两次课）：60米×6组，80米×4组，100米×3组 ②速度耐力（两次课）：100米模拟跑×3组 ③素质训练（一次课）：短跳（三级、五级、跨跳、单足跳）×3组，（30米快＋20米慢＋30米快＋20米慢）/组×6组 ④力量训练（一次课）：抓举、挺举、腹肌、背肌、侧腰肌、卧推、橡皮筋练习（提拉）、负重交换跳、深蹲（15～20次）/组×4组	①速度训练（两次课）：60米×6组，80米×4组，100米×3组 ②专项技术（两次课）：短跳（三级、五级、七级、单足跳）×6组，跳高（原地倒肩练习、短距离助跑起跳练习） ③小力量训练（一次课）：腹肌、背肌、侧腰肌、橡皮筋练习、提重、卧推、负重交换跳（8～15次）/组×5组 ④力量训练（一次课）：抓举、挺举、腹肌、背肌、侧腰肌、卧推、橡皮筋练习、负重交换跳、深蹲（15~20次）/组×4组，负重弓箭步走15米×4组	①速度训练（两次课）：60米×6组，80米×4组，100米×3组 ②专项技术（两次课）：短跳（三级、五级、七级、单足跳）×6组，跳高（原地倒肩练习、短距离助跑起跳练习） ③小力量训练（一次课）：腹肌、背肌、侧腰肌、橡皮筋练习、提重、卧推、负重交换跳（8～15次）/组×4组 ④力量训练（一次课）：抓举、挺举、腹肌、背肌、侧腰肌、卧推、橡皮筋练习、负重交换跳、深蹲（15～20次）/组×4组，负重弓箭步走15米×4组	①速度训练（两次课）：60米×6组，80米×4组，100米×2组 ②专项技术（两次课）：短跳（三级、五级、七级、单足跳）×6组，跳高（原地倒肩练习、短距离助跑起跳练习） ③小力量训练（一次课）：腹肌、背肌、侧腰肌、橡皮筋练习、提重、卧推、负重交换跳（8～15次）/组×4组 ④力量训练（一次课）：抓举、挺举、腹肌、背肌、侧腰肌、卧推、橡皮筋练习、负重交换跳、深蹲（15~20次）/组×4组，负重弓箭步走15米×4组

附件四

赛前准备（2018年2月）训练计划

第一周（强度95%）	第二周（强度90%）	第三周（强度85%）	第四周（强度80%）
①技术训练（两次课）：跳远、三级跳远（短距离起跳练习、腾空练习），跳高（辅助练习、短距离助跑起跳练习） ②专项训练（两次课）：跳远、三级跳远（辅助练习、全程起跳练习6次，跳高（辅助练习、全程起跳过杆6次） ③速度训练（一次课）：（4×100米）/组×4组 ④力量训练（一次课）：抓举、挺举、腹肌、背肌、侧腰肌、卧推、橡皮筋练习、负重交换跳、深蹲（20～30次）/组×4组，负重弓箭步走20米×4组	①专项训练（三次课）：跳远、三级跳远（辅助练习、全程起跳练习6次），跳高（辅助练习、全程起跳过杆6次） ②素质训练（一次课）：跑楼梯15米×8组，后蹬跑、跨步跳、单脚跳50米×4组 ③速度训练（一次课）：60米×6组，80米×4组，100米×3组 ④力量训练（一次课）：抓举、挺举、腹肌、背肌、侧腰肌、卧推、橡皮筋练习、负重交换跳、深蹲（20～30次）/组×4组，负重弓箭步走20米×4组	①专项训练（三次课）：跳远、三级跳远（辅助练习、全程起跳练习6次），跳高（辅助练习、全程起跳过杆6次） ②素质训练（一次课）：跑楼梯15米×8组，后蹬跑、跨步跳、单脚跳50米×4组 ③速度训练（一次课）：60米×6组，80米×4组，100米×2组 ④力量训练（一次课）：抓举、挺举、腹肌、背肌、侧腰肌、卧推、橡皮筋练习、负重交换跳、深蹲（20～30次）/组×4组，负重弓箭步15米×4组	①专项训练（三次课）：跳远、三级跳远（按比赛要求全程练习6次），跳高（按比赛要求全程起跳过杆6次） ②小力量训练（一次课）：腹肌、背肌、侧腰肌、橡皮筋练习、提重、卧推、负重交换跳（8～15次）/组×4组 ③速度训练（一次课）：50米×8组，80米×6组 ④力量训练（一次课）：抓举、挺举、腹肌、背肌、侧腰肌、卧推、橡皮筋练习、负重交换跳、深蹲（20～30次）/组×4组，负重弓箭步走15米×4组

附件五

比赛周（2018年3月初）训练计划

周一	30分钟准备活动；专项训练：跳远、三级跳远（按比赛要求全程练习6次）；跳高（按比赛要求全程起跳过杆6次）；80米×4组
周二	30分钟准备活动；力量训练：抓举、挺举、腹肌、背肌、侧腰肌、卧推、橡皮筋练习、负重交换跳、深蹲（20~30次）/组×4组，负重弓箭步走15米×4组
周三	30分钟准备活动；专项训练：跳远、三级跳远（按比赛要求全程练习6次）；跳高（按比赛要求全程起跳过杆6次）；80米×4组
周四	调整
周五	比赛
周六	比赛

附件六

恢复阶段（2018年3月中旬—4月）训练计划

第一周（强度70%）	第二周（强度65%）	第三周（强度75%）	第四周（65%）
①专项训练（两次课）：跳远、三级跳远（辅助练习、全程起跳练习6次），跳高（辅助练习、全程起跳过杆6次） ②游戏（两次课） ③速度训练（一次课）：30米×6组，60米×4组，100米×2组 ④力量训练（一次课）：抓举、挺举、腹肌、背肌、侧腰肌、卧推、橡皮筋练习、深蹲（15～20次）/组×4组	①素质练习（两次课）：立定跳远、三级跳、十级跳20次×4组，高抬腿跑30米＋加速跑50米（或小步跑30米＋加速50米）×4组 ②游戏（两次课） ③速度训练（一次课）：30米×6组，60米×4组，100米×2组 ④力量训练（一次课）：抓举、挺举、腹肌、背肌、侧腰肌、卧推、橡皮筋练习、深蹲（10～20次）/组×4组	①素质练习（两次课）：立定跳远、三级跳、十级跳20次×4组，（高抬腿跑30米＋加速跑50米）×4组或（小步30米＋加速跑50米）×4组 ②游戏（两次课） ③速度训练（一次课）：100米×6组，150米×2组 ④力量训练（一次课）：抓举、挺举、腹肌、背肌、侧腰肌、卧推、橡皮筋练习、深蹲（10～20次）/组×4组	①专项训练（两次课）：跳远、三级跳远（辅助练习、全程起跳练习6次），跳高（辅助练习、全程起跳过杆6次） ②游戏（两次课） ③速度耐力（一次课）：（4×100米）/组×2组 ④力量训练（一次课）：抓举、挺举、腹肌、背肌、侧腰肌、卧推、橡皮筋练习、深蹲（10～15次）/组×4组

附件七

运动员训练前后成绩对照表

姓名	性别	训练前后	100米	800米	跳远	实心球	专项1	专项2
洪俪萍	女	训练前	14秒24	3分08秒	4.1米	6.2米	3.6米（跳远）	8.6米（三级跳远）
		训练后	14秒10	2分55秒	4.4米	6.9米	4.4米（跳远）	9.3米（三级跳远）
罗思洁	女	训练前	14秒90	2分50秒	4米	6.1米	3.8米（跳远）	8.8米（三级跳远）
		训练后	14秒60	2分45秒	4.3米	7.0米	4.3米（跳远）	9.6米（三级跳远）
刘国辉	男	训练前	13秒10	2分35秒	5.2米	13.0米		0米（三级跳远）
		训练后	13秒00	2分25秒	5.6米	13.5米		11.8米（三级跳远）
黄帅	男	训练前	12秒90	2分30秒	5.9米	13.0米	1.7米（跳高）	13.86米（三级跳远）
		训练后	12秒70	2分25秒	6.1米	13.6米	1.96米（跳高）	14.36米（三级跳远）
杨平平	女	训练前	13秒50	2分50秒	4.6米	8.5米	0米	7.6米（铅球）
		训练后	13秒25	2分35秒	4.8米	9.1米	1.45米（跳高）	9.11米（铅球）

第六章 运动康复类毕业设计

第一节 运动康复类毕业设计概述

一、运动康复类毕业设计的内涵与外延界定

运动康复是一门综合性应用专业，它是体育与医学相结合的产物，既属于体育的范畴，又属于医学的一个分支，两者相辅相成，是一门研究人体在体育运动过程中保健规律与措施的新兴科学。它是伴随着体育运动的发展并在体育运动与医疗保健相结合的进程中，逐渐发展起来的应用性学科。它是物理治疗的主要手段，在其他方面也常被采用。运动康复的主要研究内容包括体育卫生、医务监督、运动损伤、按摩及体育疗法等，其主要任务是运用相关的运动人体科学理论及医学保健学等有关临床医学的知识和技能，对体育运动的参与者进行义务监督和指导。而运动康复类毕业设计主要研究体育运动参加者在运动过程中的一些医疗保健问题，运用医学知识和技能保护运动参与者的健康和督导其正确地进行锻炼，并结合医学的方法达到增强体质、促进健康、改善功能和防治疾病的目的，其内容包括体育保健类操化创编、成套按摩手法的创编和制定运动处方三个部分。

运动康复类毕业设计主要是根据人体生命活动的基本特征和影响人体生命活动的各种因素之间互相制约的内在联系，以及贯彻使病患能够早日康复的理念，通过掌握人体运动康复的基本知识与理论，掌握人体在运动中的规律及预防受伤的措施，针对不同年龄段、不同性别的人群所需的运动康复方面的特点和要求，提供相关的理论依据和有关的知识与技能，使各种病症得到针对性缓解或根治。运动康复类毕业设计将医学与现代体育学相结合，注重实际效果，将课本所学的知识与实际问题相结合，处理不同种类的疑难杂症，并给出相应的解决办法。

二、运动康复类毕业设计的特征与类型

（一）运动康复类毕业设计的特征

1. 设计过程的循序渐进性

一件事物的认识过程是透过现象看到本质、逐渐深入的过程。一个完整概念的形成来源于我们自身知识水平及思维的构思，将复杂的、较难的问题，分解成一个一个有层次、可由浅入深的小问题，逐渐推进，通过这样的方法，逐步得到成果。不论是体育保健类操化创编、成套按摩手法的创编还是制定运动处方都是通过作者对所选项目的了解，按照学科自身逻辑系统的严谨性，结合自身认识有序地、系统地进行各类创编，从而有效地完成自己所选的毕业设计。设计过程的循序渐进更有利于作者掌握基础知识、基本技能，抽丝剥茧般地一步一步得到自己所需要的成果，充分发挥了自身的主体作用，锻炼了自己分析问题和解决问题的能力，使自己能够独立面对问题，形成严密的逻辑思维能力。循序渐进地增强自身的主观能动性，加强对所选项目的了解，更有助于培养自身面对问题时的思维能力，提高自身的学习兴趣和综合分析能力。

2. 设计方案具有较强针对性

运动康复类毕业设计的突出特点就是具有较强的针对性，这是与大多数毕业设计的共同之处。针对性设计是较准确的、可靠的，能够更好地满足所选项目的要求，同时对保健康复类选题的创新，针对性设计研究是十分必要的。因此，对所选主题有针对性地进行研究，就是要对所要解决的问题本身进行更深入的剖析，针对不同主题的选材、创编、制订方案等，加强自身对主题的思考与研究，把材料做到最好。运动康复类毕业设计注重针对我们生活中常见的一些病理问题，设计一套切实可用的治疗手法或方案，周期可长可短，因而具有针对性。这样所做的设计不仅可以作为一种恢复人体健康的手段，未来更可以运用到实践中去创造应有的价值。通过对保健康复类课题的针对性研究，成果也更具有可实施性和真实性。如果没有针对性地进行研究，只是像完成任务一样将所有有关资料都充塞进来，容易使内容分不清主次，所以应有针对性地厘清所选的内容，使毕业设计符合学科范畴。

3. 设计成果具有创新性

创新性也可以称为原创性，创新就是对某个问题率先提出自己的原创性观点或解决办法，或者是对前人已经研究过的问题提出不同于前人观点的修正或补充。在不违背科学性与真实性原则的前提下进行运动康复类毕业设计，我们既要重视撰写毕业设计时应有的共性，也须强调对自身所研究主题的创新性。一个新成果及观点的提出和运用，往往会对他人已经研究的成果及观点产生冲击作用，有可能改变他人的成果及观点，甚至推翻其原成果及观点，但是，如果创新得来的成果及理论观点与前人的成果及理论观点一致，那么，

新成果也仅仅是为原成果提供一种支撑，无助于创新目的，不利于学科进步和发展。创新性的成果及观点需要经受实践的检验，故研究者在研究之后提出的种种建议及方法必须符合客观实际，做到切实可行，在此基础上进行运动康复类毕业设计的创新。

4. 设计实践具有真实性、严谨性

由于运动康复专业的特殊性，所以要求学科研究具有更高水平的真实性、严谨性。本学科是体育与医学相结合的产物，在进行运动康复类毕业设计时，更需要贯彻落实设计过程及成果的真实性、严谨性，避免因错误成果出现各种问题。运动康复类毕业设计如果研究方法或过程不具有真实性，以及研究人员在从事研究时没有采用严谨的研究态度，会导致研究方法及成果遭受质疑和指责，甚至在实践过程中加重病人病情，耽误病人治疗，酿成不可挽回的后果。重视设计的真实性、严谨性将会大大提高研究成果的可信服程度，使所做的毕业设计更符合实际，在实践的过程中能够得到显著的效果，缓解病人的伤痛，使病人身体得到恢复。根据自己所选的设计类型进行具体的设计，把握好设计的真实性及严谨性，达到所做设计的最终目的。

（二）运动康复类毕业设计的类型

1. 体育保健类操化创编

体育保健操对人体产生的功效是多方面的，通过运动锻炼扶正祛邪，使人体血流畅通、脏腑协调、代谢正常，以达到增进健康的目的。体育保健操是中华民族数千年来在生活、生产和与疾病的斗争中强身健体的经验总结，是我国传统文化宝库中的瑰宝，其内容随时代变迁和生活实践不断地丰富和完善，从而形成了我国人民独特的体育保健方式。我国的传统体育保健类操化种类繁多，内容博大精深。它采用武功、气功和其他具有民族特色的体育保健方式，主要通过肢体运动、呼吸运动和意念活动三种手段来对人体产生作用，能够调节和增强人体各个部分的机能，激发人体内在潜力，从而起到防病、治病、益智、延长寿命的作用。

传统体育保健理论体系来源于中医养生学，集合了我国古典哲学与医学之精华。从中医养生的发展来看，体育保健操是按导引术、五禽戏、八段锦、易筋经和太极拳为代表的顺序发展的。同样，体育保健操可以消除消极情绪，脱离病态心理，使人心情舒畅，对人体的中枢神经系统、消化系统和心血管系统都有明显的调节作用。我国中医学认为，疾病的发生是由于阴阳平衡的失调。体育保健操调整阴阳平衡的作用是通过“抑亢扶弱”的双调制效应来实现的，这种作用可以在不同层次水平上表现出来，从而证明，体育保健操具有疏通经络、调和气血的作用，达到防病、治病的功效。由于每个人进行操化编排的目的有所不同，学生在编排设计中要充分考虑各种操化类型的特点、编排目的与意义、适用人群及可行性等因素，能够有针对性、合理地进行操化编排设计。编排动作不宜过于复杂与烦琐，简单易学且具有较强的针对性即可。

2. 成套按摩手法的创编

按摩是利用手、足或器械等进行各种手法操作，专门作用于人体，刺激人体体表部位或穴位，以提高或改善人体生理功能、消除疲劳和防治运动性伤病的一种自然物理疗法。按摩在我国已有几千年的历史，它是祖国医学中的一项宝贵财富，也是祖国传统医学中主要治疗方法之一，总结了我国劳动人民千百年来与疾病作斗争的宝贵经验，而且简单易行，安全可靠，疗效快而显著，无毒副作用，不需要特殊的设备，也不受环境条件的限制。按摩是一种良好的物理刺激，能引起局部组织的生物物理和生物化学的变化，并通过神经反射和神经调节影响各器官系统的功能。按摩在纠正运动员赛前、赛后出现的功能失调、消除疲劳、改善运动能力和防治运动伤病等方面都起着积极的作用。对正常人来说，按摩能增强人体的自然抗病能力，起到保健强身、养生益寿的作用；对病人来说，它既可改善局部症状，恢复正常生理功能，又可借此达到身体的平衡，获得“标本兼治”的效果。按摩的适用范围很广，它常用于运动实践、治疗伤病和养生保健中。用于运动实践中的按摩，称为运动按摩，它主要用来调节运动员赛前、赛后的状态，消除疲劳，提高运动能力；用于养生保健、延年益寿的按摩，则称为保健按摩；用于疾病治疗的按摩则称为治疗按摩，主要用于一些运动损伤的康复。在成套按摩手法的创编中，要明确所创手法针对的部位、适宜人群，严格遵从按摩操作的注意事项，防止意外发生。因此，创编一套按摩手法，对体育教学、训练和比赛都具有一定的实用意义。

3. 制定运动处方

“处方”在医学上就是指医师给患者开的药方，而“运动处方”这一术语最早由美国生理学家卡波维奇在20世纪50年代提出，1969年世界卫生组织（WHO）开始正式使用它，使这一术语在国际上慢慢得到认可。运动处方的概念可概括为：对从事体育锻炼者或患者，根据医学检查资料（包括运动试验及体力评定），按其健康、体力以及心血管功能状况，结合生活环境、条件和运动爱好等个体特点，用处方的形式规定适当的运动类型、时间及频率，指出运动中的注意事项，以便有计划地经常性锻炼，达到健身或治病的目的，即为运动处方。实践证明，按照运动处方进行科学锻炼，可使人们获得“多、快、好、省”的运动收益，能够有计划地达到保健康复和治疗疾病的目的。根据使用对象分类，可将运动处方分为康复治疗性运动处方及预防健身性运动处方。康复治疗性运动处方主要是通过运动疗法帮助患者提高身体机能，恢复肢体功能，尽最大可能恢复患者的自理能力和工作能力，提高康复医疗效果；预防健身性运动处方则是指导人们采取适当的体育活动，科学地进行锻炼，以便更加有效、科学地提高健康水平，预防某些疾病的发生等，青年人和中老年人根据运动处方进行锻炼，以提高身体素质和健康水平。根据锻炼作用分类，可将运动处方分为全身耐力运动处方、力量运动处方和柔韧性运动处方。全身耐力运动处方以提高人体心肺功能为主要目标，发展身体的耐力素质；力量运动处方的主要作用是提高肌肉的力量耐力，改善肢体运动功能；柔韧性运动处方的作用是提高身体的柔韧素质，使因伤病而导致活动幅度不在正常范围内的关节恢复正常，同样起到改善肢体运动功能的作用。在运动处方的制定中要根据每个人的不同情况，因人而异，“对症下药”，开具安全可靠、能有计划达到健康保健和治疗疾病的目的、适合个体健康与治疗的处方。

三、运动康复类毕业设计的适用专业及能力要求

（一）运动康复类毕业设计适用专业——保健康复专业

保健康复专业是在体育保健学科的基础上逐步发展而来的，它的发展随着医疗保健水平和体育运动水平的提高而不断进步。在这门学科的发展过程中，祖国传统医学的充实，使得保健康复学科具有了中国特色且呈现出勃勃生机。随着人们对体育活动中的健身、保健和康复功能有了更深刻的理解和认识，参加各种形式的健身活动也已成了人们日常生活的组成部分。然而，如何正确地运用各种健身手段避免运动中的损伤，如何有效提高锻炼效率，如何指导人们采取正确的健身方式达到增强体质、促进健康、改善功能和防治疾病的目的，这并不是人人都了解的。保健康复学研究人体对运动的反应和适应能力，在认识人体机能活动基本规律的基础上，掌握不同年龄、性别，不同健康状况和不同运动训练水平的人的解剖生理特点，探讨体育运动对人体结构、机能、素质发展变化的影响。因此，保健康复专业所要培养的就是专业基础理论知识和技能扎实、综合素质良好、具有创新精神和实践能力，能在社区医院、运动队、养老机构、健身养生企业等机构从事运动康复和运动防护工作的高素质应用型专门人才，所以运动康复类毕业设计非常适合保健康复专业的学生。运动康复类毕业设计所包含的体育保健类操化创编、成套按摩手法的创编和制定运动处方三个部分，都是现实需求与实际相结合产生的，研究人体在体育运动或健身过程中的保健规律与措施，对增强人体健康，促进人们体质增长及运动能力的提高，具有很强的现实意义。因此，保健康复专业与运动康复类毕业设计关系十分紧密，运动康复类毕业设计非常适用于保健康复专业的学生。

（二）运动康复类毕业设计与人才培养的关系

1. 保健康复专业的培养要求

保健康复专业要求学生掌握体育保健学、运动处方、体育保健与康复等方面的基本理论、基本知识和基本技能，因而对该专业学生的培养，应是对具有体育属性与特征的人才的培养，应从医疗性康复体育、保健性康复体育两个方面进行能力培养。该专业学生应该偏重于康复医师的能力培养，注重对运动处方、运动损伤康复等方面的知识和技能培养，不可向专业医师方向进行培养，培养出能够在社区医院、运动队、养老机构、健身养生企业等机构从事运动康复和运动防护工作的高素质应用型专业人才即可。此专业毕业生要

具有牢固的专业思想，遵守行业的道德行为规范，具有人文关怀精神；具有法纪意识，熟悉并能遵守医疗、康复工作的制度和法规；具有康复医学及现代康复治疗学的基本理论知识；具备肢体运动功能评估能力，熟练掌握制订康复治疗计划、指导患者进行康复功能训练、改善功能障碍的专业技术；具有较好的语言沟通技巧和组织管理能力。

2. 职业培养要求

（1）康复治疗师。

康复治疗师主要负责人体康复评定、制定相应的康复治疗处方、对病患者进行功能恢复等相关治疗。近年来，由于人们越发重视自身的身体健康，体育活动逐渐成为人们保持健康的方式之一，但是人们对运动过程中出现的运动损伤不能及时地预防与治疗，往往是在病情加重之后才会选择性地找康复治疗师进行理疗以解决问题。康复治疗师的工作内容主要就是制订康复治疗方案，帮助病患者进行功能恢复等相关治疗；负责患者的检诊，确定康复治疗的种类、剂量、疗程，严防差错事故，做好医疗安全工作；负责功能障碍相关课程的开发及培训工作；提供康复理疗咨询服务；观察病人病情、治疗效果及反应，如有病人有反应须及时处理，并及时与临床医师讨论治疗方案，提出建议，指导康复护士对病人进行的康复护理；负责老人、儿童及功能障碍康复治疗的相关课程的开发及培训工作。康复治疗师工作所具有的复杂性要求康复治疗师拥有足够的保健康复方面的知识和实践经验。运动康复类毕业设计所包含的设计过程其实就是一个培养实践能力的过程，而在这个过程中能够考验一个人是否拥有独立思考的能力、分析解决问题的能力及总结能力。并且，在做毕业设计的过程中还需要有一双善于发现问题的眼睛及拥有解决问题的能力。运动康复类毕业设计具有的实用性就体现在康复治疗师能够实实在在地对患者进行诊断，在治疗的过程中发挥自己的作用，这对毕业生的发展具有深刻的意义。想成为一名合格的康复治疗师并不容易，不仅需要对工作岗位的热情、对专业知识的掌握，还需要在坚持正确保健康复内容的前提下能够不断发展创新，提出有利于患者康复、缓解患者病痛的技能方法。只有坚持保健康复方面的技能方法并进行发展创新，才会使保健康复产业得到更好的发展。故康复治疗师离不开运动康复类毕业设计，运动康复类毕业设计也离不开康复治疗师，两者是共同进步、共同发展的。

（2）保健按摩师。

随着我国改革开放进程的加快，以及国民物质生活水平和养生保健意识的提高，人们已不满足于有病治病的按摩方式，各类人员从不同角度提出了保健按摩要求，保健按摩的社会需求大幅度上升，与此相适应，除了专业的按摩中心，休闲场所、疗养院、康复中心、养老院等福利机构也纷纷开设保健按摩服务，有些医院也开始增设保健按摩项目，所以按摩师的前景是十分广阔的。保健按摩师是根据顾客的要求，运用以保健为目的的按摩技术，在人体体表特定部位施以一定力量的、有目的性的、有规律的手法操作活动的人员。目前，全国保健按摩市场鱼龙混杂，从业人员约90万人，而持证上岗的保健按摩师才9

万余人，按国家劳动部门和有关方面预算，我们国家每千人需要5名左右专业保健按摩师，全国需要800万名保健按摩师，尤其是对中高级按摩师的需求将增加，而相关专业毕业生在从事相关工作时必须拿到高级保健按摩师资格证。在运动康复类毕业设计中成套按摩手法的创编适用于保健按摩师的工作，并且能够满足保健按摩师日常工作的需求。在进行针对性的部位按摩时，保健按摩师通过创编的成套按摩手法的治疗可减轻患者的疼痛并且加大患者病变部位的活动范围，使患者日常生活能力提高。在患者进行按摩恢复过程中，保健按摩师要通过对患者情况的详细了解来对患者的病变部位进行按摩恢复，要充分考虑患者的身体情况、患病部位病变程度、身体受力情况等因素。在此基础上，合理运用按摩手法，并且注意按摩的时间、强度，避免对患者身体造成二次损伤。因此，成套按摩手法的创编十分适用于保健康复专业学生，为他们将来工作打下了坚实的基础。

（三）完成运动康复类毕业设计应具备的能力

1. 创编与总结的能力

完成保健康复类毕业设计除要求学生具有一定的理论知识和运动技能之外，还要求学生有对知识的综合运用能力，这都有利于完成保健康复类毕业设计。保健康复类所能做的三种毕业设计中有两种就需要学生自己进行思考与创编，需要学生结合患者实际需求，有针对性地进行成套按摩手法的创编或体育保健类操化创编。针对成套按摩手法的创编时要依据人体各部位和组织的特点，结合按摩手法的应用范围和程序，对核心部位的按摩手法在人体的操作程序进行创编、归纳、小结。要注意创编时手法操作的要领，即协调、均匀、连贯、刚柔并济、稳准熟练，做到手随心转、法从手出。体育保健操化的创编需要学生亲自参与到创编与实践中。通过自己创编的动作领悟到创编能力的重要性，明白创编能力不仅有助于学生学习既有的旧知识，而且可以使其在此基础上创新出新的体育保健操化套路。通过自己的创编获得大家的认同，以此更加肯定自我，增强学习保健康复知识的积极性。

2. 独立思考、判断的能力

不论是毕业设计还是毕业论文编写，都离不开学生的独立思考与判断能力。一个现代人，首先必须具备独立精神和独立能力。独立，是现代人必备的素质，是健全人格的重要构成，是人能够立足于社会并发挥潜力的基础。爱因斯坦说过："学会独立思考和独立判断比获得知识更重要。"因为信息时代的来临意味着处理信息比记忆信息更重要。不是因为我们不需要记忆信息，而是因为我们的大脑"内存"空间有限，与其把有限的心智资源用来记忆毫不相干的事实，不如充分发挥大脑的思维功能，连贯地思考问题，给自己留出充足的独立思考时间，为自己营造一个良好的思考氛围，对有些问题可以暂时不要急于探求答案，而是不断引领自己的思维，观察和动手验证，这样收效才会更大。只有拥有了独立思考与判断的能力，才能使自己的毕业设计更上一层楼。

3. 运用学科知识的能力

运用学科知识的能力也可以称为整理资料的能力。整理资料，就是将自己手中现有的一些看起来彼此不相关或有些许联系的资料加以整合，创造出一种新事物，使各种资料自身的价值通过整理得到增值的过程。善于整理资料并运用资料的人，就像淘金者，通过独到的视角看出整理后的资料背后的价值，从中有所收获。因此，搜集、整理、交流资料成为当代学生学习的重要方式和能力。这种能力不但对编写运动康复类毕业设计有用，而且对学好其他功课及将来的工作和研究都是有益的。因为，当我们遇到问题时，会产生一种迷惑、混乱和怀疑的状态，出现反思性思维，我们会对问题进行观察与分析；接着就收集用于解决问题的资料，检索旧有的经验与观念；提出草案，明确采取哪些行动。经过这种尝试性的、实验性的、反思性的、面向目标的不断的行为变化，我们的思维和认识会发展，对活动、情境的理解与认知也会发展。探索一套行之有效的搜集整理资料的教学模式和方法，为我们日后的工作与研究奠定了基础。

四、运动康复类毕业设计开展的目的与意义

（一）运动康复类毕业设计开展的目的

1. 促进本科生对知识的活学活用

对知识的活学活用就相当于实践，将自己所学的知识运用于实践。实践是检验真理的唯一标准，也是形成、丰富和发展理论的源泉。实践具有决定性的意义，来自于实践的理论又对实践的发展产生巨大推动力。保健康复类专业学生在作运动康复类毕业设计时，有目的地学习与实践，将工作中实际需求和增强自身能力有机结合起来，未来将会更快适应工作，但须注意自己选择的目标与方向，在技能操作中提升专业水平。同时，要跟上时代的步伐，拓宽自己的知识面，对本专业以外的知识领域也要广泛涉猎，如果只注重本专业，而忽视专业之外的知识，就会成为“井底之蛙”。所以，要提升自己的专业能力，实践操作是必不可少的。故运动康复类毕业设计的开展能够检验学生学习专业知识的成果和运用专业知识的能力。此外，在努力提升实践能力的同时，也要积极调整自我，塑造良好人格，这是完善人生的必由之路。一是要保持心境开朗，学会有意识地控制和调节自己的情绪，建立积极正常的情绪生活；二是要加强意志锻炼，有意识、自觉地、主动地控制和约束自己的外在不良行为，培养自己经受挫折的耐受力，在挫折面前既不盲目冲动，也不消极低沉；三是要培养良好的情操，加强思想品德修养，树立远大的理想和人生观，把自己的修养与社会需求结合起来，在求知与实践中，提高自身能力。

2. 培养本科生的综合能力

运动康复类毕业设计的开展其实能体现出学生的综合素质。保健康复学课程是在体育保健学理论课的基础上向学生介绍保健康复专业的相关理论，运用这些理论对实际问题进行分析并提出相应的解决办法。因此，体育保健学理论课不仅要向学生传授理论知识，而且应在教学的过程中培养和提高学生的专业综合能力，其根本目标是帮助学生运用所学的理论知识解决实际问题。学生的专业综合能力的核心是分析问题和解决问题的能力，而不只是单纯地思考问题。运动康复类毕业设计的创编使学生在编写的过程中对具体专业知识的学习与运用能力得到增强，使学生的自学能力、独立思考能力、判断能力、质疑能力、归纳能力、表达能力、合作能力等都得到全面的培养与发展，大大提升了学生的综合能力，对未来学生走向工作岗位也有很大帮助，让学生能够更快、更好地融入社会，适应工作岗位。

3. 实现自身价值

随着社会的发展、人类的进步和人们生活水平的提高，人们对健康的重视程度、对健康和医疗保健的要求也越来越高，但是人民的身体素质却在逐渐下降，人们不得不经常奔波于医院。而运动处方就是通过对疾病或功能障碍的康复治疗及对平时运动效果的干预，使身体一直能处于健康水平。保健康复类毕业设计的开展要求就是要依据各项体育运动规律制订在体育锻炼中必须遵守的活动要求与具体方法，帮助与指导体育运动参与者进行合理而安全的体育锻炼，达到增强体质、促进健康的目的。保健康复类毕业设计的开展应遵循循序渐进原则、全面性原则、系统性原则、经常性原则及区别对待原则，能够做到具体问题具体对待，具体问题具体解决，满足人们对保健康复的需求。

（二）运动康复类毕业设计开展的意义

1. 提高本科生对技能的掌握程度

对于保健康复专业的学生来说，掌握好专业的技能就是找准工作的思路。由于当代互联网的发展，信息的普及度越来越高，各种信息都可以在网上进行查阅浏览，所以对于保健康复专业的学生来讲，单纯地纸上谈兵已经成为过去时，现在更注重的是专业技能的掌握。而运动康复类毕业设计的开展就是在检验学生平时对于技能的掌握程度，对相关知识是否真的了解。如果学生没有切实地掌握所学的技能，那么毕业设计的编写就会出现很多问题，完成的毕业设计达不到自己预期的效果，就失去了研究意义。保健康复类学生在进行运动康复类毕业设计时要使他们的毕业设计能更好地适应社会需求，并且着重注意对常用技能的创新与编写，使自身能力与实际工作能密切结合。

2. 培养了专业型人才

我国对保健康复类人才提出了较高的要求，他们不仅要较好地掌握基础知识和基本技能，还应该熟悉治疗病人的一系列流程及对待病人的方法，了解并掌握与医学相关的基本知识，对于一些基本的治疗也要有所掌握，了解与人沟通的技巧，且心理素质过硬，这样才能够成为保健康复类的专业性人才。对患者进行灵活的保健康复处理能力并非是一朝一夕取得的，而是要有一定时间的磨炼和经验的累积，将从书本上学到的理论知识与实际状况相结合。保健康复专业学生所作的运动康复类毕业设计所包含的专业知识及技能水平都达到学校所要求的专业性水准，一些优秀毕业设计得到专家的认可并受到了推广。因此，保健康复类毕业设计对保健康复专业人才培养具有长远的推动作用。

3. 加强了运动康复专业的建设

运动康复类毕业设计的开展，加强了专业思想教育，激发了学生学习的积极性和使命感，提高了课堂教学效果与教学质量，让学生爱上学习，爱上保健康复专业，推动了保健康复专业的发展。由于学生对保健康复专业的不断探索使学校不断完善实验、实训基地的建设，引进高学历高素质的保健康复专业教师，增强学校的师资力量，加紧集教学、培训、科研为一体的多功能的实验场地的建设，并配备专职的实验、实训教师。同时，为了培养保健康复方面的人才，学校加强了与企业的合作，争取多和教学、科研能力强的健身、康复机构建立长期稳定的合作关系。运动康复类毕业设计从根本上提升了学生对保健康复专业的掌握水平，满足了保健康复专业的发展需要，加强了保健康复专业的建设。

第二节　运动康复类毕业设计的主体内容与环节结构

一、运动康复类毕业设计的主体内容

（一）创编说明

1. 项目介绍

体育运动类操化创编、成套按摩手法的创编和制订运动处方要针对自己毕业设计进行概述，分析所选题材原先存在哪些问题、哪些不足亟须解决。分析具体的创编背景、原因和特点，以及创编的内容概述，创编针对的对象和创编的具体实施概述。

2. 目的意义

目的：练习者或患者运用设计方案要解决什么问题，达到什么样的效果，使练习者身体状态达到或恢复到什么水平。

意义：保健康复类毕业设计给练习者或患者带来什么样的发展，能对练习者或患者起到怎样的作用。

3. 适用对象

根据对象的性别、年龄、健康状况等进行界定，阐述其与保健康复类毕业设计的合理

性、可行性关系。

（二）编排基础与条件

1. 理论基础

学生在本科阶段学习的专业理论知识及与专业相关的理论知识。

2. 实践基础

校内的专业课程实践及校外的教学实践、社会实践。

3. 自身条件

学生在专业课方面的优势、具备哪些能力、具有怎样的实践经历、曾获得哪些荣誉等表明其有能力足以撰写保健康复类毕业设计。

4. 周围环境

学校环境中具备实验场地、治疗室、书籍、师资等软硬件资源；实习环境能增强实践能力和提高专业水平；兼职环境有助于了解编排对象的需求和特点。

（三）创编原则

1. 手法和运动相结合的原则

在方案制订上采用设计方案手法和运动相结合原则，将设计方案和运动锻炼有机结合在一起。

2. 动作简练易学原则

动作简单，使人学习起来没什么负担，也方便人们记住动作，能更快更好地投入练习中，能够充分发挥方案的效果。

3. 保健身体的原则

对于练习者来说，通过对本方案的练习，可防病或辅助治疗一些疾病等。

（四）创编特点或创编特色

阐述为了达到怎样的目的而运用的具体方法；设计方案的实施效果；设计方案运用了哪些知识、结合了哪些内容以实现怎样的效果。

（五）病理与治疗原理

阐述设计所针对的人体具体部位疾病发生、发展的过程和原理，以及相应的治疗原理。

（六）方案具体内容

将设计方案以文字的形式表现出来，具体阐述组合的详细内容和设计的结构。

（七）方案图解说明

将设计方案以图片的形式表现出来，具体阐述设计的结构。

（八）方案实施的注意事项

详细阐述方案实施所需要注意的事项及预防、调护措施。

（九）疗效评价标准及自评

方案设计时的评价标准。自评指的是，如果方案已经实施，自己对已实施的方案效果进行评价。

（十）项目实施的可行性或实施证明

学生在本科期间的专业特点、优势及学过哪些知识能够运用于运动康复类毕业设计中；具有哪些能力能够撰写运动康复类毕业设计；曾参与过哪些对撰写运动康复类毕业设计有一定帮助的社会实践、调研活动；校内和校外有哪些人员和资源为撰写运动康复类毕业设计提供了帮助。

二、运动康复类毕业设计的主要步骤

（一）选好设计方向

选好设计方向就是使创编具有目的性，以便设计得到更好的实施和操作。明确运动康复类设计的目的。

（二）内容的选择与确立

内容的选择来源于平时的积累，具体设计所需素材在创编者的素材库中选取。每种类型的设计有不同目标，且实现的价值也不同，所以在毕业设计内容的选择上要明确方向，确立主题。

（三）建立基本结构

结构就是搭建起整个设计内容的“骨骼”，它能使设计更加完整。通常由于运动康复类毕业设计类型不同，因此，结构的构建也有所不同，但是由于设计内容具有针对性，所以便要形成清晰的框架以便进行具体操作。

（四）完成设计内容

按照结构框架的要求，将设计内容整合起来，检查内容是否具有合理性、针对性、实施性等，如有不完善之处用具体的图片或文字解释进行补充说明。

（五）评价与修改

当设计完成以后，要进行实践运用，然后进行评价，对不合理之处加以完善。为了实现最佳的实施效果，需要请专家进行评价。专家首先根据创编原则进行评价，然后根据生理指标对锻炼价值和是否会造成损伤进行评价，可从是否具有合理性、针对性及实施性等角度入手，也可从内容的整体或部分进行分析，使设计更具说服力。

第三节 运动康复类毕业设计的要求

一、运动康复类毕业设计的设计要点

（一）注重设计内容的选择

所选运动康复类毕业设计内容应与保健康复专业所教授内容保持一致，内容设置上不宜过于有深度，否则在短时间内难以取得预期效果，且不符合自己的撰写水平。不论是毕业设计还是毕业论文，其内容都是由论点、论据、论证三大要素构成，要以逻辑思维的方式为展开的依据提供支撑，对所选设计内容在讲究事实的基础上展开严谨的推理过程，最后得出令人信服的结论。

（二）设计内容要有目的性与针对性

在运动康复类毕业设计过程中，要注意设计内容具有目的性和针对性。目的性是指在创编的过程中，强调依据内容创编的目的而选择基本动作；而针对性要求内容的选择要根据选择对象的需求和状况来决定，创编的内容对创编对象的身体健康能起到恢复和促进作用。设计选择要有一定的目的性和针对性就导致在创编过程中选择设计内容时存在一定的局限性，但目的是突出内容的效果，为实现毕业设计的最终意义做准备。动作的选择要有目的性和针对性就在于强调实施的具体化，有利于实现良好的设计效果。

（三）设计内容要突出独特性

运动康复类毕业设计应将传统的保健按摩与功能性运动锻炼相结合，提出具有创新性的设计方案，把一些理论知识运用于设计创编中，在设计合理的前提下突出保健康复专业的创新性。另外，方案内容要简单，容易学习，对工具和场所要求度不高，在室内和室外均可进行，锻炼方式灵活多变。

二、运动康复类毕业设计的注意事项

（一）设计方案具有针对性

在撰写运动康复类毕业设计过程中，根据所针对群体的个人特点及季节、地域等客观条件，合理地确定设计内容，选择方法手段和安排运动方案，使之符合实际需要。对选择的对象采取具体问题具体对待、具体问题具体解决的设计方法，有针对性地完成自己开展的运动康复类毕业设计。

（二）设计方案具有合理性

运动康复类毕业设计所具有的合理性是指遵从保健康复专业基本的理论知识再进行内容的设计，使设计符合常理，具有一定的逻辑性。确保设计内容的完整性与创编内容的安全、准确、科学。

（三）设计方案具有实践性

实践性是指学生在进行运动康复类毕业设计的过程中，必须参与实践，在实践中促进思维能力的进一步发展，将设计内容与现实需求相结合，在实践中检验设计成果的正确性。只有实践过后才能发现问题，看出效果，之后再加以修改。

三、运动康复类毕业设计的评价标准

运动康复类毕业设计的评价标准见表6-1。

表6-1 重庆文理学院体育学院学生毕业设计（保健康复类）评价标准

评价指标	分值
选题明确、规范	5
创编的目的明确，思路清晰，创编有价值	10
创编对象明确，符合对象的生理、心理及病理特点	5

续表

评价指标	分值
方案内容的针对性、科学性、全面性、实用性原则和创编方法的运用	20
方案创编的合理性	10
方案创编特色鲜明，具有创新性	10
病理和治疗原理阐述清楚	10
方案实施的效果评价	10
方案图解说明清楚	15
方案实施的可行性分析透彻	5

第四节　运动康复类毕业设计的具体范例

本科生毕业设计

题　　目：传统理筋手法与肌内效贴相结合对“鼠标手”干预方案设计

类　　型：保健康复类

学　　院：体育学院

专　　业：社会体育（保健康复）

学生姓名：张晶晶

学　　号：略

指导教师：刘凌

目　录

略。

传统理筋手法与肌内效贴相结合对“鼠标手”干预方案设计

1. 创编说明

1.1 创编背景

“鼠标手”的规范名词应为腕管综合征（carpal tunnel syndrome，CTS）或者叫迟发性正中神经麻痹，这种病症是由于手腕部的正中神经受到卡压后而引起的最常见的神经病症。其病理基础是由于长期不合理地使用鼠标、键盘，且使用时腕部被迫背伸至一定角度，腕侧在桌面上接触形成的压力加大，导致腕部的正中神经及血管挤压、摩擦受损，麻木、疼痛、僵硬、感觉异常等一系列症状会出现在患肢腕部及拇指、食指、中指和无名指桡侧。

伴随电脑的普及，随之而来的是“鼠标手”发病率的不断增加。意大利国家工商事故保险局（INAIL）统计了2000年所有与工作相关的肌肉骨骼病，其中“鼠标手”占57%。据美国统计，每1万名全职工作人员中有3名患有“鼠标手”[1]。生理心理上的不适极大地困扰着患者，在经济上的花费及对社会的影响也是巨大的。

“鼠标手”是在1854年由Paget提出，西医临床根据病情程度，多针对采用内窥镜神经缓解术、神经营养剂内服、抗炎药物注射等疗法，中医一般利用针灸、功能锻炼、物理治疗，但目前上述中西医疗法仍存在一定的局限性和有待改进之处[2]。手术要切除部分韧带，若切除不充分，愈合会出现瘢痕增生，从而会形成新的卡压[7]，效果好的药物相对来说价格比较贵，该病症又需要长期用药，花销相对较大。而传统理筋手法和肌内效贴将传统与现代技术相结合，根据不同时期针对治疗，操作简便、费用低、疗效佳，备受患者欢迎。

现代研究证实，理筋手法对血液循环的促进、瘀血的吸收、损伤组织的修复等具有一定的作用，医生可以依据患者的具体病情，采用各种针对性手法进行治疗，并且在直接作用于人体局部的同时刺激神经、体液进行调节，从而对人体内分泌、运动、免疫等系统产生一定的影响[3]。促进消肿、预防运动损伤、缓解疼痛及协调肌肉和关节功能等方面是现如今国内外对肌内效贴研究方向的集中点，并不断受到研究者们的关注[4]。

1.2 项目的介绍

在深入学习剖析“鼠标手”的损伤原理的基础上，充分利用传统理筋手法和肌内效贴在治疗上的优点设计一套切实可行的临床 “鼠标手”治疗方案。

1.3 适用的人群

无推拿及肌内效贴禁忌症的“鼠标手”患者。

1.4 目的和意义

（1）充分运用传统理筋手法和肌内效贴，根据“鼠标手”的特点创编一套行之有效的临床治疗方案。

（2）探索传统理筋手法与肌内效贴相结合治疗“鼠标手”的模式，为临床治疗“鼠标手”提供新的思路和方法。

（3）将传统康复技术与现代康复治疗技术相结合，为治疗运动损伤病症提供一定的参考。

2. 创编的基础和条件

2.1 理论基础

本人在学校期间学过很多专业知识与技能，也经过专业的按摩培训，所学知识包括“临床医学概论”“康复医学”“康复评定学”“物理治疗学”“医学生理学”“医学理论基础”“运动解剖学”“正常人体解剖学”“针灸学”“筋伤学”“中医骨伤基础”“系统解剖学”“保健按摩师”“康复护理学”“运动医学推拿手法”等，并考取了中级、高级按摩师资格证，同时多次查阅了传统理筋手法和肌内效贴的相关资料，使得本人具备了良好的理论基础，对该病例有了深刻的了解，以及一些独到的见解。

2.2 实践基础和实施条件

2.2.1 自身条件

（1）有两年社区义务按摩经历，担任过2016年重庆高职院校CUBA后勤医疗小分队队员，重庆全程、半程马拉松比赛后勤治疗小分队队员等，拥有丰富的实践经验。

（2）选题内容与所学专业相符。

（3）对该项目的研究有强烈兴趣。

（4）在学校的专业学习和专业技能的培训下考取了中级、高级按摩师资格证。

2.2.2 周围条件

（1）所选导师曾为临床主治医生，有丰富的经验，能够很好地指导我。

（2）我校体育学院聘请中医院教师进行授课。

（3）治疗设备和场所可以在学校及医院获得。

（4）可从我校图书馆获得众多文献资料来支撑我的设计。

（5）身边病例充足，例如学校的教师、身边的同学及校内家属区的居民，为本方案的设计与实践提供了良好的条件。

3. 创编原则

针对性原则：本干预方案的设计是专门针对不同时期“鼠标手”患者制订的。

有效性原则：本干预方案的设计符合常理，治疗和调理有序，理筋轻重有度，与肌内效贴相互结合，形成完整有效的“鼠标手”干预治疗方案。

统一与多样性原则：这套方案在该病症的基础上，根据不同患者不同程度的病情所采用的理筋和贴扎是不同的。

4. 创编特点与特色

本方案将传统治疗技术和现代治疗技术相结合，充分发挥了传统理筋和肌内效贴的治疗优势。

传统理筋和肌内效贴相结合治疗“鼠标手”符合常理，并且针对性较强。

本方案在如今的形势下实践性很强。

本方案经济、安全、无副作用。

5. “鼠标手”的病因病机

“鼠标手”在中医学中属于“筋伤”“痹症”范畴，此病本虚夹实，正气虚是痹症发病的内在因素和决定性因素。人体由于正气不足，卫外不固，外邪不御，易被风寒湿热等邪气侵入，阻滞关节、筋骨、络脉，闭阻血脉、停聚津液、营卫不通，久而痰瘀互结，劳伤而痹痛，气血而凝滞，皮内则肿痛、筋骨则挛折、肿硬而麻木[2]。同时因为劳作过度，积劳成疾，同样使得气血运营不畅，经筋营养不善而引发病症。

在现代医学看来“鼠标手”是由于腕部神经受到卡压而形成的一种神经性综合征。主要由于手腕过度伸展时腕内压力升高，长此以往使得正中神经及血管挤压、摩擦受损，组织液渗出，局部肿胀，从而导致患肢腕部及拇指、食指、中指和无名指桡侧等部位出现麻木、疼痛、僵硬、感觉异常等症状。

5.1 治疗原理

运用传统理筋手法理筋通络、消散瘀血，改善本病因经脉阻滞、血脉痹阻而引起的疼痛和功能障碍。肌内效贴可改善局部肌力不平衡、纠正姿势不当、消除肿胀、降低炎症反应、皮肤肌肉间的间隙增加等情况，同时促进血液、淋巴循环，减少疼痛刺激，肌内效贴在治疗区域的持续作用，使得传统理筋手法的治疗作用有效延长，两者结合能获得更好的治疗效果。

5.2 治疗方法

5.2.1 急性期病因

在短时间内，由于腕管内压力增加，正中神经、血管和屈指肌腱粘连且受到压迫导致正中神经功能障碍。血流受阻，手腕屈曲等运动受限。腕横纹的远侧手肿胀，在正中神经支配的区域疼痛持续性增加，麻木加重，并且手腕和手指的弯曲极大受限。

理筋手法

第一部分：放松肌肉

动作图示	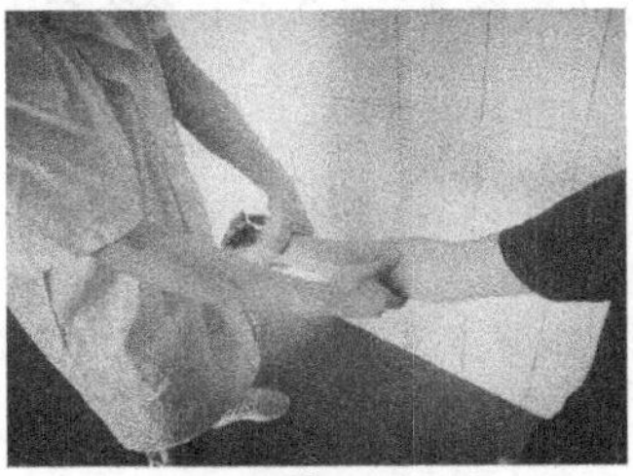 图1 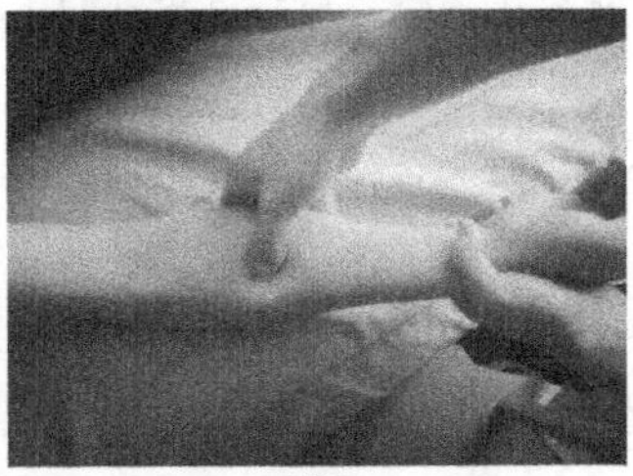 图2
动作要领	拿捏法：患者取坐位或卧位，术者一手握住患者患肢腕部，另一手拇指和其余四指指腹相对，然后从上到下用力拿捏放松屈肌群，按摩时间1～2分钟，如图1、图2
动作意义	消除组织肿胀、肌肉酸胀，改善气血凝滞，促进血液、淋巴液循环，减轻疼痛，通经活络，此举有助于加速恢复

第二部分：治疗

动作图示	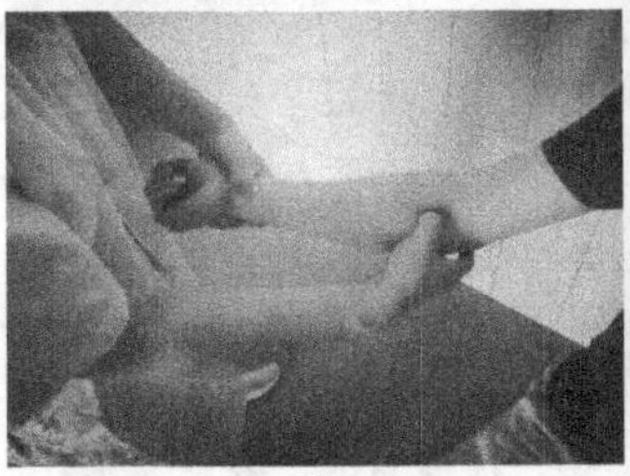 图3 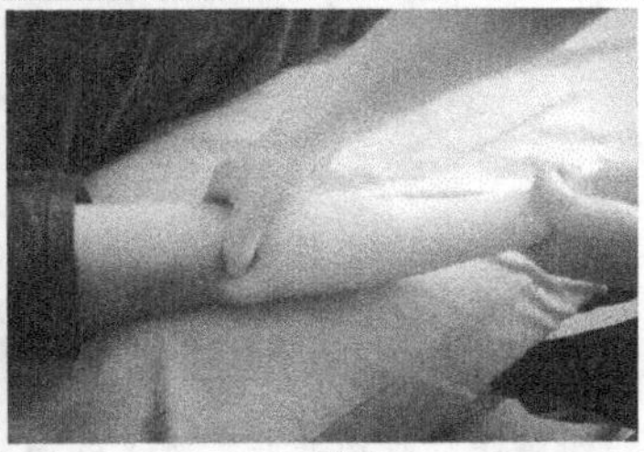 图4
动作要领	弹法：患者取坐位或者卧位，术者一手握住患者患肢腕部，另一手用拇指指端对屈肌群的主要起止点和肌腹进行轻弹，按摩时间0.5～1分钟，如图3、图4
动作意义	具有缓解痉挛，使之软化，将肌腱滑脱恢复至正常解剖位置，改变突出物与神经根位置关系的作用

动作图示	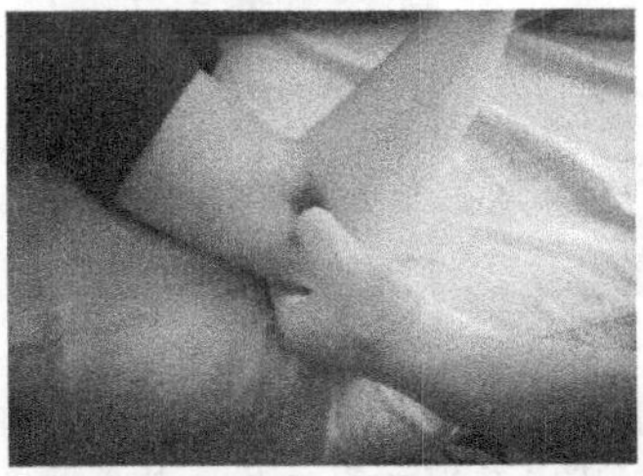 图5　曲池  图6　手三里 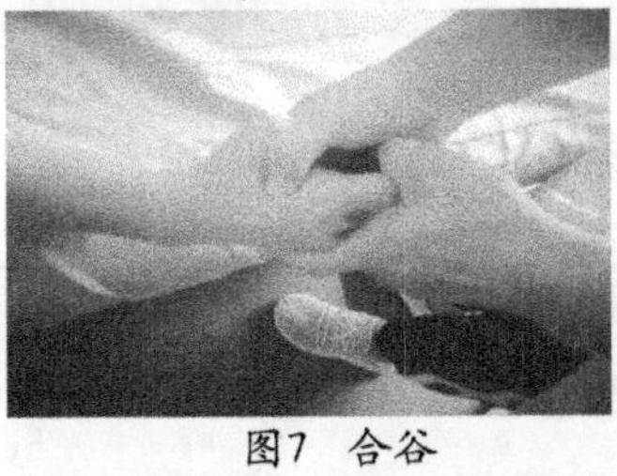 图7　合谷 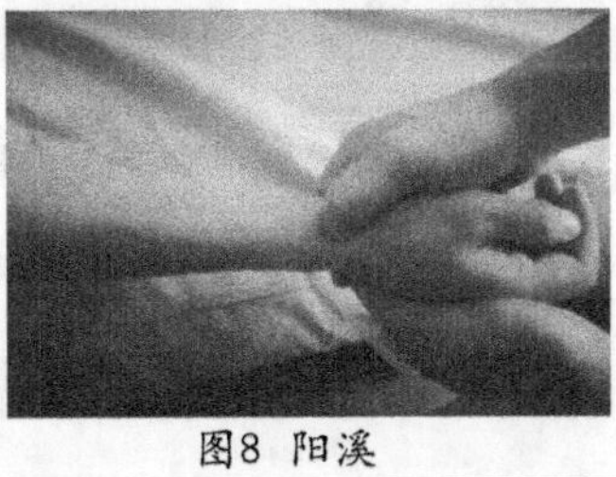 图8　阳溪

动作要领	点按穴位：患者取坐位或卧位，术者用拇指指尖点压、按揉患者曲池、手三里、阳溪、外关、大陵、合谷、鱼际、劳宫等穴位，每个穴位按摩时间0.5～1分钟，如图5至图8。
动作意义	① 前正穴（定位：肘横纹中点的下2寸）、谷下穴（定位：合谷穴下1寸），治疗作用：缓解腕关节损伤及功能障碍 ② 大陵、阳溪、合谷穴，治疗作用：缓解腕部麻痹疼痛 ③ 外关、曲池穴，治疗作用：缓解手臂麻痹疼痛 ④ 手三里穴，治疗作用：缓解臂无力疼痛 ⑤ 鱼际穴，治疗作用：缓解腕部关节炎症 ⑥ 劳宫穴，治疗作用：指麻，同时具有缓解痉挛，使之软化，将肌腱滑脱恢复至正常解剖位置，改变突出物与神经根的位置关系的作用

第三部分：整理

动作图示	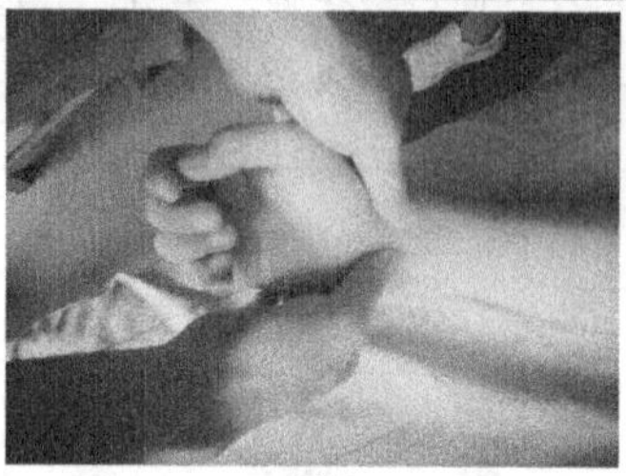 图9 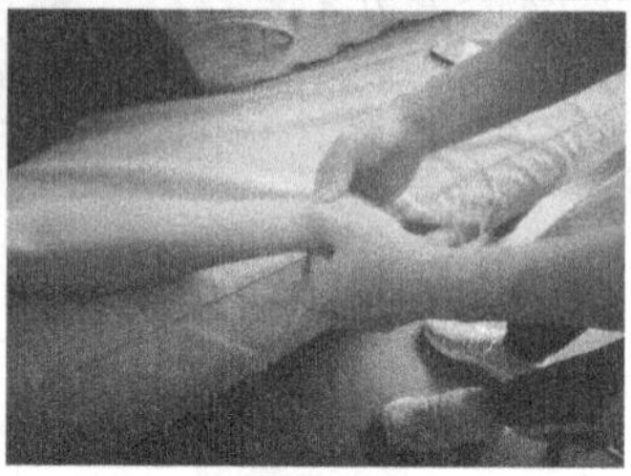 图10
动作要领	拇指按揉：患者取坐位或卧位，术者双手食指、中指两指并拢托住患肢腕背部，然后用拇指对掌侧腕部进行由中间向两边的按摩，按摩时间1～2分钟，如图9、图10
动作意义	消除组织肿胀、肌肉酸胀，改善气血凝滞，促进血液、淋巴液循环，减轻疼痛，通经活络，此举有助于加速恢复

动作图解	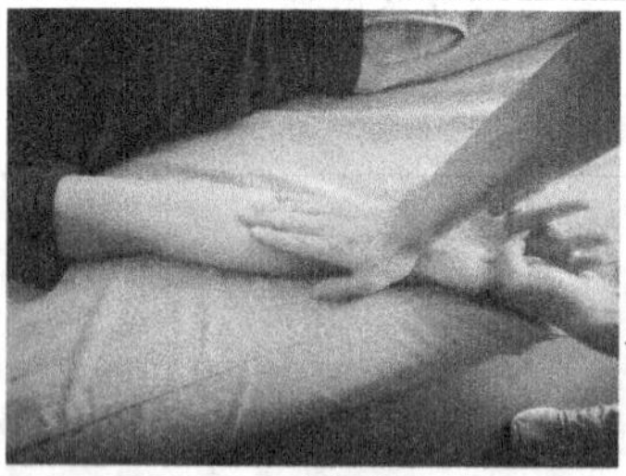 图11 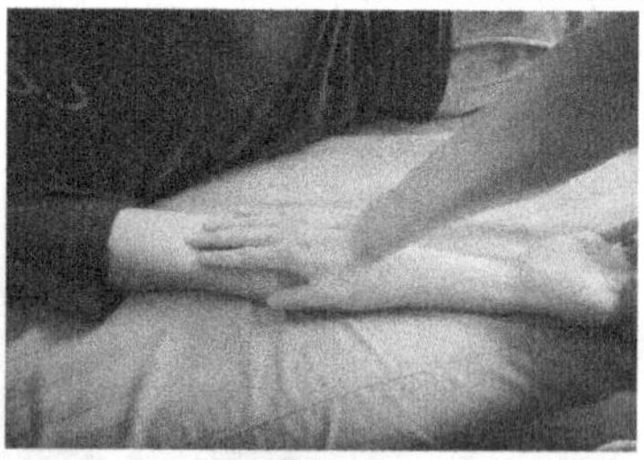 图12
动作要领	推压：患者取坐位或卧位，术者在拇指外展、四指并拢的基础上，将掌根、小鱼际紧贴在患者患肢皮肤上，然后有节奏地间断地向前沿直线做一推一压，且重复进行，按摩时间1～2分钟，如图11、图12
动作意义	此举有利于活血舒筋，消除瘀血，散发积气，消肿止痛

动作图示	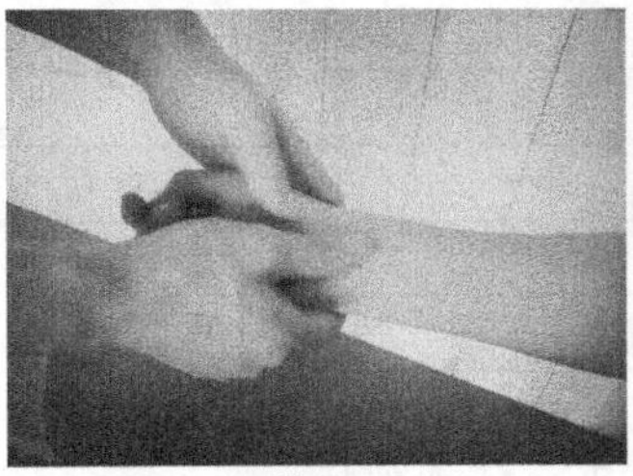 图13 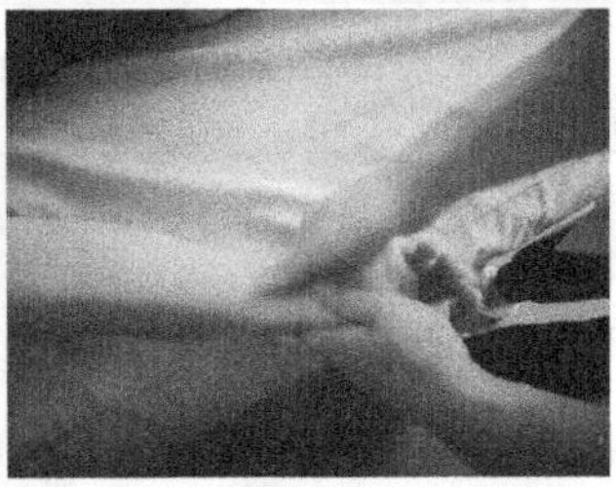 图14
动作要领	捋法：患者取坐位或卧位，术者用双手托住患者患肢腕背侧，然后用两拇指触及肌腱的深层，缓慢来回捋压，促进血液流动；为防止皮肤摩擦受损，一般会先涂按摩介质，按摩时间1～2分钟，如图13、图14
动作意义	消除组织肿胀、肌肉酸胀，改善气血凝滞，促进血液、淋巴液循环，减轻疼痛，通经活络，从而有助于加速恢复

动作图解	 图15 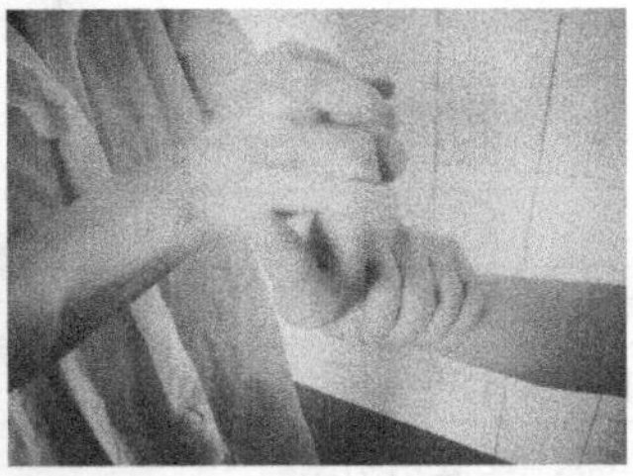 图16 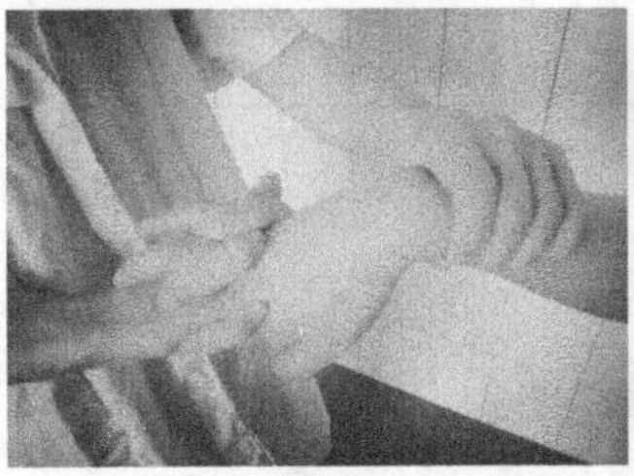 图17 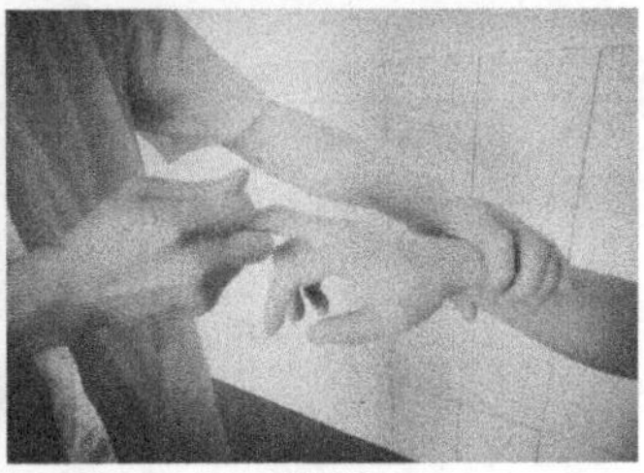 图18
动作要领	拔伸：患者取坐位或卧位，术者在轻度拔伸患者患手的基础上，慢慢地屈伸和旋转腕关节，最后用拇指和食指从患指根部捻动到指尖，且用食指和中指夹住患者手指并拔伸，依次捻动拔伸一、二、三、四指，以能发出弹响声为佳，按摩时间0.5～1分钟，如图15至图18
动作意义	具有缓解痉挛，使之软化，将肌腱滑脱恢复至正常解剖位置，改变突出物与神经根的位置关系的作用

肌内效贴的运用

第一步：痛点提拉

动作图示	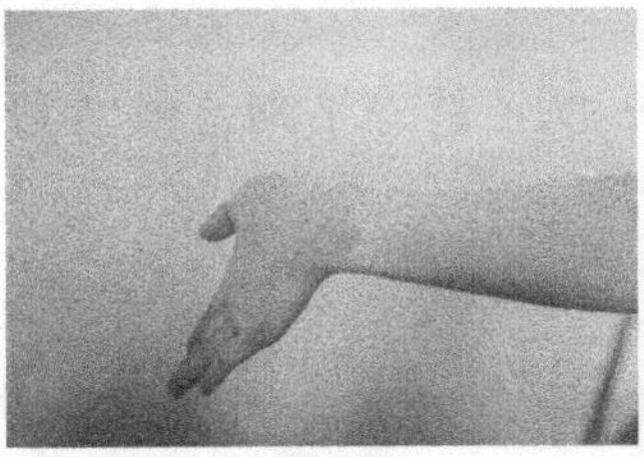 图19 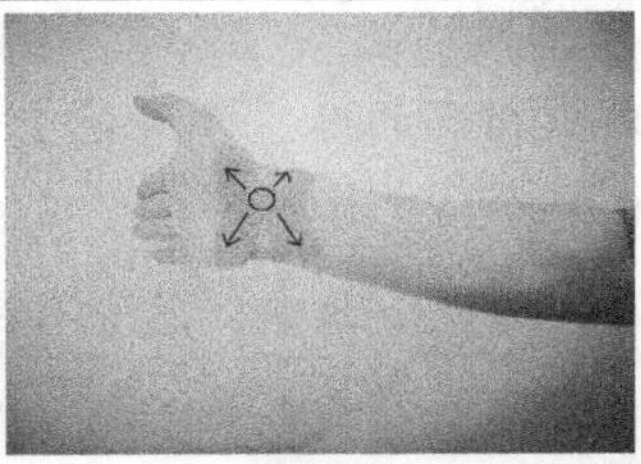 图20

贴布	选用“X”形贴布，如图19、图20
摆位	组织牵拉，腕背伸
拉力	自然拉力
方向	痛点提拉
目的	对局部痛点进行提拉，缓解疼痛

第二步：改善循环

动作图示	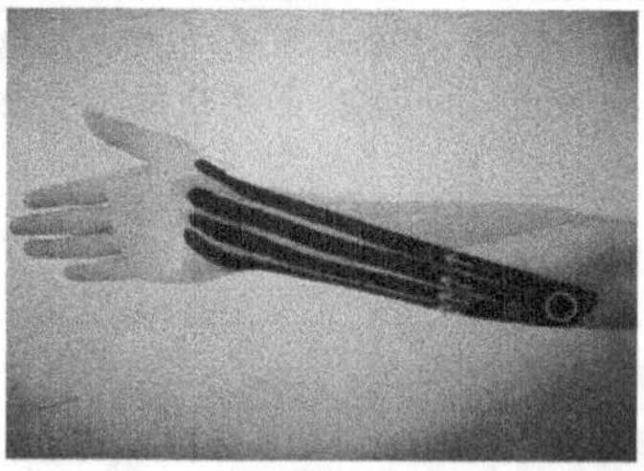 图21
贴布	选用“爪”形贴布，为强化引流效果可将“爪”形贴重叠交叉，如图21
摆位	中立位
拉力	自然拉力
方向	远端向近端引流
目的	改善循环，促进消肿

第三步：固定

动作图示	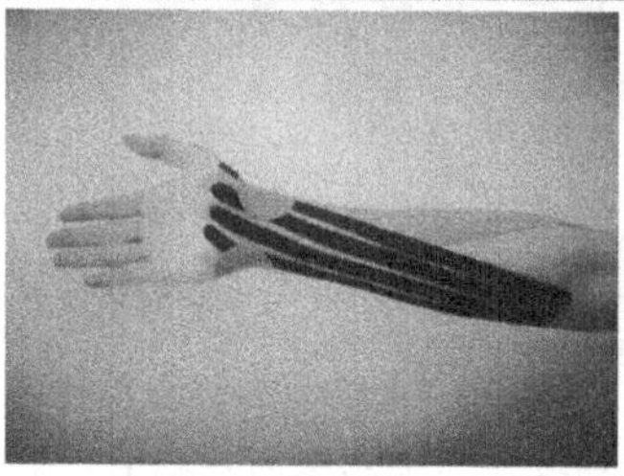 图22 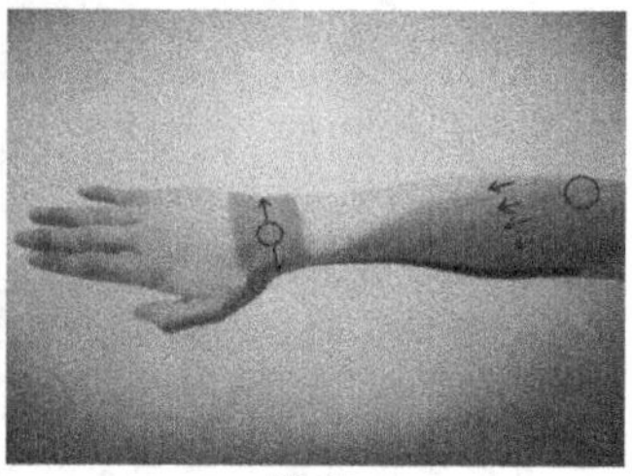 图23
贴布	选用“I”形贴布，如图22、图23
摆位	腕关节掌屈，牵拉腕背侧组织
拉力	中度拉力
方向	腕背侧中心向两边，绕手腕2/3圈的长度，最好不重叠，以免影响循环
目的	固定腕关节，制动

5.2.2 慢性期病因

中指、无名指指尖的麻木不适感会出现在患者早期，随后拇指、食指、中指和无名指桡侧也逐步受累，如果病变继续发展而不进行治疗，疼痛、麻木感将向上蔓延至肘、肩部。该症状夜间及清晨会加重，患者有夜间疼醒史，但是在活动或者甩手后症状会得到减轻。在病症进一步加重下，疼痛及感觉障碍呈持续性，更有严重者会出现大鱼际肌肉的萎缩，拇指活动受限及对指无力等症状。

理筋手法

第一部分：放松肌肉

动作图示	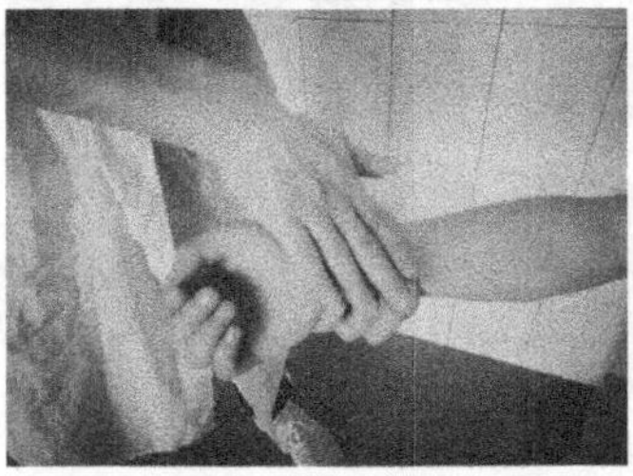 图24 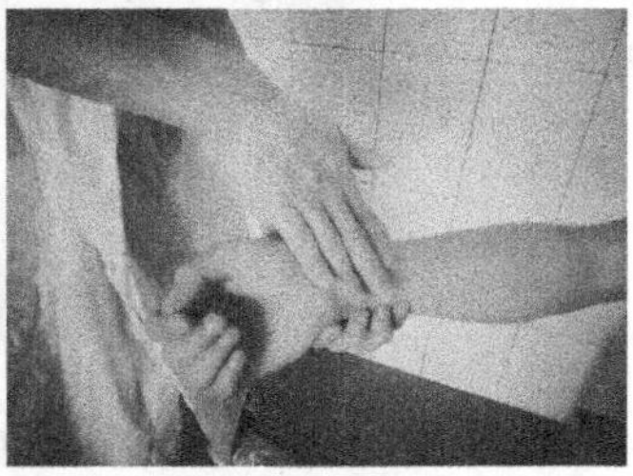 图25
动作要领	搓法：患者取坐位或卧位，术者一手托起患者患肢腕部，另一手用手掌贴附于患者掌侧腕部来回搓至发热为佳，按摩时间1～2分钟，如图24、图25
动作意义	局部摩擦产热升温，血液、淋巴液的循环加速，组织营养得到改善，从而促进组织代谢，消除肌肉酸胀、疲劳

动作图示	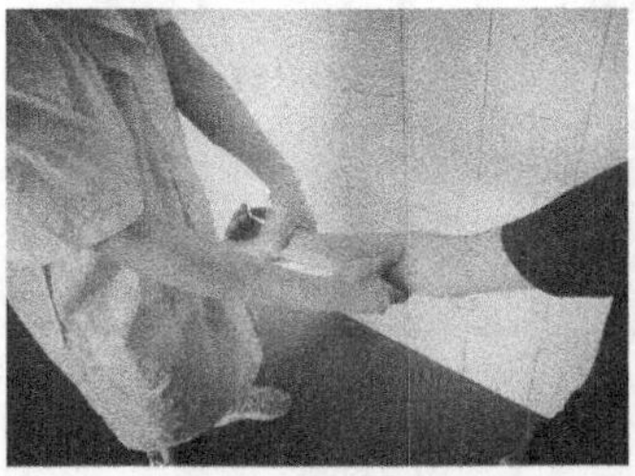 图26 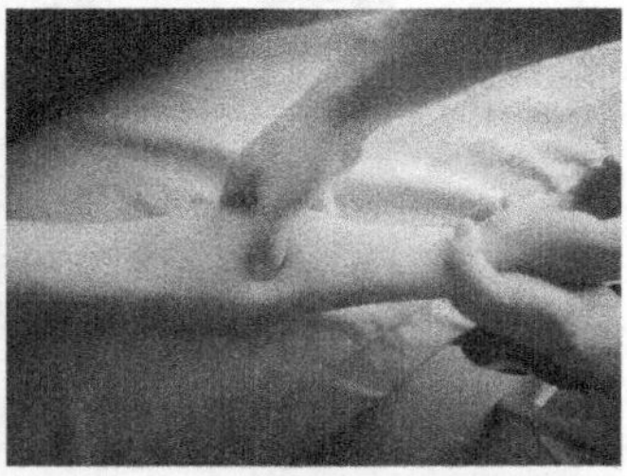 图27
动作要领	拿捏法：患者取坐位或卧位，术者一手握住患者患肢腕部，另一手的拇指和其余四指指腹相对，然后从上到下用力拿捏放松屈指肌群，按摩时间1～2分钟，如图26、图27
动作意义	消除组织肿胀、肌肉酸胀，改善气血凝滞，促进血液、淋巴液循环，减轻疼痛，通经活络，从而有助于加速恢复

第二部分：治疗—放松—治疗

动作图示	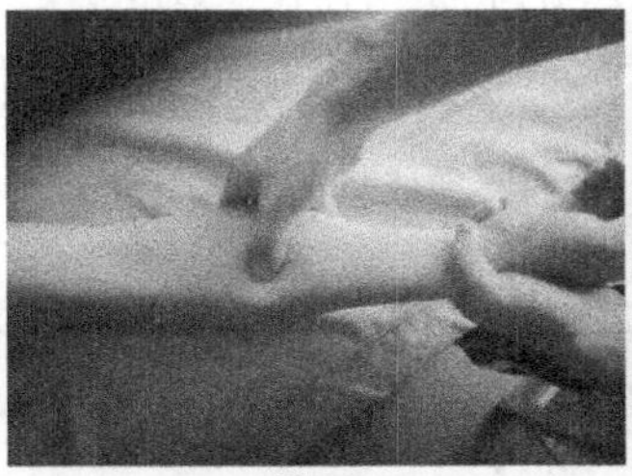 图28 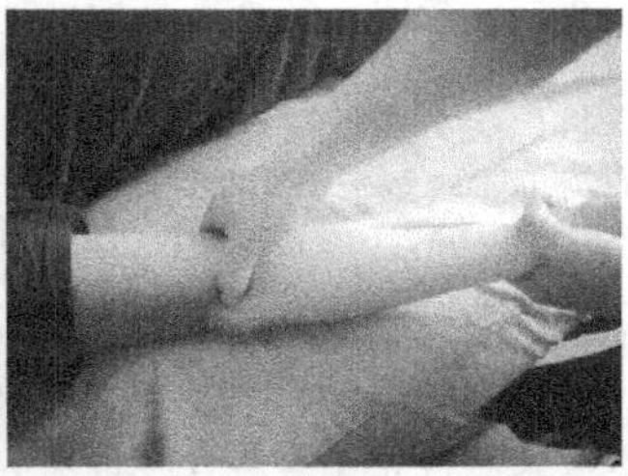 图29
动作要领	弹法：患者取坐位或卧位，术者一手握住患者患肢腕部，另一手用拇指指端对屈指肌群的主要起止点和肌腹进行轻弹，按摩时间0.5～1分钟，如图28、图29
动作意义	具有缓解痉挛，使之软化，将肌腱滑脱恢复至正常解剖位置，改变突出物与神经根的位置关系的作用

动作图示	 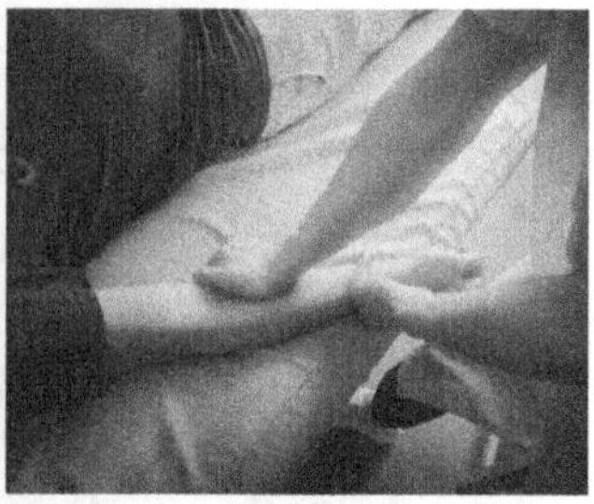 图30 图31
动作要领	揉法：患者取坐位或卧位，术者左手拖住患者手腕部，右手从上往下对其进行掌根揉法，按摩时间1～2分钟，如图30、图31
动作意义	消除组织肿胀、肌肉酸胀，改善气血凝滞，促进血液、淋巴液循环，减轻疼痛，通经活络，从而有助于加速恢复

动作图示	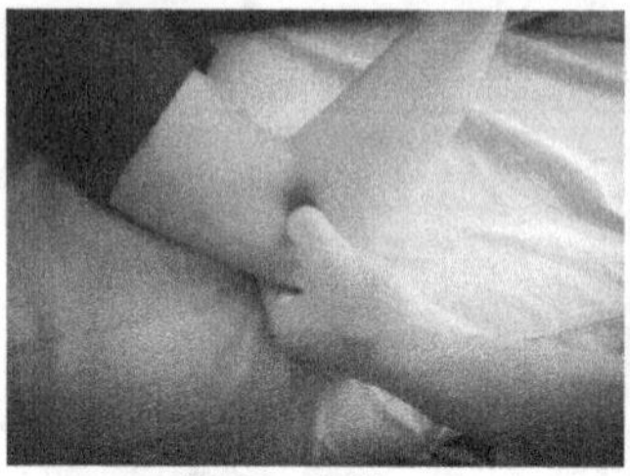  图32 曲池 图33 手三里   图34 合谷 图35 阳溪
动作要领	点按穴位：患者取坐位或卧位，术者用拇指指尖点压、按揉患者曲池、手三里、阳溪、外关、大陵、合谷、鱼际、劳宫等穴位，按摩时间0.5～1分钟，如图32至图35
动作意义	① 前正穴（定位：肘横纹中点的下2寸）、谷下穴（定位：合谷穴下1寸），治疗作用：缓解腕关节损伤及功能障碍 ② 大陵、阳溪、合谷穴，治疗作用：缓解腕部麻痹疼痛 ③ 外关、曲池穴，治疗作用：缓解手臂麻痹疼痛 ④ 手三里穴，治疗作用：缓解臂无力疼痛 ⑤ 鱼际穴，治疗作用：缓解腕部关节炎症 ⑥ 劳宫穴，治疗作用：指麻，同时具有缓解痉挛，使之软化，将肌腱滑脱恢复至正常解剖位置，改变突出物与神经根的位置关系的作用

第三部分：整理

动作图示	 图36 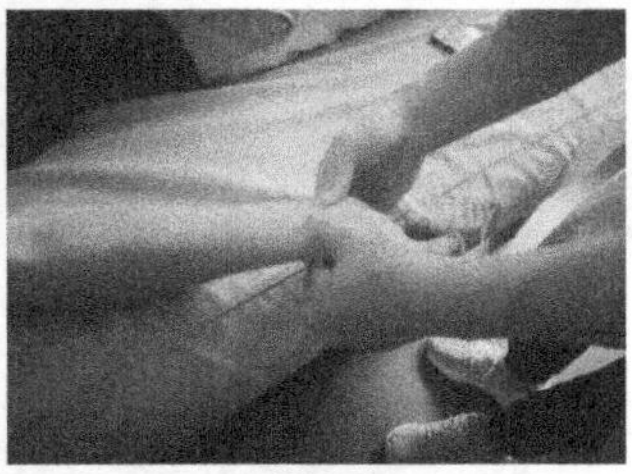 图37
动作要领	拇指按揉：患者取坐位或卧位，术者双手食指、中指两指并拢托住患者患肢腕背部，然后用拇指对掌侧腕部进行由中间向两边按摩，按摩时间1～2分钟，如图36、图37
动作意义	消除组织肿胀、肌肉酸胀，改善气血凝滞，促进血液、淋巴液循环，减轻疼痛，通经活络，从而有助于加速恢复

动作图示	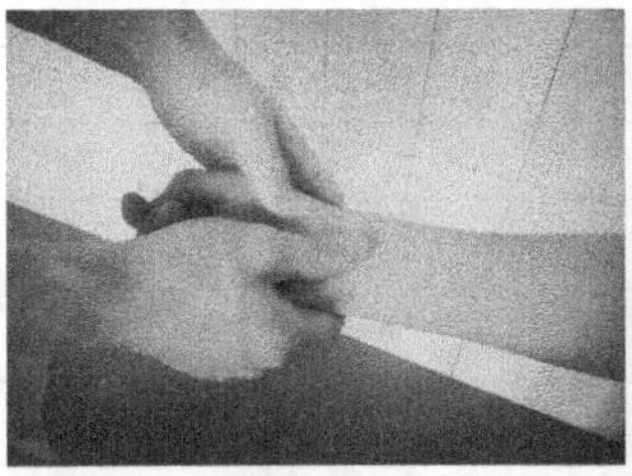 图38 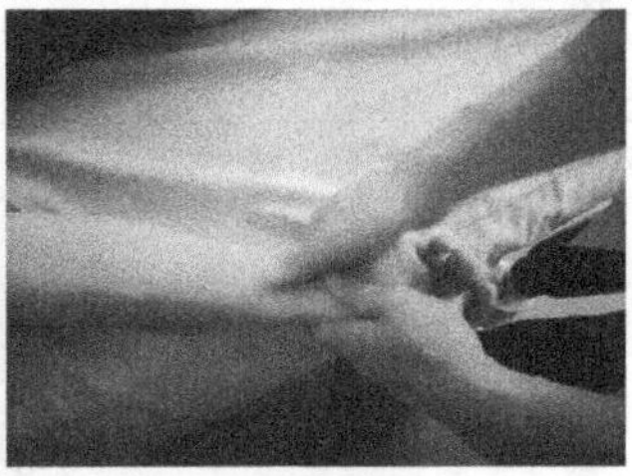 图39
动作要领	捋法：患者取坐位或卧位，术者用双手托住患者患肢腕背侧，然后利用两拇指触及肌腱的深层，缓慢来回捋压，促进血液流动；为防止皮肤摩擦受损，一般会先涂按摩介质，按摩时间1～2分钟，如图38、图39
动作意义	消除组织肿胀、肌肉酸胀，改善气血凝滞，促进血液、淋巴液循环，减轻疼痛，通经活络，从而有助于加速恢复

动作图示	 图40 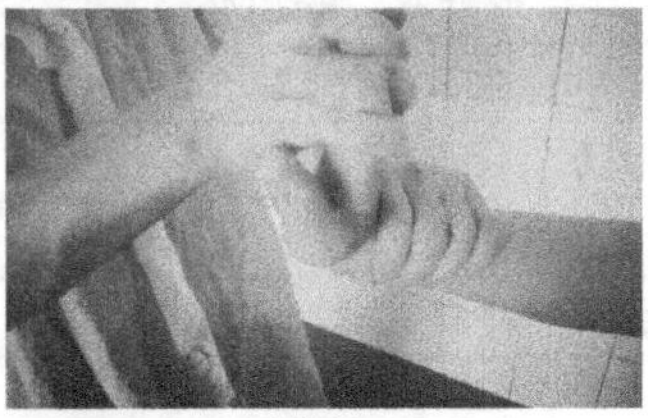 图41 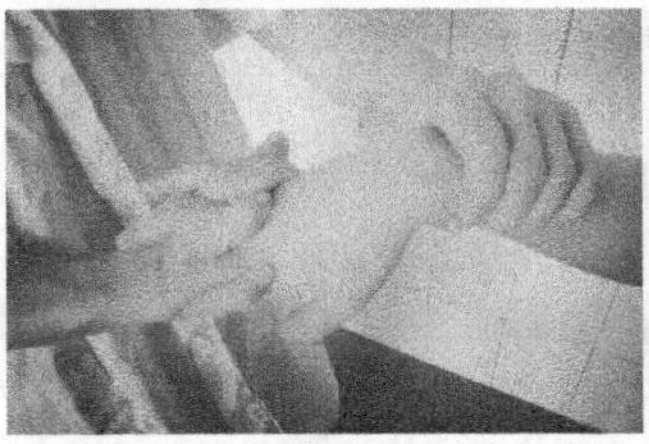 图42 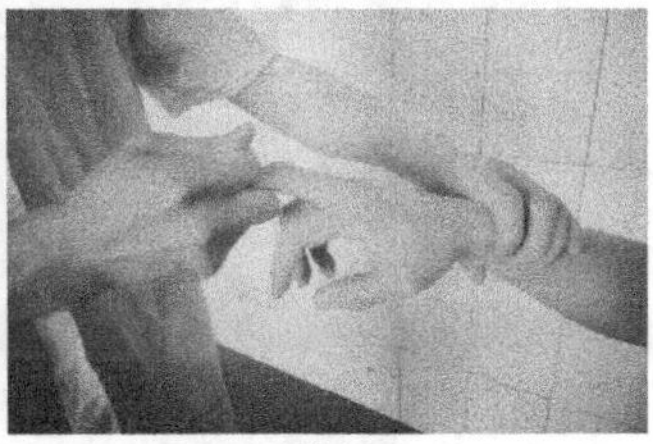 图43
动作要领	拔伸：患者取坐位或卧位，术者在轻度拔伸患者患手的基础上，慢慢地屈伸和旋转腕关节，最后用拇指和食指从患指根部捻动到指尖，且用食指和中指夹住患者手指并拔伸，依次捻动拔伸一、二、三、四指，以能发出弹响声为佳，按摩时间0.5～1分钟，如图40至图43
动作意义	具有缓解痉挛，使之软化，将肌腱滑脱恢复至正常解剖位置，改变突出物与神经根的位置关系的作用

肌内效贴的运用

第一步：痛点提拉

动作图示	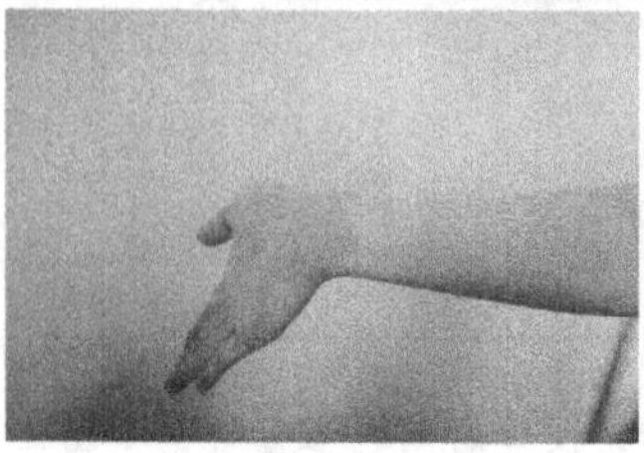 图44 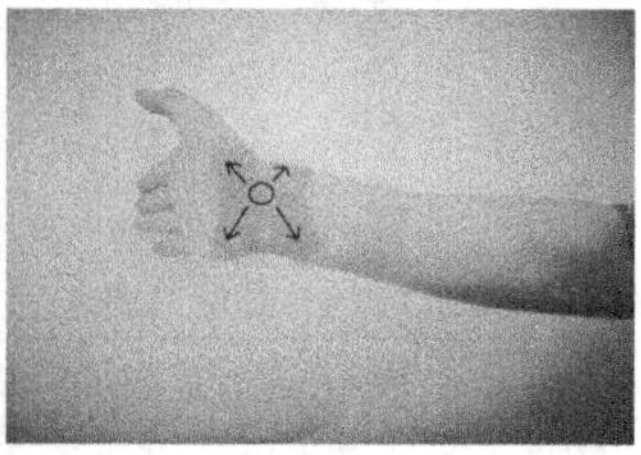 图45
贴布	选用“X”形贴布，如图44、图45
摆位	组织牵拉，腕背伸
拉力	自然拉力
方向	痛点提拉
目的	对局部痛点进行提拉，缓解疼痛

第二步：放松肌肉

动作图示	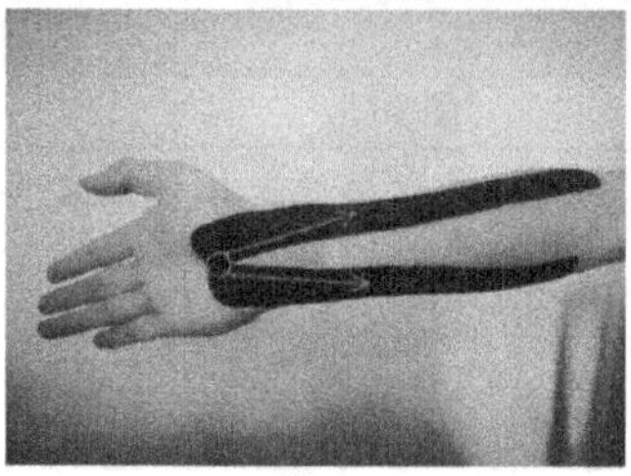 图46
贴布	选用“Y”形贴布，如图46
摆位	组织牵拉，腕微背伸
拉力	自然拉力
方向	远端向近端
目的	对屈指肌群进行放松

第三步：力学矫正，引导筋膜流向

动作图示	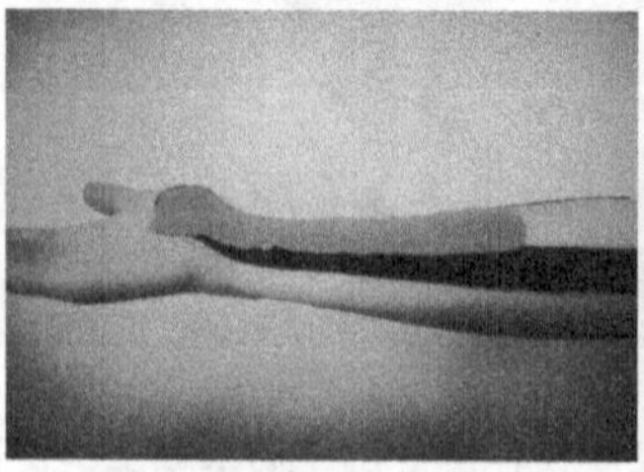 图47 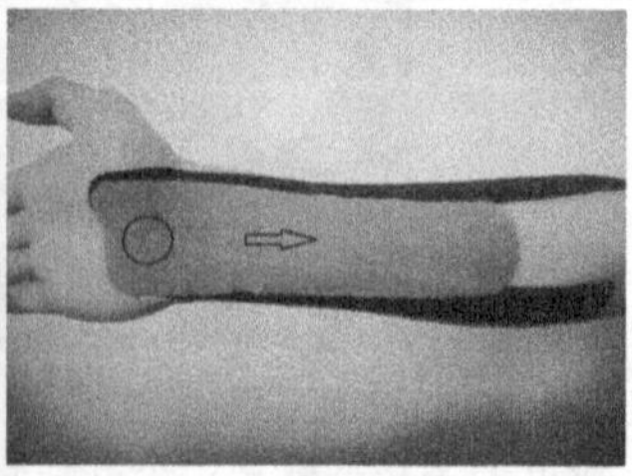 图48
贴布	选用“I”形贴布，如图47、图48
摆位	腕关节背伸，牵拉腕掌侧组织

拉力	自然拉力
方向	近端向远端
目的	增大间隙从而扩大引流空间，减小血管压力，促进肌肉收缩及支持软组织

第四步：固定

动作图示	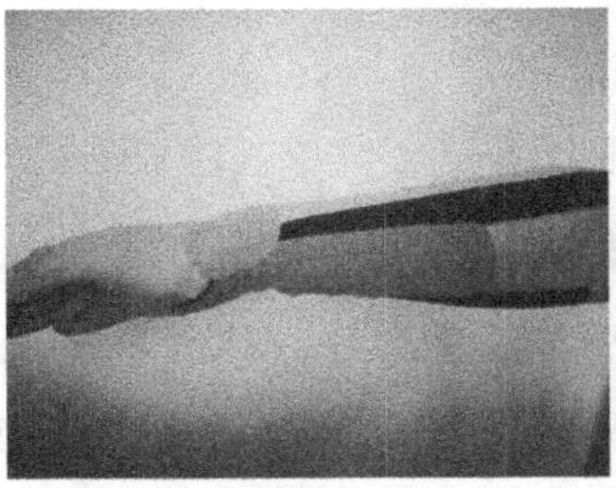 图49 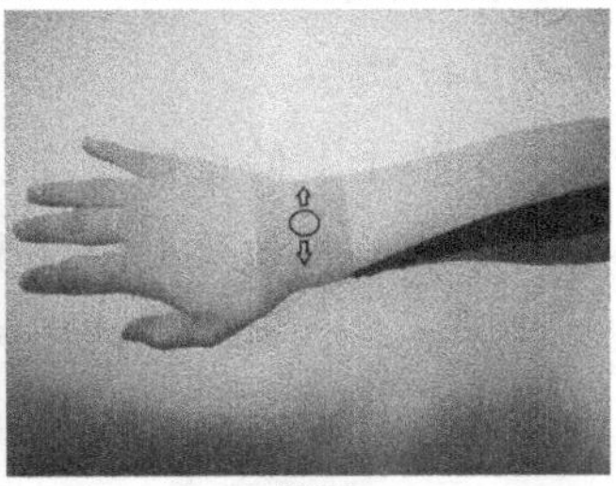 图50
贴布	选用“I”形贴布，如图49、图50
摆位	腕关节掌屈，牵拉腕背侧组织
拉力	中度拉力
方向	力学矫正
目的	对手腕进行抑制固定作用，防止手腕过度伸直

6. 干预的疗程

采用传统理筋手法与肌内效贴相结合对“鼠标手”的干预方案，两天一次，一次理筋治疗15～20分钟即可，完后更换肌内效贴，五次为一个疗程，连续治疗三个疗程效果突出。

7. 方案实施的注意事项

7.1 术者注意事项

（1）患者应充分放松腕部周围肌肉以便术者按摩治疗的顺利进行，最终达到良好的效果。

（2）对于皮肤病、传染病、烧伤等禁忌症，术者应在按摩前仔细询问患者。

（3）在按摩时注意力道的轻重缓和。

（4）术者在运用强刺激手法时要以患者耐受度为准，合理把握力道。

（5）肌内效贴使用前要询问患者是否对贴布过敏，使用后也应观察患者是否过敏。

（6）清洁粘贴部位的皮肤，有开放性伤口不可使用。

7.2 患者注意事项

（1）按摩时，患者如果感觉有不适之处应及时告诉术者，以便术者做相应的调整。

（2）在点按穴位时，不应过分紧张，要积极地配合术者，以达到更好的效果。

（3）贴布不用每天更换，约2～3天更换一次（也有个体差异），洗澡后将贴布压干即可，反复撕贴可能会造成皮肤不适。

（4）若肌内效贴贴布处出现瘙痒或疼痛等不适感，应当停止使用。

8. 疗效判定标准

显效：临床症状如麻木、疼痛感基本消失，小鱼际肌肉趋于正常，拇指外展有力、手指运动灵活。

有效：临床症状均有不同程度的减轻。

无效：未达到有效标准者。

9. 项目设计的可行性

（1）现如今“鼠标手”的患病率逐步攀升。

（2）传统理筋手法与肌内效贴结合干预治疗该病安全可靠，无副作用。

（3）传统理筋手法和肌内效贴结合可以形成互补，弥补单一使用一种方法的不足。

（4）通过理筋手法和肌内效贴的应用既能有效干预治疗“鼠标手”，又能缓解“鼠标手”带来的其他不适症状。

（5）目前人们对身体健康与生活质量极为注重。

参考文献

[1] 李洋，朱向阳，黄怀宇.腕管综合征的诊断进展[J].中国康复理论和实践，2013，19（3）：247-249.

[2] 卢新刚，喻立炜，苟海昕，等.推拿手法结合西医常规治疗轻中度腕管综合征的临床观察[J].上海中医药杂志，2018，52（1）：58-61.

[3] 扈盛，凌波，钱峰.运动医学推拿手法[M].北京：中国医药科技出版社，2015.

[4] 周立.肌内效贴临床应用的现状及研究进展[J].当代护士（上旬刊），2017（7）：16-18.

[5] 马勇.中医筋伤学[M].北京：人民卫生出版社，2012.

[6] 樊巧玲.中医学概论[M].北京：中国中医药出版社，2010.

[7] 李大刚，黄星垣，黎建义，等.分期治疗腕管综合征84例疗效分析[J].中国正骨，2008，20（3）：25-26.

[8] 唐宇红，刘佳，黄巍，等.轻-中度腕管综合征中西医结合及康复治疗分析[J].临床医学研究与实践.2016，1（13）：121.

[9] 祁奇，王予彬，陈文华，等.肌内效贴在运动损伤康复中的应用和进展[J].中国康复医学杂志，2013，28（10）：971-974.

[10] 王小月.中西医结合治疗腕管综合征48例临床研究[J].亚太传统医药，2016，12（10）：105-106.

[11] 苗春波.中西医结合治疗原发性腕管综合征的疗效观察[J].临床医药文献杂志，2016，3（6）：1026-1027.

[12] 张国海，王人卫.肌内效贴对延迟性肌肉酸痛和肌肉功能恢复的影响[J].体育科学，2017，37（12）：46-63.

[13] 张留巧，吕沛宛.针灸疗法配合中药贴敷治疗鼠标手疗效观察[J].中国中医基础医学杂志，2013，19（8）：937-938.

[14] 谭耀灵，许球祥，马坪楠.腕管综合征患者正中神经的解剖学变化[J].山东医药，2015，55（3）：27-28.

[15] 谢振军.腕管综合征诊断和治疗新进展[J].中华实用诊断与治疗杂志，2017，31（11）：1041-1045.

[16] 王琨，周里，李小生，等.长时间使用电脑鼠标肌肉的疲劳分析[J].西安体育学院学报，2015，32（5）：616-620.

[17] 张鸿雁，张贺丽.腕管综合征60例肌电图检测与分期诊断[J].医药论坛杂志，2015，36（4）：115-116.

[18] 励朗杰."鼠标手"及其预防措施浅谈[J].卫生职业教育，2011，29（16）：155.

[19] 王晓腾，陈昌伟.急性腕管综合征的手术治疗[J].中国骨伤，2006，19（7）：429-429.

[20] 周建洲，段青梅，邵敏，等.三阳穴齐刺为主配合超短波治疗"鼠标手"36例[J].中国针灸，2013，33（6）：556.

致谢语

在本专业任课老师的帮助下，论文得以顺利完成；也因为有他们，让我在专业知识上得到很大提升；他们的见闻广博、孜孜不倦、勤恳严谨、一丝不苟、宽以待人、平易近人等人格魅力更是深深地影响着我。他们不仅教会了我很多专业的知识和技能，还教会了我很多为人处世的道理，良师亦是益友。在此特别感谢我的导师刘凌老师！从这次论文的选题到论文的完成，每一步都是在导师的指导下完成的，这个过程是漫长的，费了导师不少心血，在此再次向导师表示感谢和敬意！由于我的学术水平及专业知识和技能还有很多不足之处，望各位老师多多批评指点！

第七章 赛事策划与实施类毕业设计

第一节 赛事策划与实施类毕业设计概述

一、赛事策划与实施类毕业设计的内涵与外延界定

赛事策划与实施是赛事运营中两个重要的环节。赛事策划是在赛事成功申办以后对赛事进行复杂规划的过程，而实施即竞赛管理阶段，为实现赛事目标对各级各类赛事进行组织、计划与管理的过程，包括前期的筹备、现场运行和赛后控制等工作。赛事策划是一项基础性、准备性、全局性工作，是赛事实施的基础，要充分考虑众多的细节问题，以实现赛事运营的效果。赛事实施是一项动态性、过程性工作，包括赛前、赛中、赛后三个阶段，强调赛事实施过程的连贯性，赛事管理有序进行。不论是赛事策划阶段，还是赛事实施阶段，都要求相对规范，突出周期性、项目性，有效地实现体育赛事的目标。

二、赛事策划与实施类毕业设计的特征与类型

（一）赛事策划与实施类毕业设计的特征

1. 严密的操作性

赛事策划与实施类毕业设计是一项系统工程，牵涉许多要素和环节，在操作的过程中要以严谨的态度对待，因此，赛事策划与实施类毕业设计具有严密的操作性。不论是大型体育赛事还是小型体育赛事都是一项复杂的、系统的工程，都需要在设计的过程中做出严谨而缜密的可行性分析和科学严谨的可操作性分析。赛事策划与实施类毕业设计是赛事进行时的方案，是活动完成的指南，应充分考虑赛事的各个要素，以避免出现错误。赛事策划与实施类毕业设计要充分体现严密的操作性，不能掉以轻心，要求在操作时综合分析、平衡协调诸因素以保障目标实现。

2. 鲜明的目的性与计划性

赛事策划与实施类毕业设计应该是紧紧围绕整个赛事组织机构的形象策略和赛事目标而确立的目的。赛事策划与实施类毕业设计首先要有明确的目标，使目标成为指引整个赛事策划过程的指南针，同时，整个策划的思想、方法和实施都要紧密围绕这个目标。赛事策划与实施类毕业设计是一份详尽的策划方案，具有鲜明的目的性和计划性，通过设立目标才能指引整个策划有序进行，不会脱离正确的策划方向。当然，在赛事策划中，也许有多个目标的指引，但必须分清重点。赛事策划与实施类毕业设计突出鲜明的目的性和计划性，需要目标的指引，选择的目标不同，赛事策划与实施时的比赛内容、比赛形式、评判标准也有所不同，会随着目标而变化。

3. 广泛的社会传播性

赛事活动的开展本身就是一个传播媒体，通过赛事的策划、组织与实施过程，赛事活动会发生传播作用。赛事活动的开展能够吸引公众与媒介的参与，能产生良好的传播效果。因此，有计划地策划、组织、举办赛事和利用传播媒介来宣传赛事活动，能够引起公众的注意，提高学生、社会对体育赛事的关注度，激发参与体育锻炼的热情和兴趣。赛事策划与实施类毕业设计开展的最终目的就是宣扬体育运动的好处，吸引大众参与到体育健身中来。赛事策划与实施类毕业设计具有广泛的社会传播性，能促进社会群众了解体育、热爱体育。

（二）赛事策划与实施类毕业设计的类型

1. 按比赛的项目分类

（1）大球类比赛。

赛事策划与实施类毕业设计对大球类比赛的策划主要针对篮球、足球、排球三个项目，这三个项目在策划上有一定的相似之处。

（2）小球类比赛。

小球类比赛的赛事策划主要针对羽毛球、网球、乒乓球等项目，为了使策划具有可行性，选择这三个易操作且属于参与度最高的小球运动，在赛事的组织上能达到最佳的效果。羽毛球、网球、乒乓球在策划上具有一定的相似性，方便操作和实施。

（3）操化编排类。

操化编排类赛事主要包括体操、健美操、武术三类，三者在策划上同样具有一定的相似性，都要求比赛突出难度动作、技术动作的质量，并且动作要突出美感与力度，同时比赛的评价标准也具有一致性。

（4）田径类。

田径类比赛是常见的体育赛事，不仅起源早，而且开展最为普遍，包括各种中小学田径运动会、大学生田径运动会、青少年田径锦标赛等赛事。田径比赛是田赛、径赛和全能比赛的统称。田赛包括跳高、撑杆跳高、跳远、三级跳远、铅球、铁饼、标枪、链球；径赛包括短、中、长距离的跑和马拉松，跨栏跑，接力跑，障碍跑，竞走等项目；全能比赛包括男子十项全能和女子七项全能。田径比赛的项目非常多，比赛的赛程较长，一般为2～3天，在策划的过程中要充分考虑细节问题，使赛事有序地实施。

（5）其他类。

其他比赛项目包括高尔夫、手球、滑雪、马术等项目，这些项目的开展具有特殊性，目前并非所有地区、所有人群均适合开展，因此，在策划上具有一定的难度，实施的可行性和可操作性较低。

2. 按比赛的专业程度分类

（1）专业赛。

专业赛主要是针对专业水平较强的运动员，他们有很多的专项训练经历和比赛经历，明确比赛的规则和要求，有一定的专业素养和规则意识。专业赛的标准通常高于业余赛，运动员的成绩相差不大，比赛的竞争性较大，具有一定的竞技性。参赛运动员的专业水平较高，能够吸引观众观赏，因此，专业赛的观赏性较大。

（2）业余赛。

业余赛主要针对专业水平较低的运动员，他们参与专项训练的时间不长，且比赛经验较少。业余赛的开展是为了给体育爱好者提供比赛的机会，体验比赛的感觉，提高运动爱好者的兴趣，带动更多的人参与到运动中来。业余赛的竞争性不大，强调“重在参与，健康第一”的思想，比赛是为了娱乐休闲和放松身心。业余赛能够提高群众的体育参与度，激发体育运动的热情，业余赛适合大部分的体育爱好者参与。

三、赛事策划与实施类毕业设计的适用专业、人才培养和能力要求

（一）赛事策划与实施类毕业设计适用专业

1. 体育教育专业

赛事策划与实施类毕业设计主要用于组织各种体育比赛，包括校内和校外的比赛。为了考虑赛事策划的可行性与可操作性，赛事策划与实施类毕业设计主要策划校内比赛，并且比赛的规模较小。赛事策划运用于校内的比赛，如校级田径运动会、院级田径运动会、校级篮球赛、校级羽毛球比赛等。赛事策划与实施类毕业设计开展的目的在于培养学生的赛事策划能力，并让学生了解赛事的基本流程。体育教育专业的人才培养方向为体育教师，体育教师不仅要掌握基本的教学技能，还必须具备赛事策划与编排的能力，对各种的组织流程及规则熟悉。体育教育专业不仅重视培养学生的基本知识和基本技术，同时强调对学生的执行与实施能力的培养，每年校级田径运动会的策划、编排、组织、执裁等工作

全部由学生负责，让学生在赛事实践中培养赛事策划与编排的能力，为将学生培养成为合格的体育教师打下良好的实践基础。

2. 运动训练专业

运动训练专业在于培养教练员，而教练员的职责不仅包括开展训练工作，还包括在各种赛事中进行执裁、策划、编排、组织等工作。赛事策划与编排能力是教练员必须具备的能力，而赛事策划与实施类毕业设计是培养教练员能力的最佳途径，通过在赛事策划实践中了解和掌握赛事策划的要求和流程，能够有效提升教练员赛事编排、策划的能力。教练员掌握赛事策划有助于帮助运动员开展训练，能够更好地培养运动员的竞争意识、规则意识、公平公正意识，提高运动员参与比赛的质量，有助于运动员成绩的提升。运动训练专业重视培养学生的赛事策划与实施的能力，要求学生认真完成赛事策划与实施类毕业设计，通过赛事策划实践来提高专业能力。因此，赛事策划与实施类毕业设计适用于运动训练专业的学生，并且可行性极大。

3. 社会体育指导与管理专业

社会体育指导与管理专业旨在培养社会体育指导员，要求其具备群众性体育活动的组织管理能力。社会体育指导与管理专业教授社会体育方面的基本理论知识和技术，要求学生从事社会体育工作的基本训练和实践活动，其中群众体育活动组织管理能力就包含掌握赛事策划与实施的基本能力。社会体育指导与管理专业要求学生具备赛事策划能力是因为体育赛事大多针对社会层面，需要社会体育指导员具备赛事策划能力以增加社会中各种体育赛事的举办，以促进更多体育爱好者参与到体育运动中来。但赛事策划与实施类毕业设计必须强调可行性，因此，社会体育指导与管理专业的学生在社会层面策划赛事时应尽量考虑赛事的规模和水平，突出赛事的可行性和可操作性，以达到最佳的举办效果。

（二）赛事策划与实施类毕业设计与人才培养的关系

1. 体育教师

赛事策划与实施类毕业设计的开展是一种实践活动，是培养赛事策划与编排能力的过程。体育教师不仅要具备基本的体育教学能力，还应该具备赛事策划与编排的能力，是开展教学工作的一部分。赛事策划与实施类毕业设计与培养体育教师有着紧密的联系，基于赛事策划与实施类毕业设计的完成过程能够不断提升学生赛事策划与执行能力，为将培养学生成为教师打下良好的实践基础。赛事策划与实施类毕业设计对于培养体育教师有着重要意义，能够以实践的方式来培养学生的赛事策划与实施的能力，让学生树立角色转变意识，深入体会体育教师的职责，使其从思想和行动上做好充分的准备。赛事策划与实施类毕业设计在培养体育教师的过程中起着至关重要的作用，是培养体育教师的必经之路。

2. 教练员

赛事策划与实施类毕业设计与培养教练员有着密切联系。教练员不仅要掌握运动训练的知识，还要具备赛事策划、组织、执裁、编排等能力。教练员具备赛事策划的能力，包括对竞赛规程、规则等内容的了解，能够帮助运动员树立规则意识、公平公正意识和竞争意识，有利于其运动成绩的提高，也有利于运动训练工作的开展和训练质量的提高。赛事策划与实施类毕业设计的开展就在于培养教练员的赛事策划能力和赛事组织能力，要求教练员必须掌握竞赛规程、比赛规则等内容，这是培养教练员的必然要求。因此，赛事策划与实施类毕业设计对培养教练员具有积极作用。

3. 社会体育指导员

社会体育指导员的主要职责是指导社会群众性体育活动，帮助社会群众参与健身。赛事策划与实施类毕业设计的开展与社会体育指导员的培养密切相关，因为社会体育指导员要指导群众性体育活动，必须具备赛事策划与到实施的能力，能够为社会举办大小的体育赛事，以促进社会群众参与体育运动，实现全民健身。社会体育指导员具备赛事策划的能力能够增加赛事的举办，以比赛吸引群众参与到体育运动中来，并且，比赛具有竞争性，能够激发群众的参与热情和竞争意识。体育赛事举办得越多，群众参与到比赛中的可能性就越大，也就越有利于社会体育的发展。可见，赛事策划与实施类毕业设计对于培养社会体育指导员有着积极作用。

（三）完成赛事策划与实施类毕业设计应具备的能力

1. 编排与策划的能力

完成赛事策划与实施类毕业设计需要具备编排与策划的能力，能够熟悉各种类型赛事的基本流程和规则，以及对赛事的整体做出规划和设计。编排与策划能力指赛事的谋划、组织、设计能力，根据赛事目标要求，设计最佳的赛事方案及在比赛过程中组织、整理数据和材料的能力，将比赛的数据和信息制做成表格的形式公示出来。编排策划能力包括思考、调研、谋划创新、把控预见等能力，能够对整个赛事进行合理规划和把控，通过对赛事要素的整合来控制赛事系统性，使赛事有序开展。

2. 收集与处理信息的能力

完成赛事策划与实施类毕业设计要求具备收集与处理信息的能力，包括赛前准备各种赛事策划的信息和材料、赛中的信息和数据的处理、赛后的信息总结三个阶段的任务。收集信息与处理信息是比较烦琐的工作，必须以严谨的态度对待。它是完成赛事策划与实施类毕业设计至关重要的环节，也是影响赛事举办质量的重要因素，收集与处理信息环节一旦出现问题，就会影响比赛的进度和整个比赛的效果。

3. 执行与协调能力

完成赛事策划与实施类毕业设计要求具备执行与协调能力，包括整个赛事策划环节中的协调分工、人员调配等能力；赛事开展中人员调配、合作分工等能力；赛后控制工作中的人员调配、安排等能力。执行与协调能力就是能够以权威来安排、组织其他人员参与到工作中来，使整个分工与合作得当，内部协调有序。完成赛事策划与实施类毕业设计，要充分运用执行与协调能力，使赛事的各个环节有序进行，实现最佳的效果。

四、赛事策划与实施类毕业设计开展的目的与意义

（一）赛事策划与实施类毕业设计开展的目的

1. 培养学生的赛事策划能力

赛事策划与实施类毕业设计开展的目的是培养学生的赛事策划能力。体育教育、社会体育指导与管理和运动训练三个专业的人才培养目标要求学生掌握赛事策划与编排的能力。赛事策划与实施类毕业设计是一个实践过程，在这一过程中能够了解赛事策划的流程、规则及相关的要求，能够逐渐培养学生的赛事策划能力。赛事策划与实施类毕业设计是一条提升学生赛事策划能力的途径，学生能够将理论与实践结合来提升赛事策划能力。

2. 提高群众对体育运动的参与度

赛事策划与实施类毕业设计开展的目的是提高群众对体育运动的参与度，也就是让群众参与到体育运动中来。赛事策划与实施类毕业设计的运用范围很广，可以运用于学校的各种赛事和活动，也可以运用于社会的各种赛事或活动，并且赛事的规模可大可小。因此，赛事策划与实施类毕业设计作为赛事的策划方案，能够为赛事的开展指明方向，是赛事成功举办的基础工作。赛事策划与实施类毕业设计的开展能够吸引群众参与体育活动，赛事举办得越多，参与运动的人群就越多，因此，赛事策划与实施类毕业设计的开展能够达到提高群众对体育运动参与度的目的。

3. 宣传体育运动的作用

赛事策划与实施类毕业设计开展能够达到宣传体育运动的作用和目的。赛事策划与实施类毕业设计的开展不仅是为了让群众参与到体育运动中来，而且是为了宣传体育运动的作用，让群众了解体育运动的好处，树立健身意识，形成正确的体育观念。赛事策划与实施类毕业设计的开展不仅是为了组织体育赛事，更是为了宣传体育运动的作用，让更多的人都参与到体育运动中来，形成良好的健身氛围，以便更好地实现全民健身。

（二）赛事策划与实施类毕业设计开展的意义

1. 提升学生的实施与执行能力

赛事策划与实施类毕业设计的开展不仅培养学生的赛事策划能力，还能提升学生的实施与执行能力。实施与执行能力就是在赛事举办过程中对人员调配、物资分配、赛场控制等方面的协调能力。赛事策划与实施类毕业设计的开展是理论与实践结合的过程，在整个过程中都是现场实施，如果策划与实施处理不当就会在组织过程中出现错误。因此，赛事

策划与实施类毕业设计的开展要求学生在赛事的整个环节中充分发挥实施与执行能力，全面协调赛事中的各个要素，使赛事有序开展。

2. 带动学校体育的发展

赛事策划与实施类毕业设计要求具有可行性与可操作性，设计主要策划学校内部的各种赛事，因此，能够带动学校体育的发展。赛事策划与实施类毕业设计在设计的过程中要考虑赛事的规模，而校级赛事的规模较小且有利于实施和操作，并且相关数据和材料易于收集，赛事的策划具有可行性。大部分赛事策划与实施类毕业设计策划学校的比赛，能够增加学校各种赛事的开展，有利于激励学生参与到比赛中，形成良好的体育运动氛围，能够带动学校体育的发展。

3. 促进体育文化的建设和发展

赛事策划与实施类毕业设计的开展能够促进体育文化的建设和发展。赛事策划与实施类毕业设计的背后隐藏着体育文化的内涵，赛事的策划不仅在于赛事的成功举办，而且在于宣传体育文化的内涵，促进群众对体育文化的了解。赛事策划与实施类毕业设计的开展是构建赛事体系的必然途径，也是促进体育文化建设与发展的途径。赛事策划与实施类毕业设计对促进体育文化的建设和发展具有一定的积极意义，对体育文化能起到宣传作用，使体育文化能够对群众的生活起到一定的熏陶作用。

第二节　赛事策划与实施类毕业设计的主体内容与环节结构

一、赛事策划与实施类毕业设计的主体内容

（一）策划方案

1. 赛事名称

赛事名称包含地点、举办单位、比赛时间、届数、比赛项目，如：重庆文理学院体育学院第二十一届田径运动会。

2. 赛事主题

赛事的主题突出赛事强调的理念，如：让运动成为生活的一部分。

3. 赛事目的

通过本次比赛能够宣扬体育运动，吸引和鼓舞人们参加体育锻炼，推动群众性体育运动的开展；检查教学和训练工作质量，促进运动水平的提高；增强体质，提高身体素质；提高群众锻炼的积极性，丰富业余文化生活。

4. 赛事意义

本次赛事的开展能够巩固和提高参赛者的专业水平和技术水平；增强参赛者的自信

心，提升心理素质；培养参赛者自强不息、顽强拼搏的精神。

5. 赛事实施的可行性分析

赛事实施的可行性要考虑参赛对象的人数、硬件设施（场地、器材、设备等）和软件设施（裁判人员、组织人员及相关的管理、服务等）等因素，还要考虑自身的专业优势、能力等因素是否能够为赛事有序实施提供条件。

6. 比赛经费预算

比赛经费预算包含赛事中需要购买的设备、器材、饮料、奖品方面的费用。

（二）竞赛规程

1. 主办、承办、协办单位

主办单位，即主办这次活动的单位；承办单位，即具体办理本次活动的单位；协办单位，即协助办理本次活动的单位。

2. 参赛单位与对象

参赛的某个单位或某些运动员。

3. 竞赛时间与地点

竞赛的具体时间（年、月、日、时、分）；竞赛的具体地点（如：重庆文理学院田径场）。

4. 竞赛项目

各种比赛项目的安排。

5. 竞赛方法

根据竞赛要求而采取具体的竞赛办法。

6. 参赛办法

运动员参加比赛的要求。

7. 录取名次与奖励

录取名次根据本次比赛的具体情况而定，奖励办法根据录取名次而定。

8. 裁判员选派

各种裁判员的安排和调配。

（三）赛事流程

1. 准备阶段

（1）筹备阶段。

（2）宣传阶段。

（3）报名与抽签。

（4）秩序册的编制。

（5）比赛物品的准备。

2. 实施阶段——活动流程

开幕式：所有参赛人员在比赛场地集合，并按相应位置排列；领导讲话；裁判员代表宣誓；运动员代表宣誓；宣布比赛正式开始。

比赛过程：比赛过程中场地、时间、运动员及裁判员的合理安排；比赛过程中突发情况的处理及相关应急措施；比赛过程中安全、医疗等相关措施。

闭幕式：所有参赛人员在比赛场地集合，并按相应位置排列；宣布比赛成绩及颁发奖品；总结此次比赛，并将其作为重要资料进行保存。

（四）其他

需要补充的相关说明及事项。

（五）赛事总结

对赛事的优点、缺点进行分析，并提出赛事的改进方案。

（六）附件

（1）秩序册（纸质版及电子版）。

（2）比赛所用表格（记录表、名次公布表等复印件、原件）。

（3）比赛照片及视频（有原始备份可查询）。

（4）赛事证明（由主办单位盖章、指导教师签字，且单个赛事只能用作一人的毕业设计）。

二、赛事策划与实施类毕业设计的主要步骤

（一）立项

1. 确立目标

赛事策划与实施类毕业设计首先必须确立目标，这是策划实施的必要条件。赛事策划与实施类毕业设计必须体现社会价值、艺术价值。目标是整个赛事策划与实施类毕业设计开展的航标，所有策划思想、方法和实施都要紧密围绕这个目标实行。

2. 搜集信息

相关信息的搜集是赛事策划与实施类毕业设计开展的基础，是确定策划目标的现实依据。在赛事策划与实施类毕业设计过程中，要准确把握信息并且及时加工和处理信息，信息的搜集应根据目标和任务来选取，必须建立多层次、多渠道、多角度的信息网络。信息大致包括环境信息、市场信息、观众需求信息，信息要求可靠、及时，具有系统性和连续性。

3. 进行调查和可行性研究

赛事策划与实施类毕业设计的调查要根据比赛的资讯、场地状况和时间有选择性地进行实施。赛事策划与实施类毕业设计的可行性是指达到策划目标的可能性、可靠性的分析和预测。赛事策划与实施类毕业设计的实施过程是一个动态的过程，在这个过程中存在着许多变量，因此策划必须具有一定的灵活性和可控性。

（二）创意

1. 基本构想

基本构想基于信息搜集和加工的工作。赛事策划与实施类毕业设计的基本构想包括采取方法、策划定位、预估三个环节。

2. 选择策略

策略就是谋略，是为了使赛事达到最佳效果而采取的手段和方法。在赛事策划与实施类毕业设计过程中采取运势和权变两个策略，根据具体的情况实施策略，还要根据赛事的变化来调整策略，使赛事达到良好的举办效果。

（三）设计

1. 编制方案

赛事策划与实施类毕业设计以文字和图片的形式表述出来，形成可操作的方案。方案的内容包括赛事名称与主题、目的意义、内容形式、组织机构、结构框架、实施程序、经费预算和效果预测。

2. 论证审定

赛事策划与实施类毕业设计需进行科学的论证并通过有关领导的审定，最后达到最优化并完成审批程序。论证和审定包括目标分析、限制因素的分析、潜在问题的分析、预期效果评估这几个方面。

（四）实施

赛事策划与实施类毕业设计是一个动态的过程，包括策划和实施两个过程，实施是策划的后续工作，实施包括任务分工和过程调控两个环节，是赛事策划中最重要的部分。

第三节　赛事策划与实施类毕业设计的要求

一、赛事策划与实施类毕业设计的设计要点

（一）策划方案的撰写

策划方案是赛事策划与实施类毕业设计的重要组成部分，包括赛事名称、主题、目的、意义、可行性分析、经费预算及效果预估等内容。策划方案是赛事策划与实施类毕业设计开展的基础，应该合理把握策划方案的各个内部要素，以便后续工作的开展。

（二）竞赛规程的制定

竞赛规程是赛事策划与实施类毕业设计的重要环节，也是赛事策划与实施类毕业设计的核心部分。竞赛规程包括赛事开展的具体内容、具体要求、具体办法等，制定竞赛规程是赛事开展至关重要的环节，同时也是赛事实施阶段的基础。竞赛规程制定合理，能够使赛事有序实施和开展。

（三）赛事实施阶段的安排

赛事策划与实施类毕业设计包含策划与实施两个环节。策划的目的是为了实施，那么，赛事实施阶段是赛事的重中之重。赛事实施阶段即赛事开展过程，通常分为开幕式、比赛过程和闭幕式三个阶段。赛事策划与实施类毕业设计尤其重视赛事实施阶段的安排，严格把控、全面协调赛事过程，避免赛事的各个环节出现问题，使赛事以最佳质量完成。

二、赛事策划与实施类毕业设计的注意事项

（一）策划方案的内容要全面

赛事策划与实施类毕业设计的策划方案的内容要全面，要突出赛事的主题、目的和意义，并且体现可行性、新颖性、目的性。策划方案是赛事策划与实施类毕业设计的基础，策划方案的内容全面才能使赛事有序开展，如果策划方案的内容不够全面就会影响赛事的举办，因此，赛事策划与实施类毕业设计强调策划方案的内容要全面。

（二）赛事实施过程要严格把控

赛事策划与实施类毕业设计要求赛事的实施过程要严格把控，采用程序化管理方式来

合理把控赛事，只有程序化实施，才能形成标准化、科学化的管理模式，因而赛事的实施阶段要有规范的管理程序。赛事实施过程的严格把控就是对赛事的整个过程合理分工、协调分配，同时注意细节，使整个赛事系统有序进行。

（三）整个赛事过程要合理评估

赛事策划与实施类毕业设计要求对整个赛事进行合理、准确的评估，包括对赛事策划、竞赛规程制定、赛事实施等方面的评估。对整个赛事进行评估是为了使赛事的各个环节有序进行，利于赛事各个环节的衔接。一方面，前一阶段的评估为后一阶段的工作打下坚实的基础；另一方面，后一阶段的评估也能检验前一阶段的工作，形成良性循环，避免赛事中出现错误。

三、赛事策划与实施类毕业设计的评价标准

赛事策划与实施类毕业设计的评价标准见表7-1。

表7-1 赛事策划与实施类毕业设计的评价标准

评价指标	分值
赛事题目与主题是否相符	10
赛事实施可行性分析是否合理	10
比赛的策划方案是否合理、完整	10
竞赛规程是否符合该项目规定	10
赛事的流程安排是否合理、完整	10
比赛准备过程是否完善	10
赛后总结是否认识全面	10
附件及相关支撑材料是否完整	20
赛事过程中照片、视频的拍摄是否完整	10

第四节　赛事策划与实施类毕业设计的具体范例

本科生毕业设计

题　　目：	特殊教育学校亲子趣味运动会策划及实施
类　　型：	赛事策划及实施
学　　院：	体育学院
专　　业：	体育教育
学生姓名：	刘晓雅
学　　号：	略
指导教师：	周卫平

目　录

略。

特殊教育学校亲子趣味运动会策划及实施

1. 策划方案

1.1 赛事名称

永川区特殊教育学校第三届亲子趣味运动会。

1.2 赛事主题

旋转风车，乐动校园。

1.3 赛事目的

（1）丰富学生校园生活。

（2）使学生树立正确的价值观，找到自信，学会自强。

（3）使家长更加清晰地发现自己孩子的优点。

（4）使学生体质得到锻炼。

1.4 赛事意义

（1）促进家长与孩子、教师与家长之间的感情交流，让家长了解孩子的成长变化。

（2）增强学生的集体荣誉感、竞争意识。

（3）促进学生德、智、体全面发展。

（4）增加学生对体育的兴趣，在运动中享受快乐，同时使其身体得到锻炼。

（5）培养学生敢于拼搏、积极向上、迎难而上的优良品质。

1.5 赛事实施的可行性分析

（1）从自身能力来看，本人作为体育教育专业的学生，学习过专业的竞赛组织与实施的知识，熟知各种比赛规程。

（2）从实际情况来看，该校师生及家长都愿意参与此次运动会。

（3）该校师资丰富，有专业的教师且对于此类比赛有一定的经验，可辅助运动会顺利举行。

（4）我校有专业的赛事编排、竞技组织等方面的教师，在项目的编排上可以向其请教。

（5）从场地来看，该学校操场地面平坦，面积足够大。

（6）比赛所需器材简单且具有一定的安全性。

1.6 比赛经费预算

（1）活动背景墙、彩旗、班牌、横幅，总计500元。

（2）水、医疗用品，总计300元。

（3）教师服装（学生服装自费），总计800元。

（4）活动主题风车：大风车3个、小风车30个，总计700元。

（5）家长餐费：1500元。

（6）奖品及奖金：牙膏、毛巾、香皂、奖状，总计400元。

（7）活动所需器材：气球、垃圾桶、呼啦圈、泡沫垫，总计300元。

（8）经费合计：4500元。

2. 竞赛规程

2.1 主办单位、承办单位

主办单位：永川区特殊教育学校。

承办单位：永川区特殊教育学校体育组。

2.2 参赛对象

永川区特殊教育学校全体学生及学生家长。

2.3 竞赛时间与地点

2017年4月28日上午9:00，永川区特殊教育学校操场。

2.4 竞赛项目

个人项目：投篮高手、夹夹跑、踩石过河。

集体项目：鸭子赛跑、传递者。

2.5 竞赛方法

（1）单项比赛根据每项报名参加人数的多少进行分组，录取前六名。

（2）集体项目培智部一个年级为一组，四、六年级为一组。启音班一、三年级为一组（启音低年级组），五、七、九年级为一组（启音高年级组）。

（3）每个单项按7、5、4、3、2、1的分值记入团体总分。

（4）集体项目启音高年级取前两名，其余组取一名，按14和10的分值记入团体总分。

2.6 参赛办法

（1）单项比赛：每个家庭根据自己的情况和喜好，在三个单项比赛中只能报名参与一项单人项目。

（2）集体项目：各班精选出六名学生及家长参加集体比赛。参赛对象需满足报名资格和要求。

2.7 录取名次与奖励

（1）团体名次的录取：培智组和启音组评选出一、二、三等奖各一名。若团体总分相等，则以获单项第一名多者为前，名次再相等的类推，颁发奖状，奖励第一名毛巾一条、第二名牙膏一支、第三名香皂一块。

（2）集体项目启音高年级组取前两名，其余组取一名，颁发奖状。

2.8 裁判选派

本次亲子趣味运动会的裁判由该校体育教师与教务处人员担任。

3. 赛事流程

3.1 准备阶段

3.1.1 筹备阶段

组织会议，确立组织委员会，由组织委员会商讨完善活动方案，成立工作小组，明确人员分工。组织委员会分为领导组、宣传组、编排组、后勤组、安全组、医疗组、音响组、场地器材组、裁判组、照相摄影组。宣传组负责比赛过程中的宣传报道，与媒体的联系，活动氛围的营造等；后勤组负责运动会午餐的安排，比赛器材、奖品、奖状等的购买；编排组负责制定竞赛规程；安全组、医疗组负责撰写运动会安全预案，负责比赛过程中的安全及医药卫生工作；音响组负责开幕、闭幕时的音乐，以及活动过程中的音乐；场地器材组负责场地规划、彩旗的布置及比赛器材的准备工作；裁判组熟知竞赛规则，在活动过程中完成裁判任务。

3.1.2 宣传阶段

召开班主任会议，由班主任通知学生及家长支持并参与本次活动。

3.1.3 报名

各班主任必须于4月20日将自己班级的报名表上交到教务处，由体育组进行分组。

3.1.4 秩序册的制定

由本学校体育编排组人员制定竞赛规程。

3.1.5 比赛物品的准备

网球60个、羽毛球拍10只、泡沫垫12个、呼啦圈4个、垃圾桶6个、秒表3个、彩旗20只、班牌11块，毛巾15条、牙膏15支、香皂20块，吹起的气球不少于20个（若数量不足，需及时补充）。

3.2 实施阶段

3.2.1 开幕式

（1）家长及学生、教师在操场左侧食堂边整队待命（欢迎进行曲）。

（2）入场：运动员进行曲，根据参赛队伍出场顺序各班主任读各班解说词。

（3）主持人主持开幕式。

（4）升旗仪式（奏国歌）。

（5）校长致开幕词。

（6）裁判员代表宣誓。

（7）运动员家长代表宣誓。

（8）书记宣布本次运动会开幕

（9）开幕式结束，进入互动环节，之后开始正式比赛（运动员进行曲）。

3.2.2 比赛过程

（1）合理划分比赛场地，预防场地交叉，合理安排运动员参赛的时间间隔，组织好运动员在比赛期间的秩序及观众加油人员秩序，使比赛高效有序地进行，裁判员控制好比赛进程，做好裁判工作，保证比赛的公正公平。

（2）比赛中如有突发情况及时根据安全预案做好处理，确保比赛顺利进行和人员安全，同时维持好场内秩序，防止发生混乱。

（3）设定专门的医疗组，准备应急药物，如有人员受伤，应第一时间做好伤势处理，安排安全巡查人员，及时发现问题并解决。

3.2.3 闭幕式

（1）所有人按照班级在操场集合。

（2）由主持人致结束语。

（3）由校长宣布本次运动会到此结束。

（4）请家长及学生到食堂就餐。

（5）其他。

4. 运动会注意事项

（1）请各班主任精心组织好本次比赛，学生统一服装，提醒家长穿适合运动的服装。

（2）参加比赛时请遵守比赛规则，服从裁判员及工作人员的调度和裁判。

（3）比赛过程中家长应注意孩子的安全。

（4）及时补充水分，运动员参加运动较剧烈的项目时须在赛前做好热身，赛后做好肌肉放松。

（5）积极参与到比赛中，及时到自己的比赛区域候场，避免错过参赛机会。

5. 赛事总结

永川区特殊教育学校第三届亲子趣味运动会圆满结束。此次活动是我首次参与编排并实施的运动会，只有自己参与其中才会发现自身优点和不足之处。在筹备活动前调查并询问特殊学生的智力及身体情况，根据实际情况设定比赛项目，学生及家长都能够参与并完成。在这些项目中，“传递者”是一个比较成功的项目，简单易行，趣味性足，同时也融入竞争的元素在里面，充分展现了人与人之间的配合，尤其是学生与家长之间的默契，有利于培养学生相互理解、团结协作、勇于拼搏等优良品质。本次活动也存在着许多的不足之处，比如在“投篮高手”这个项目中，由于参与对象是特殊群体，他们将球扔进篮筐所花费的时间过长，超出了预计时间，球落地后大家都主动帮忙捡球，导致秩序混乱。此外场地偏小，赛后总结应该扩大场地，维护好观赛人员秩序。“鸭子赛跑”项目，运动量偏大，大家坚持到后面的时候，有少部分人会因大腿酸痛出现犯规现象，虽然给予惩罚，但仍是比赛的不足之处，再次组织时应缩短距离，这样效果就会好很多。由于该学校学生较少，所以省略了号码布，但我认为仍然有必要给运动员分发号码布。总而言之，这次运动会让我收获了许多，为今后策划、组织、实施赛事打下了坚实的基础。

6. 附件

6.1 秩序册

略。

6.2 比赛所用表格

永川特殊教育学校第三届亲子活动报名表（2017春）

班级：

学生姓名	家长姓名	亲子关系	单项（每生限报一项）			集体项目（每项六对，可报两项）	
			投篮高手	夹夹跑	踩石过河	鸭子赛跑	传递者

检录表

组别：

道次	一	二	三	四
姓名				
班级				
成绩				
名次				
备注				

永川区特殊教育学校第三届亲子运动会培智低段成绩记录表

名次项目	第一名			第二名			第三名			第四名			第五名			第六名		
	姓名	班级	成绩	姓名	班级	成绩	姓名	班级	成绩	姓名	班级	成绩	姓名	班级	成绩	姓名	班级	成绩
投篮高手																		
夹夹跑																		
踩石过河																		
鸭子赛跑																		
传递者																		

特殊教育学校第三届亲子运动会总分记录表

班级	投篮高手	夹夹跑	踩石过河	鸭子赛跑	传递者	总分	名次
培二、一	12	3	12		14	41	
培二、二	10	16	10	14		50	2
培三、一	16	8	9	14		47	3
培三、二	6	14	13		14	47	3
培四	9.3	3	15	14	14	55.3	1
培六	12.6	19	7			38.6	
启一	11	10	16.5	14	14	66.5	1

续表

启三	11	12	5.5			28.5	
启五	9.5	5	4	10	10	38.5	3
启七	4.75	9	9			22.75	
启九	7.75	8	9	14	14	52.75	2

以下是在比赛中使用的相关表格的实物照片。

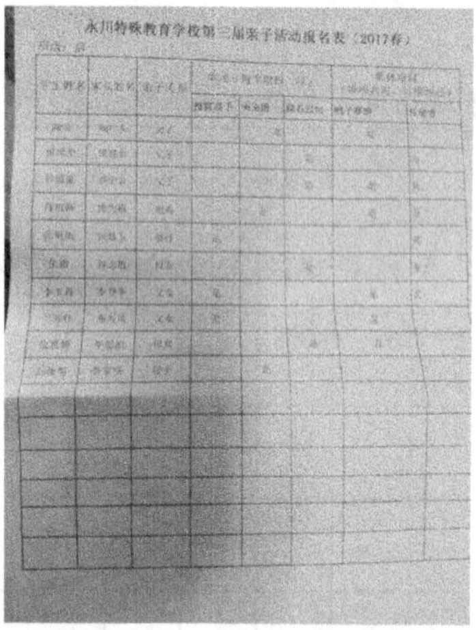

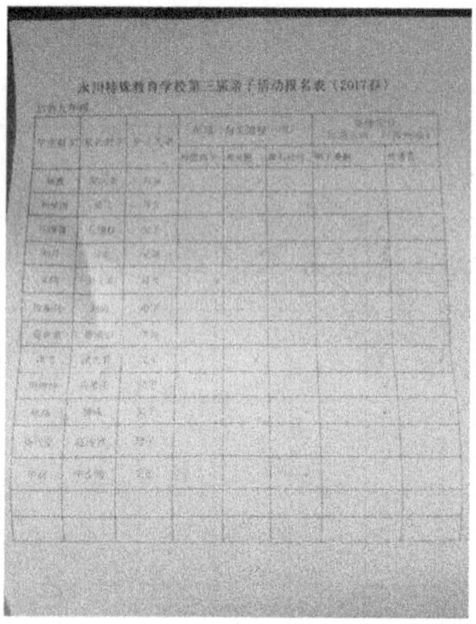

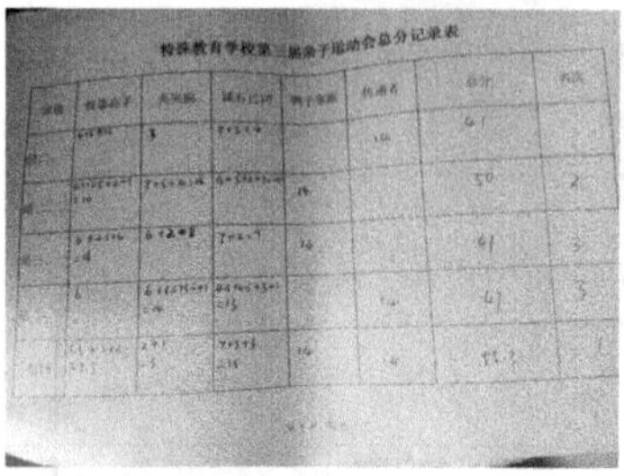

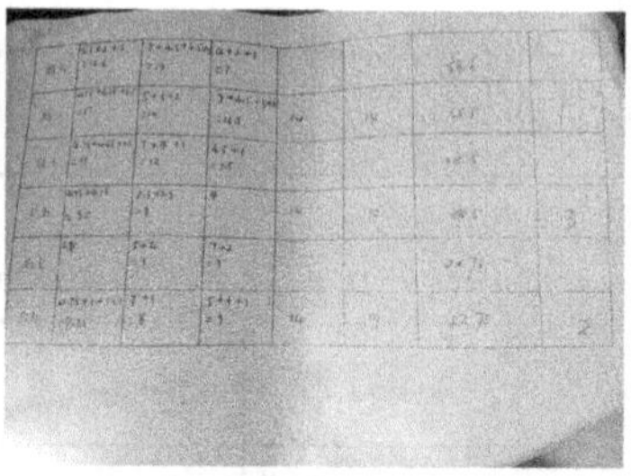

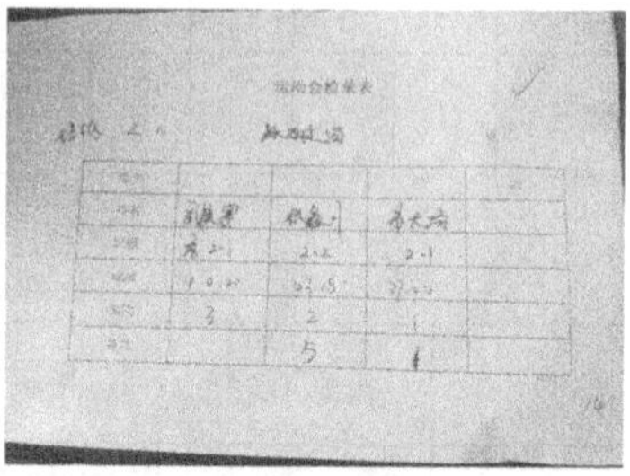

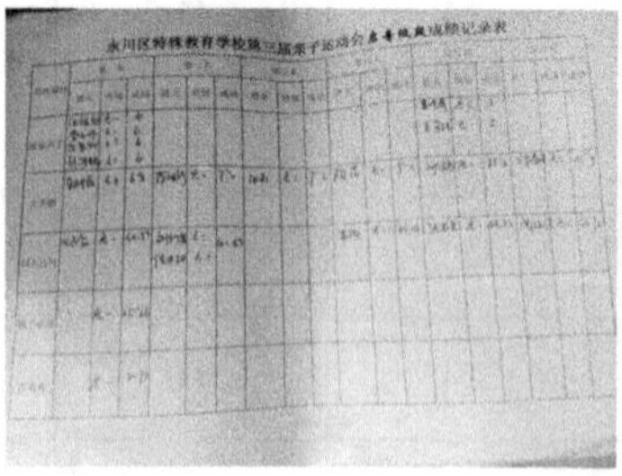

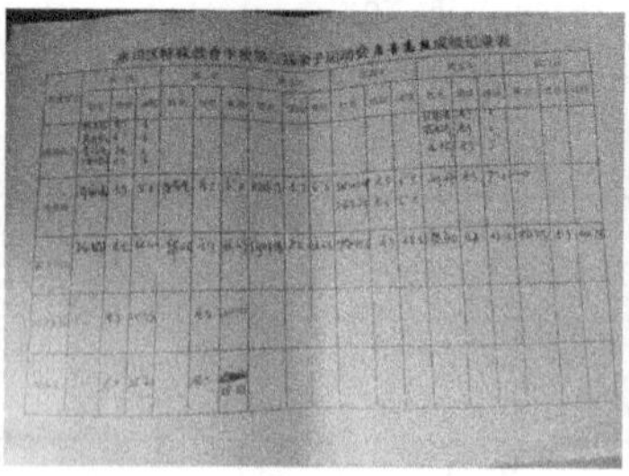

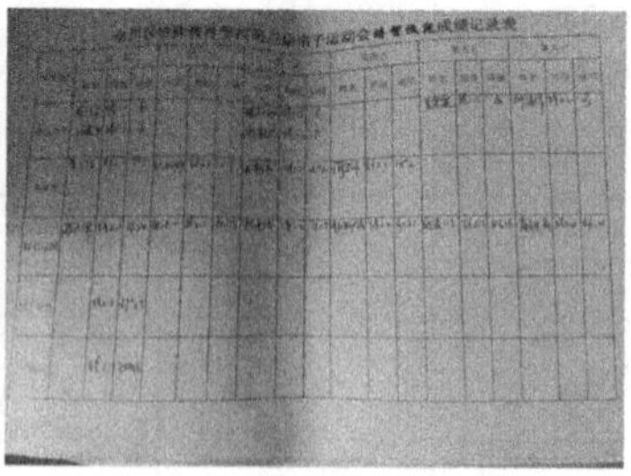

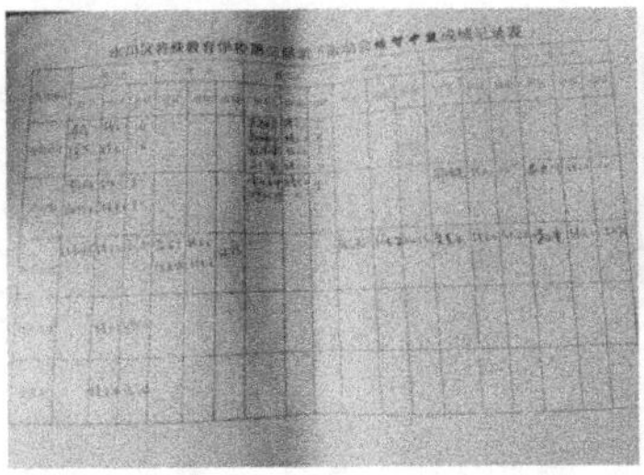

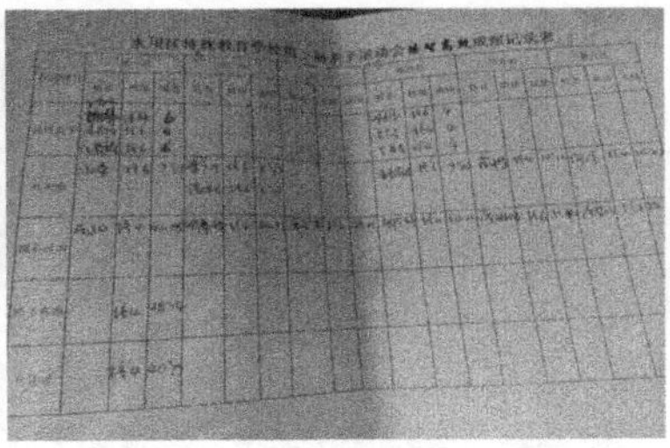

6.3 比赛照片

以下是比赛现场的照片。

6.4 赛事证明

赛事举办证明。

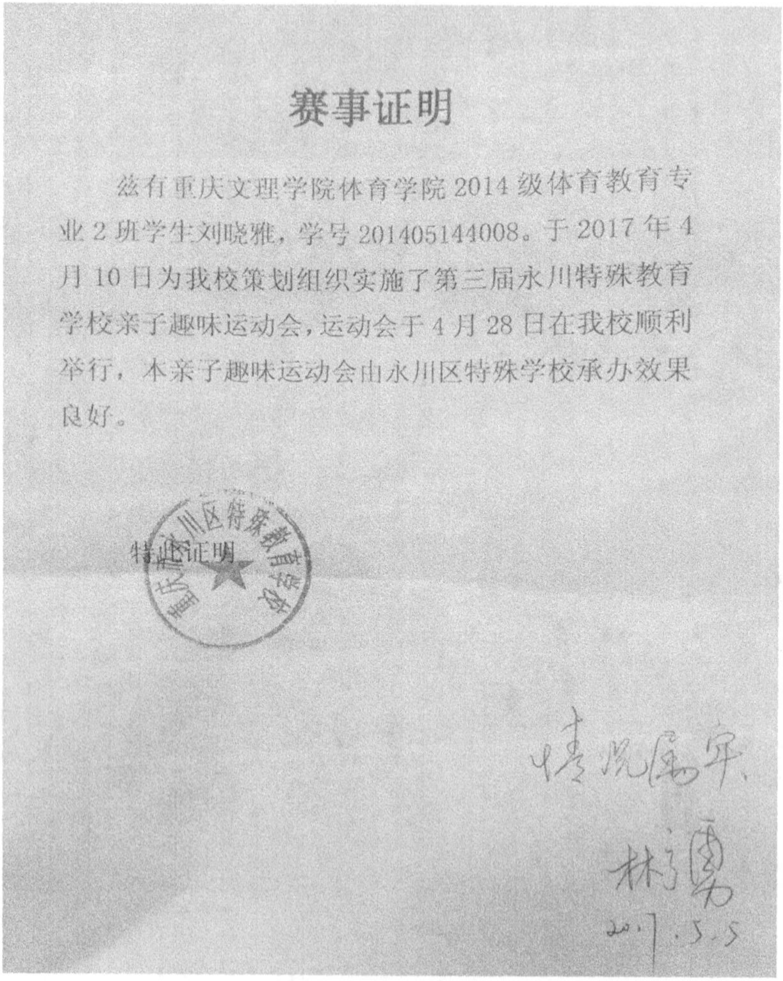

赛事证明

兹有重庆文理学院体育学院 2014 级体育教育专业 2 班学生刘晓雅，学号 201405144008。于 2017 年 4 月 10 日为我校策划组织实施了第三届永川特殊教育学校亲子趣味运动会，运动会于 4 月 28 日在我校顺利举行，本亲子趣味运动会由永川区特殊学校承办效果良好。

特此证明

情况属实。

2017.5.5

7. 参考文献

[1]黄天昌.特殊教育学校培智体育手段与方法研究[D].桂林：广西师范大学，2013.

[2]邓育飞.校运动会趣味项目创编原则[N].中国体育报，2017-4-27.

[3]徐峰.高校田径运动会赛事编排系统开发与研究[J].沙洋师范高等专科学校学报，2010（2）：94-96.

[4]全国体育学院教材委员会.体育概论[M].北京：人民体育出版社，2005.

[5]祁杜生.运动竞赛组织与实践[M].上海：科学技术文献出版社，2013.

8. 致谢语

此次赛事是我第一次参与并编排的特殊群体趣味性亲子运动会。此毕业设计能够顺利完成，首先要感谢我的指导教师——周卫平教授。周老师在我困惑的时候指引我，并向我推荐关于特殊群体身心特点的书籍。还要感谢陈冬老师在比赛项目选择方面的指导，同时也感谢给我这个机会的永川区特殊教育学校。这次赛事的策划与实施让我学到了许多课本以外的东西，过程虽曲折，但结果很美好，再次感谢各位老师！